IMAGEN Y CULTURA

PRESENCIAS DE LA FOTOGRAFÍA EN LA REVISTA GRÁFICA ILUSTRADA *ARAGÓN* (1925-1939)

AF277403

IMAGEN Y CULTURA

PRESENCIAS DE LA FOTOGRAFÍA EN LA REVISTA GRÁFICA ILUSTRADA *ARAGÓN* (1925-1939)

FRANCISCO J. LÁZARO SEBASTIÁN

CUADERNOS DE CULTURA ARAGONESA, 79

Imagen y Cultura
Presencias de la fotografía
en la revista gráfica ilustrada *Aragón* (1925-1939)

© Francisco J. Lázaro Sebastián, 2024

© De las ilustraciones, las menciones indicadas

© De esta edición, Rolde de Estudios Aragoneses, 2024

Edita

Rolde de Estudios Aragoneses

http://www.roldedeestudiosaragoneses.org

Colaboran

Gobierno de Aragón. Departamento de Educación, Cultura y Deporte

Observatorio Aragonés de Arte en la Esfera Pública

Unión Europea-Fondo Europeo de Desarrollo Regional

Sindicato de Iniciativa y Propaganda de Aragón

Concepto gráfico

Paco Rallo

Maquetación

Rafael López

Fotomecánica

Ángel Duerto Riva

Imprenta

INO Reproducciones

ISBN: 978-84-92582-50-1

Depósito Legal: Zaragoza-2099-2024

Este trabajo está adscrito al Grupo Observatorio Aragonés de Arte en la Esfera Pública
(cód. H18_23R), siendo el Investigador Principal el Dr. Jesús Pedro Lorente Lorente
y la Co-Investigadora Principal la Dra. Anna Biedermann. Está financiado por el Gobierno de Aragón
con Fondos FEDER. Está vinculado también al Instituto Universitario de Investigación, Patrimonio
y Humanidades de la Universidad de Zaragoza.

Este libro ha sido publicado con la ayuda del Departamento de Educación, Cultura y Deporte
del Gobierno de Aragón.

A mi prima Mari Carmen,
por ser TODO, por estar SIEMPRE

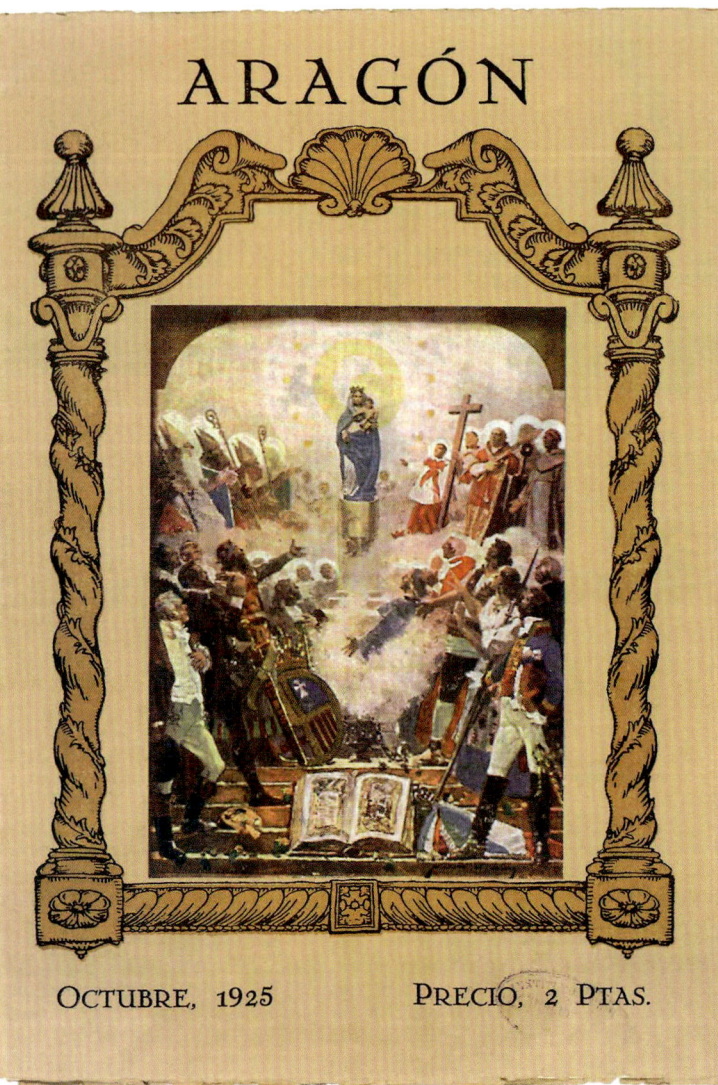

ARAGÓN

OCTUBRE, 1925   PRECIO, 2 PTAS.

Portada del número 1 (octubre de 1925) de *Aragón. Revista gráfica de cultura aragonesa.*

Introducción[1]

Este trabajo es una visión muy general, parcial y necesariamente incompleta de un vasto y complejo tema de estudio, el de las revistas ilustradas, debido a varios factores: en primer lugar, el hecho de centrarnos en una única publicación zaragozana, editada por el Sindicato de Iniciativa y Propaganda de Aragón (SIPA), teniendo en cuenta la abundancia de revistas de este tipo que se dieron en las otras dos capitales provinciales, así como en localidades populosas de todo el territorio aragonés (como Caspe, Barbastro o Alcañiz, por poner algunos ejemplos) en un periodo, el primer tercio del siglo XX, especialmente prolífico y activo en esta clase de iniciativas; en segundo lugar, está la cuestión cronológica, un periodo muy breve y conciso, que abarca desde la fundación de la revista, el año 1925, hasta el final de la Guerra Civil, cuando la historia de la revista no acabó ahí, ni mucho menos, puesto que siguió editándose en las décadas siguientes y aun hasta en la actualidad.

Otra circunstancia que lamentablemente nos habla de parcialidad es el hecho de recurrir a una revista de temáticas o parcelas muy diversas, predominando, eso sí, las de carácter histórico y científico, y, prontamente, todo lo relacionado con el fomento del turismo y de las actividades asociadas a este fenómeno.[2]

Por otro lado, tampoco nos ocupamos de los diarios y periódicos, que, desde principios del siglo XX, tuvieron una notable presencia de la imagen fotográfica. Ya hay otros estudios, nunca suficientes, que abordan esta presencia de lo fotográfico en este tipo de medios, especialmente desde la óptica del fotorreporterismo como nueva condición profesional del fotógrafo y del reportaje como procedimiento substanciador de sus prácticas.

Y, finalmente, otro aspecto que hemos de considerar es la conservación incompleta de las ediciones de algunas otras revistas aragonesas, cuyo cotejo es necesario para tener una mínima visión de conjunto de tan rico panorama. Lamentablemente, no hemos localizado muchos de sus números en las bibliotecas y archivos que hemos consultado, lo cual puede dar una impresión de lagunas, con lo que es probable que nos hayamos perdido interesantes *presencias* y aplicaciones de la fotografía en aquellos ejemplares que no se han podido revisar. En todo caso, y a pesar de todo, nos conformamos con ofrecer algunas pistas y reflexiones sobre el carácter, los usos y funciones del medio fotográfico en la revista de la que nos ocupamos, dentro de un contexto más amplio y general que caracteriza a la denominada *sociedad de masas*, la cual comenzó a implantarse de manera decidida en las sociedades occidentales desde principios del siglo pasado, y para lo cual los medios impresos (ya fueran periódicos o revistas) de carácter científico, cultural y de información general, desempeñaron un papel decisivo.

Notas de este capítulo

1. Este trabajo está adscrito al *Grupo Observatorio Aragonés de Arte en la Esfera Pública* (cód. H18_23R), siendo el Investigador Principal el doctor Jesús Pedro Lorente Lorente y la Co-Investigadora Principal, la doctora Anna Biedermann. Está financiado por el Gobierno de Aragón con Fondos FEDER. Está vinculado también al Instituto Universitario de Investigación, Patrimonio y Humanidades de la Universidad de Zaragoza.

2. No hay que desdeñar el componente político, que va a impregnar a la mayoría de estas revistas, incluida la del SIPA, en una época, como se sabe, especialmente tumultuosa y cambiante en nuestro país por las diversas coyunturas que concurrieron y que apenas permitieron definir periodos de estabilidad en el ámbito socio-político.

Panorama general de las publicaciones ilustradas en Aragón: el ejemplo decimonónico pionero de *Aragón ilustrado* (1899)

Ciertamente, muchos y diversos han sido los periódicos, diarios y revistas que aparecieron y se difundieron a lo largo del primer cuarto del siglo pasado en nuestro país, y nuestra región no fue una excepción. Respecto a las terceras, muchas de ellas fueron efímeras, con apenas uno o dos años de duración, excepto, en el caso regional, de *Aragón. Revista gráfica de cultura aragonesa*, empezada a editar desde 1925, la cual pervive hoy día bajo el nombre de *Aragón turístico y monumental*.

A pesar de la diversidad de propuestas y de los intereses dispares que animaron a su nacimiento y posterior evolución de buena parte de estas publicaciones, percibimos ya un rasgo que caracterizó a la mayoría de estas revistas, la presencia de la ilustración, de la imagen de naturaleza gráfica (dibujos o grabados) y fotográfica, de ahí que la mención «revista ilustrada» aparezca en buena parte de los subtítulos de estas publicaciones.

Nuestra intención con este trabajo, como ya hemos apuntado, es reflexionar sobre las diversas *presencias* que la fotografía tuvo en la revista del SIPA, en sintonía con el auténtico auge que a partir del nuevo siglo XX tuvieron las publicaciones ilustradas (con fotografía, frente a los grabados de la centuria precedente). Dos de las pioneras fueron, sin duda, las madrileñas *Mundo gráfico*, que tenía el sobrenombre de «Revista Popular Ilustrada», y que desde 1911 se convirtió en un auténtico referente para las posteriores publicaciones que después aparecieron, como es el caso de *La Esfera*, empezada a publicar desde 1914.

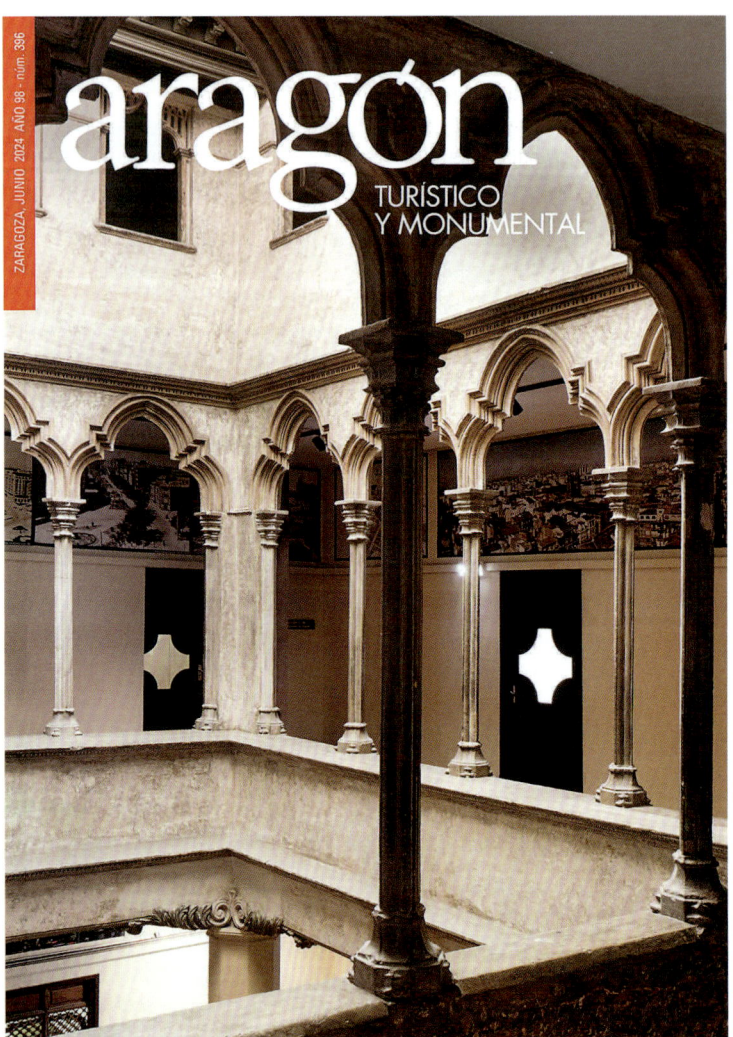

Portada del número 396 (junio de 2024) de *Aragón turístico y monumental*.
Fuente: Sindicato de Iniciativa y Propaganda de Aragón.

Antes de entrar a valorar la revista hay que hablar brevemente, a modo introductorio, del «cambio radical en la prensa, y en general en la edición, que tuvo lugar en las dos últimas décadas del siglo XIX con la aplicación del fotograbado, técnica que permitió reproducir originales mediante la fotografía, que alcanzó así su valor real como elemento comunicativo y noticiable» (SÁNCHEZ VIGIL, 2008: 75).

Ciertamente, la incorporación de la fotografía a la prensa periódica representó la verdadera posibilidad de la adquisición de la información más actual a mayores capas de la población, de las que las más humildes seguían siendo en su mayoría analfabetas. La imagen no sustituía al texto escrito, pero, al menos, garantizaba una mínima referencia visual. En este sentido, el escritor zaragozano Mariano Baselga y Ramírez reprochaba, desde la todavía decimonónica revista *Aragón ilustrado. Semanario artístico-literario*, dirigida por el escritor costumbrista Alberto Casañal Shakery, la ausencia de tales imágenes en una época en que el uso estaba ya estandarizado. A estas carencias técnicas, el propio Baselga criticaba los elevados precios y la excesiva complejidad conceptual de muchos de los temas tratados en sus páginas:

> Porque todas,[3] en fin, olvidaron el elemento educador del pueblo, guardando, avaras, la ilustración y su goce espiritual, para sí mismas ó para los ya previamente ilustrados. El pueblo estuvo en entredicho; ni podía llegar á ellas por el alto precio de la hoja ni por las subidas materias que especulaba.

Esta voluntad de dirigirse a un público popular que publicitaba Baselga, quedaba afianzada en sus siguientes palabras, que, además, reivindicaban la necesidad de hacer referencia a la actualidad de la mano de los más modernos medios técnicos en sintonía con los desarrollados más allá de nuestras fronteras:

> Este periódico ilustrado que hoy se abre con tan flacas líneas como las mías, quiere ser un periódico para todos. La información gráfica de los sucesos presentes está garantizada en su mayor perfección por los medios novísimos de que dispone la casa editorial, que va al pie, la litografía y el fotograbado pueden hoy en nuestra ciudad reñir muy

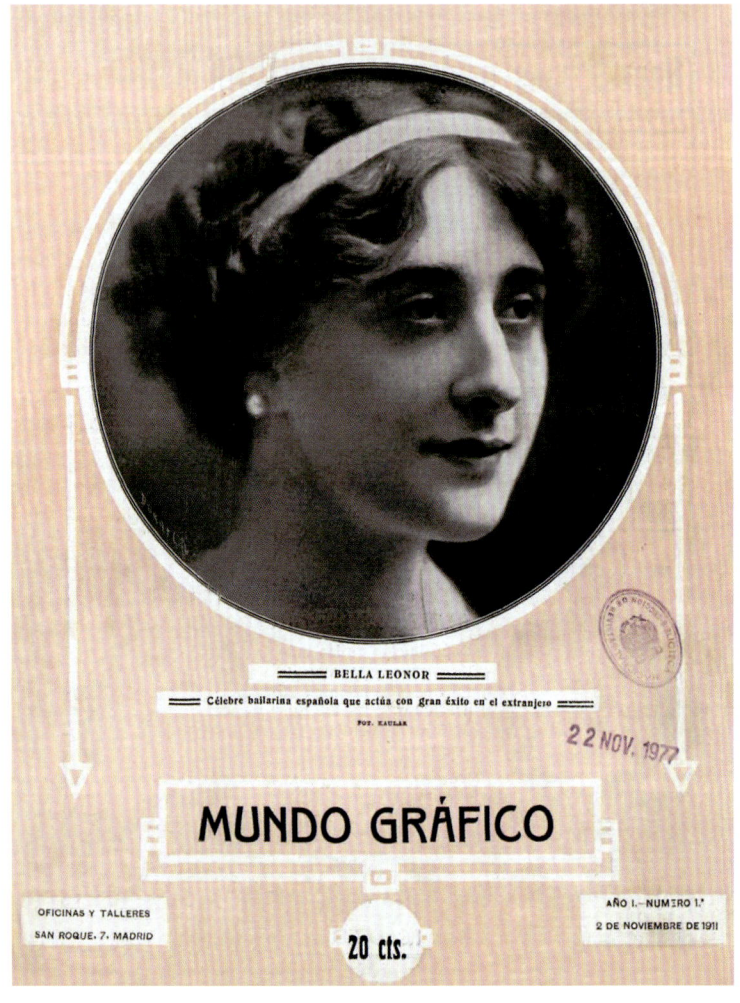

Portada del número 1 (2 de noviembre de 1911) de *Mundo gráfico*.
Fuente: Hemeroteca Digital. Biblioteca Nacional de España.

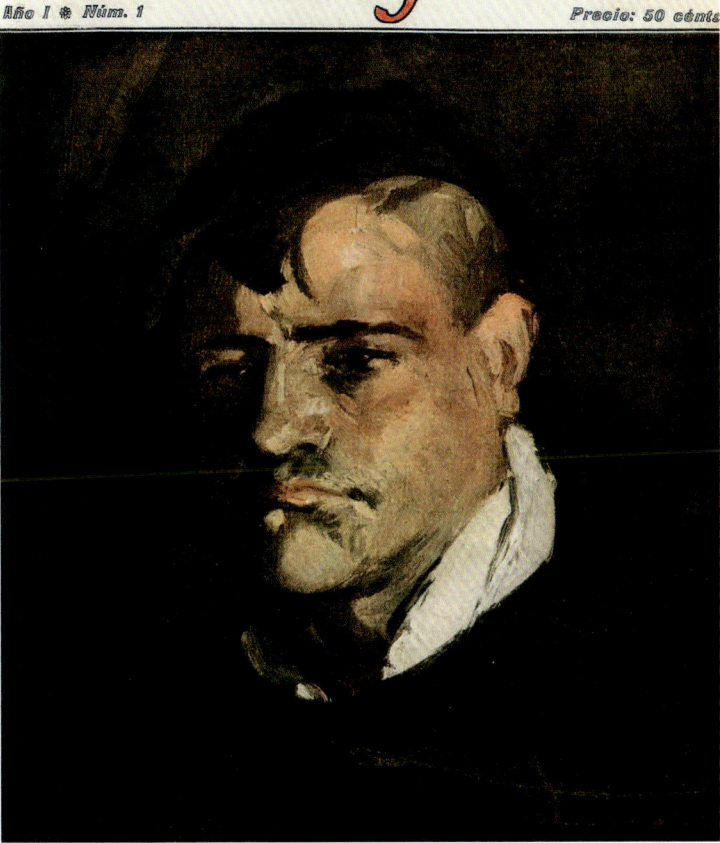

Portada del número 1 (3 de enero de 1914) de *La Esfera*.
Fuente: Hemeroteca Digital. Biblioteca Nacional de España.

gloriosamente con los talleres más conocidos y alabados del extranjero, y por aquí puede inferirse con cuantas facilidades realizará la nota actualista, este *reportage al cliché* (sic) que resume la vida y obra de las ilustraciones y revistas contemporáneas.[4]

Por todo ello, se asociaba a la imagen un mayor y potencial alcance del conocimiento, tanto de realidades alejadas en el espacio como en el tiempo, como de la actualidad, en su sentido pleno, adquiriendo así los medios de prensa una condición de madurez hasta entonces no plenamente conseguida. Sin duda, la inmediatez que aportaba la fotografía fue un factor insuperable para los procedimientos gráficos anteriores, el dibujo el grabado, de modo que poco a poco las publicaciones periódicas españolas fueron sustituyendo en la parte gráfica estos procedimientos por la fotografía, teniendo como referente ilustres cabeceras como *Blanco y Negro* o *Nuevo Mundo*, que lo hicieron en 1891 y 1894, respectivamente (SÁNCHEZ VIGIL, 2008: 85).[5]

Retomando la revista *Aragón ilustrado*, una publicación de carácter semanal de efímera existencia, pues apenas llegó a los cuatro meses de duración, podemos extraer interesantes conclusiones sobre los diferentes usos de los que hablábamos más arriba. Empezando por el número 1 (1 de enero de 1899), en que encontramos fotografías (fotograbados, como se decía en la época) de varias industrias zaragozanas sin firmar pero que más adelante, en números posteriores, aparecen atribuidas a uno de los más importantes fotógrafos profesionales aragoneses del momento, Ignacio Coyne (1872-1912), el cual se hace anunciar ya desde el segundo número (7 de enero de 1899). Tales imágenes de espacios fabriles fueron impresas por el taller/imprenta local de Vicente Soteras y Modesto Monforte, quienes eran, además, los propietarios de la revista. Esta firma, establecida ya, según BLASCO IJAZO (1945: 87), desde 1890, aparecía anunciada en las mismas páginas de la publicación.

Esta transición, lógicamente, fue paulatina, y no deja de ser sintomático que la portada del primer número, en la que se hace

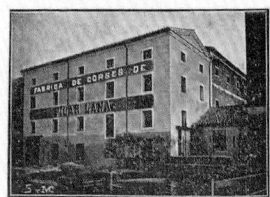

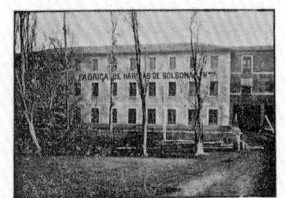

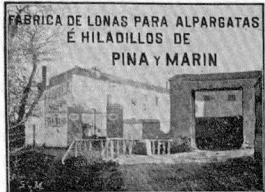

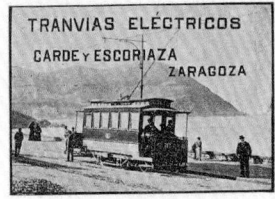

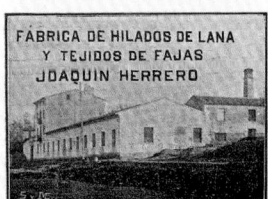

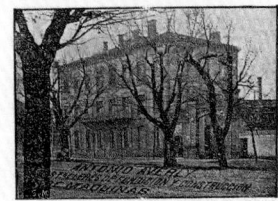

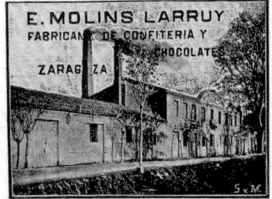

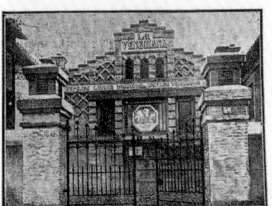

Fotografías de COYNE

Varios fotograbados de industrias zaragozanas, Ignacio Coyne, *Aragón ilustrado* 14 de enero de 1899. Fuente: https://aragonilustrado.blogspot.com/

Publicidad del fotógrafo Ignacio Coyne, *Aragón ilustrado*, 7 de enero de 1899. Fuente: https://aragonilustrado.blogspot.com/

mención explícita del comienzo de la nueva revista bajo el título *Ya empezamos…*, sea una acuarela del destacado pintor aragonés Juan José Gárate, que colaboró en diversas ocasiones con *Aragón ilustrado*, con las portadas[6] e imágenes interiores, pero también con otras publicaciones aragonesas como *El Pilar* (entre 1901-1903), el periódico *Heraldo de Aragón* (entre 1901-1933), y nacionales, como *La Ilustración Española y Americana* (1900-1909), *Blanco y Negro* (1902-1935) o *La Esfera* (1914-1921) (VAL LISA, 2020).

Entre las imágenes interiores de este primer número, destaca especialmente la obra de Gárate que reproduce una delicada representación de Orfeo, con su característica lira, en un paraje rocoso y marino. Imagen que sirvió para ilustrar el poema «Fragmento» de Francisco Aguado Arnal.[7] En ambos casos, tanto el pintor como el escritor se salían de sus habituales adscripciones costumbristas de *temática aragonesa* para decantarse por una suerte de evocación mitológica que, en el caso de Gárate, fue característica de finales

IMPRENTA
DE
SOTERAS Y MONFORTE

SE HACEN TODA CLASE DE TRABAJOS TIPOGRÁFICOS
CLICHÉS DIRECTOS Y DE LÍNEA
Á PRECIOS SUMAMENTE ECONÓMICOS

Esta casa posee las máquinas más perfectas y los materiales más modernos que se conocen en el ramo de imprenta.

ESPECIALIDAD EN LA IMPRESIÓN DE CATÁLOGOS

Clichés y tirada de Aragón Ilustrado, están hechos en esta imprenta.

Independencia, núm. 29.--Zaragoza.

Publicidad de la Imprenta Soteras y Monforte, *Aragón ilustrado*, 4 de febrero de 1899. Fuente: https://aragonilustrado.blogspot.com/

del siglo XIX, algo que no es casual debido a su estrecha relación, en aquel momento, con la Academia y sus numerosas participaciones en Exposiciones Generales de Bellas Artes.

A partir del número 2 (7 de enero de 1899), la revista empezó a publicar una sección denominada «Aragón artístico y monumental», cuya cabecera fue diseñada por el propio Gárate, con una panorámica del río Ebro con la silueta de la basílica de El Pilar, con los retratos de artistas ilustres como Goya, junto a referencias también al mudéjar aragonés con una serie de arcos mixtilíneos; todo orlado con motivos de carácter vegetal. Sección que estaría presidida por imágenes de los principales monumentos y paisajes aragoneses, a veces en íntima relación. La primera de ellas fue una «Vista de Huesca, desde la Alameda», y junto a este título aparece el siguiente pie de foto: «De fotografía hecha expresamente para *Aragón Ilustrado*».

El tratamiento sigue respondiendo a ciertas pervivencias tardorrománticas donde categorías de lo *pintoresco* y lo *sublime* substancian,

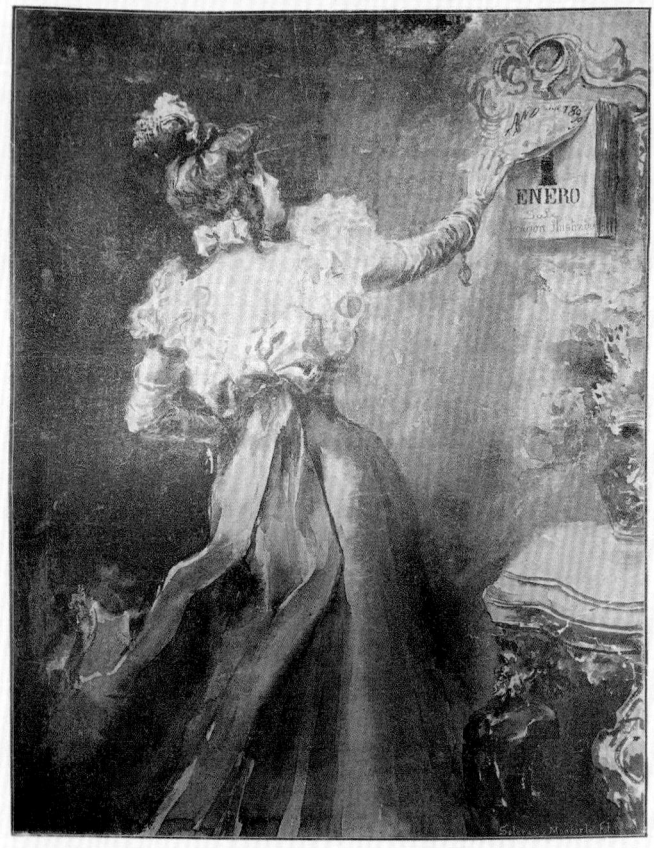

Acuarela *Ya empezamos…*, de Juan José Gárate, *Aragón ilustrado*, 1 de enero de 1899.
Fuente: https://aragonilustrado.blogspot.com/

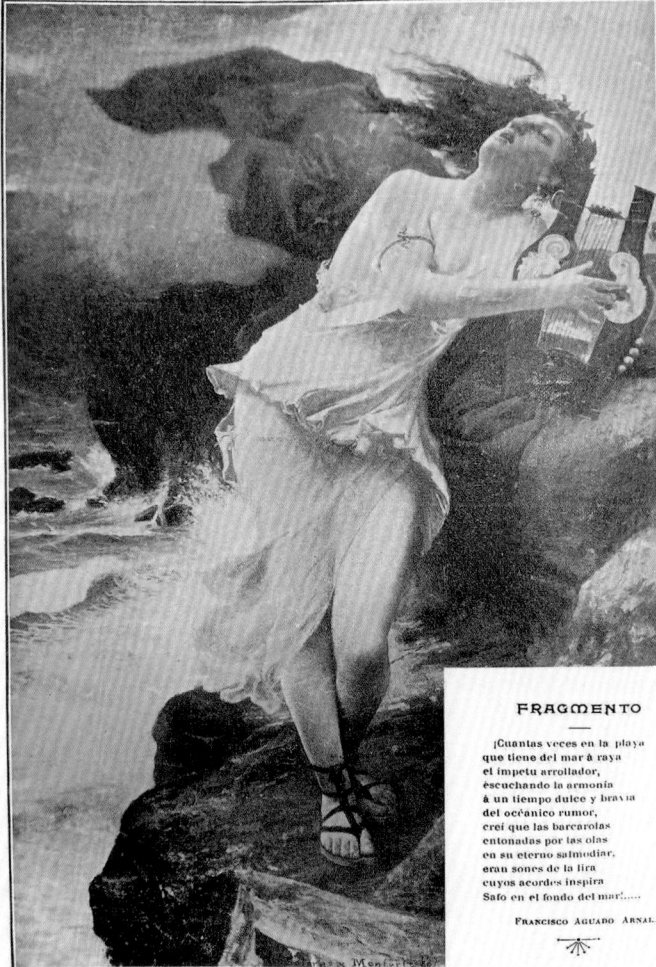

FRAGMENTO

¡Cuantas veces en la playa
que tiene del mar á raya
el ímpetu arrollador,
escuchando la armonía
á un tiempo dulce y bravía
del oceánico rumor,
creí que las barcarolas
entonadas por las olas
en su eterno salmodiar,
eran sones de la lira
cuyos acordes inspira
Safo en el fondo del mar!.....

FRANCISCO AGUADO ARNAL.

Cuadro de GÁRATE

Poema *Fragmento*, de Francisco Aguado Arnal, junto a una pintura de Juan José Gárate,
Aragón ilustrado, 1 de enero de 1899. Fuente: https://aragonilustrado.blogspot.com/

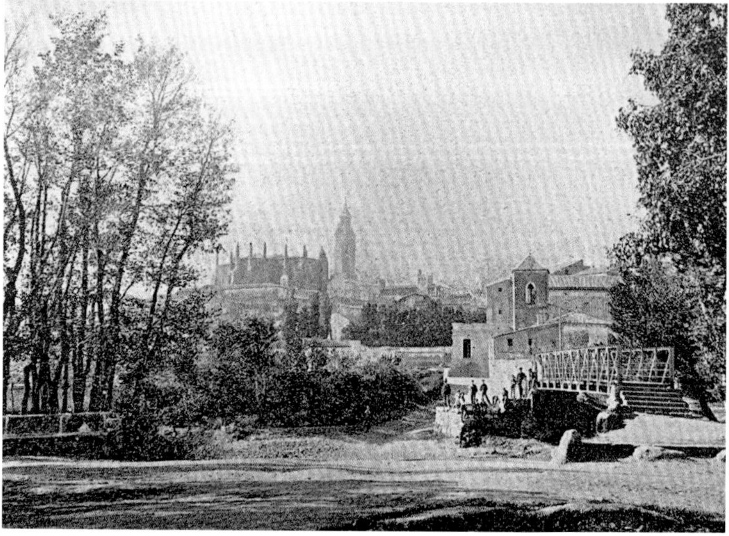

Vista de Huesca, desde la Alameda, autor desconocido, *Aragón ilustrado,* 7 de enero de 1899
Fuente: https://aragonilustrado.blogspot.com/

además, una suerte de visión idealizada de orientación regionalista muy deudora del pensamiento regeneracionista, una actitud que los gestores de la revista del SIPA mantendrán en su publicación. Por otra parte, estas imágenes de monumentos y paisajes aragoneses conectaban bien con las prácticas excursionistas muy presentes en esa época (NAVAL, 2002: 103).

Estos ecos simbólicos vuelven a repetirse en la imagen aparecida en el número siguiente, correspondiente al 14 de enero de 1899, con una panorámica del Castillo de Loarre, «avanzada para la reconquista de Huesca». Un edificio de especial importancia y significado a la hora de enunciar determinadas premisas histórico-culturales, como lo había sido —y así será considerado— el monasterio de San Juan de la Peña.

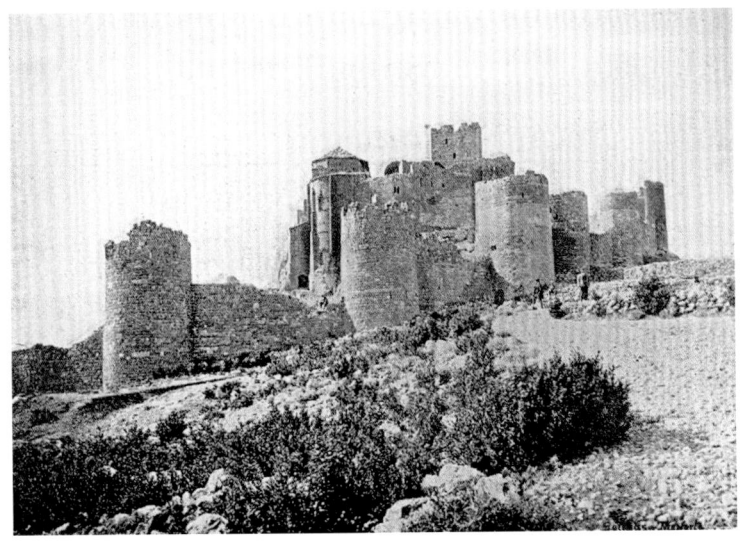

Castillo románico de Loarre, avanzada para la reconquista de Huesca, autor desconocido, *Aragón ilustrado*, 14 de enero de 1899. Fuente: https://aragonilustrado.blogspot.com/

Otro monumento, y, sobre todo, paraje natural destacado por su gran belleza, fue el Monasterio de Piedra, en la provincia zaragozana, en que el objetivo fotográfico se centró en la denominada «Gruta del artista». En esta ocasión aparece adjudicada al «Sr. Beltrán». Se trata de Enrique Beltrán, reputado fotógrafo zaragozano de estudio. Volveríamos a encontrar una nueva imagen de Beltrán, igualmente ambientada en el Monasterio de Piedra, concretamente la cascada Cola de caballo, para ilustrar un breve poema sobre el río que da nombre al antiguo cenobio aragonés, obra de Manuel Lassa. La asociación casi simbiótica entre imagen y texto se dispone en sintonía a otras similares de la época (*Nuevo Mundo* o *Blanco y Negro*), y a otras que encontraremos en nuevas revistas ilustradas del país que surgirán posteriormente.

El paisaje pirenaico tomó protagonismo en el número 5 (28 de enero de 1899), con una vista general del valle del Gállego y de la localidad de Escarrilla. En esta imagen se substancia la clara vinculación del medio fotográfico y el excursionismo que proporcionará fructíferas consecuencias con abundantes repertorios realizados en función de intereses también muy diversos.

Los ingenios tecnológicos vuelven a cobrar presencia, bajo un tono humorístico en esta ocasión, en la caricatura «¡Oh, el cinematógrafo!», del dibujante Ybáñez (Vicente Ibáñez García de Lara). En cuatro viñetas, el artista gráfico hace una lúcida e inteligente reflexión sobre algunas implicaciones del reciente invento, que, a su vez, sirven para comprender varias cuestiones que rodeaban a este ingenio en aquellos primeros años de su existencia. Por lo tanto, se refiere a una noticia de actualidad, cumpliendo así una de las máximas que hicieron nacer la revista.

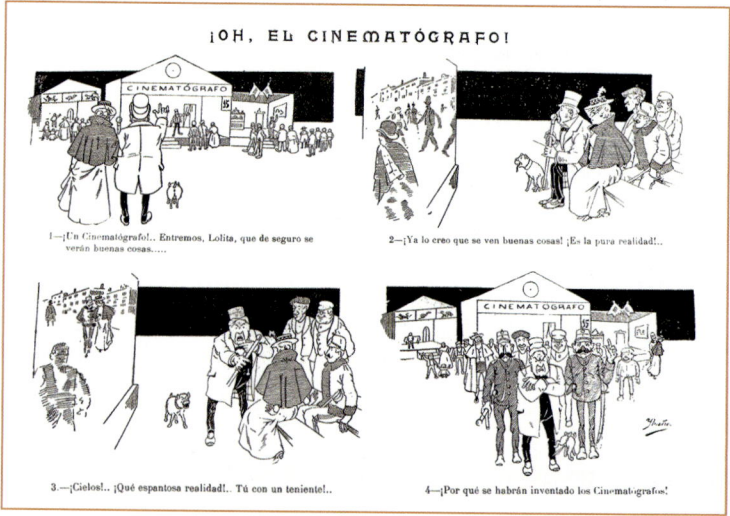

Viñeta *¡Oh, el cinematógrafo!* de Ybáñez, *Aragón ilustrado*, 28 de enero de 1899.
Fuente: https://aragonilustrado.blogspot.com/

Si nos detenemos en una breve descripción de las viñetas, en primer lugar, encontramos una pareja protagonista, que se encuentra en una feria a juzgar por una serie de casetas; estos se dirigen a una barraca con la mención del Cinematógrafo, seguro el marido de que «verán buenas cosas». Este ámbito de difusión del Cinematógrafo fue muy habitual en sus primeros tiempos, en que dejó de exhibirse en salones ubicados en los centros de las ciudades para pasar a tener un carácter itinerante. Ello fue debido a varios incendios derivados de las proyecciones cinematográficas, como el que asoló el Bazar de la Caridad de París en mayo de 1897.

A continuación, el matrimonio aprecia maravillado «la pura realidad»: imágenes de viandantes por la calle de una ciudad, tal y como era todavía muy habitual en los programas de películas de aquellos primeros años del cinematógrafo, herederas y continuadoras de las primigenias *vistas* de los hermanos Lumière, que eran auténticas *fotografías en movimiento*.

Así, en efecto, la historia de nuestro cine tiene a dos de sus primeros hitos con las conocidas breves cintas *Salida de Misa de Doce del Pilar*, y una segunda, realizada unos días después, tras el éxito de concurrencia de la primera, bajo el título de *Saludos*, ambas de Eduardo Jimeno Correas y su padre, Eduardo Jimeno Peromarta, filmadas las dos en ese mismo año 1899 (aparte del primer rodaje documentado en la capital aragonesa, *Desfile del Regimiento de Castillejos*, el 11 de marzo de 1897).

La conclusión de la escena desarrolla la nota humorística al comprobar el marido que su esposa aparece acompañada de un militar. La expectación inicial se torna decepción: «¡Por qué se habrán inventado los Cinematógrafos!», exclama el defraudado personaje que se siente engañado por su mujer. Más allá de la consideración humorística, asistimos a un fenómeno psicológico muy interesante de (auto) percepción que fue muy habitual en aquellos primeros tiempos del cine gracias a estas *vistas* que recogían la realidad *en bruto*, con parecidas implicaciones a las celebérrimas primeras filmaciones francesas de los hermanos Lumière como *La Salida de los obreros de la fábrica* o *La llegada del tren a la estación de Ciotat* (1895). Un proceso, ampliamente teorizado, en el que, según Agustín SÁNCHEZ VIDAL (1994: 184), «habría jugado un importante papel la conciencia de estar antes *trozos de vida* espontáneamente filmados». Tras esa (auto)identificación, viene otro «momento que se encamina hacia su apropiación por parte de los espectadores y hacia el deseo de volver a verse a sí mismos en la pantalla, en actitudes cotidianas».

Sin dejar las alusiones al entonces naciente mundo del cine, tenemos constancia, en el número 6 (4 de febrero de 1899) de una publicidad que anunciaba el *Victorius-Graph (sic)*, uno de los muchos procedimientos similares al cinematógrafo que por aquellos años surgieron. Concretamente se dice: «Última palabra de la fotografía del movimiento. Sesiones todas las noches cada tres cuartos de hora desde las cinco y media…» Este espectáculo se ofrecería en el entorno de las céntricas calles de Cuatro de Agosto y Estébanes, en el Pasaje de los Giles, y estaría a cargo el comerciante zaragozano Félix Sáez, que anteriormente habría regentado una ferretería-droguería en la que se vendía material fotográfico. Este espacio habría estado abierto apenas unos meses durante el año 1899, curiosamente, algo parecido a lo que le sucedió con la revista que estamos comentando, y no puede ser considerado propiamente una sala de cine estable, «sino más bien un local, que habilitado de manera más o menos decorosa, funcionó pocos días y de forma discontinua» (MARTÍNEZ, 1997: 331).

A este respecto, hemos de decir que la publicación *Juventud. Revista semanal ilustrada*, dirigida por Juan José Lorente y editada e impresa desde los talleres del periódico *Heraldo de Aragón*, desde su primer número (8 de marzo de 1914),[8] daba cumplida información sobre la programación de las principales salas de cine establecidas en aquella época en la ciudad: el Cine Ena Victoria, el Alhambra y el Salón Doré. Además, en la sección «La semana teatral», escribía habitualmente el crítico teatral y cinematográfico Luis Torres, con interesantes y atinados comentarios sobre algunos de los estrenos fílmicos mencionados.

El mundo del espectáculo vuelve a aparecer en este mismo número de *Aragón ilustrado* por medio de la publicación de un retrato fotográfico de la *tiple* Luisa Fons, soprano de origen alicantino, que había participado en la ópera *Marta, o el mercado de Richmond* (música de Friedrich von Flotow y libreto de Friedrich Wilhelms Riese) en el Teatro Principal de Zaragoza. Al publicar esta imagen, según se afirmaba en el pie: «cumple ARAGÓN ILUSTRADO un deber de justicia y de cortesía, uniendo su aplauso al que el público, como premio á sus excelentes dotes de artista, le tributó la noche del beneficio.» Este mismo retrato aparecería meses después en otra revista nacional, editada desde Barcelona, titulada *La Música ilustrada hispano-americana*. Concretamente, en su número 20 (10 de octubre de 1899), y sirvió para ilustrar una breve semblanza de la cantante, desde su debut en 1884 en el Teatro Real de Madrid con *El Barbero de Sevilla* (música de Gioachino Rossini y libreto de Cesare Sterbini) y su actual dedicación a la zarzuela. El pie de foto da a entender que estaba caracterizada para interpretar *La Traviata*, la celebérrima ópera de Verdi.

Desde el punto de vista estilístico, hemos de advertir que los autores (profesionales retratistas) que se han ocupado de estas temáticas sobre el mundo del espectáculo mantuvieron las características del retrato de estudio más que interesarse por reflejar a las artistas en su ambiente. Lógicamente, el origen de este tipo de imágenes va ligado al propio desarrollo del género de *variedades* en el que se incluye, como una vertiente más de una serie de espectáculos con un destino eminentemente popular, los cuales tenían lugar en pequeños teatros y locales. Así, y sin pretender ser exhaustivo en rastrear los antecedentes históricos de este tipo de fotografía, podemos cifrar como hito importante el surgimiento del cuplé en el primer tercio del siglo XX, del que tomará el atrevimiento derivado de los dobles sentidos y el contenido picante de las letras de sus canciones.

Por otra parte, hay todo un conjunto de entretenimientos dentro del campo humorístico que servirían de complemento, procedentes del *music-hall* de tradición anglosajona. Entre las intérpre-

LUISA FONS DE CALVERA

Debutó en el Teatro Real de Madrid, cantando *El Barbero* con el célebre Masini, y éste no la eclipsó, no; lo que prueba que Luisa estaba segura de lo que hacía, que sus facultades eran extraordinarias y sus conocimientos musicales bien cimentados.

Después del memorable *Barbero* cantó también otras óperas,

Para nuestro teatro nacional no es que falten artistas buenos, no: es que la inmensa mayoría de ellos cifran más porvenir cantando en cualquier idioma extranjero que en el mismo en que nuestras madres nos han mecido en la cuna, y de esto resulta la escasez de artistas buenos.

La Fons no ha sido así: Luisa ha visto y comprendido la carencia de artistas para la zarzuela, y á ella se ha lanzado con ruidosísimo éxito, no considerando si en este cambio tan plausible

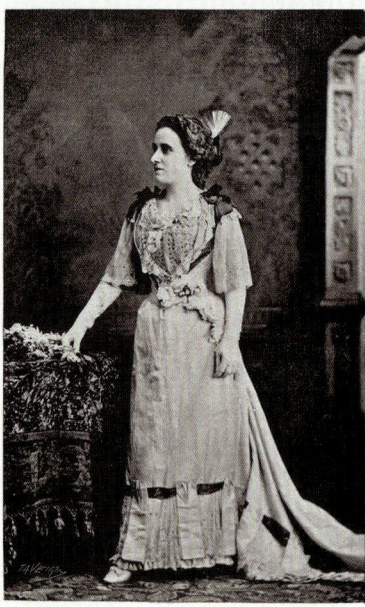

LUISA FONS DE CALVERA en la ópera *Traviata*

en las que alcanzó siempre igual éxito. Era entonces casi una niña. De esto hará ya casi de nueve á diez años.

Hoy ya es una mujer, una artista completa, y Luisa, para bien de nuestro teatro, ha dejado la ópera italiana para dedicarse á la zarzuela, ú ópera española.

Un aplauso merece este rasgo, y se lo tributamos muy sinceramente.

como espontáneo ascendía ó descendía en su categoría artística. El arte nacional fué su principal móvil.

Luisa ha viajado mucho, haciendo como se llama, teatralmente hablando, los principales teatros de España y del extranjero, y sobre todo de las Américas del Norte, en cuyos países sacó honra y provecho.

CARRERA.

Retrato de la cantante Luisa Fons de Caldera, autor desconocido, en *La Música ilustrada hispano-americana*, octubre de 1899. Fuente: Hemeroteca Digital. Biblioteca Nacional de España.

tes más destacadas en este primer período, tendríamos a Consuelo Vello, «la Fornarina», Consuelo Portella, «la bella Chelito», Imperio Argentina, que daría el paso al mundo del cine, como sucedió con algún caso más, o la famosísima Celia Gámez, por citar solo algunas de las más célebres. Todas ellas aparecen fotografiadas de manera individual, como decíamos anteriormente, en la mayor parte de los casos, fuera de los escenarios, interpretando algunos de los números que las harían populares, con una supuesta ingenuidad que hoy no deja de resultarnos humorística.

Estos conjuntos de imágenes resultan muy útiles a la hora de comprender todo lo relacionado con las costumbres y hábitos en torno al ámbito difuso y polémico de la moral; no en vano, la propia aparición y generalización del cuplé es expresión inequívoca del relajamiento en la observancia de dichas costumbres, todo lo cual va a substanciar algunas de las maneras de referirse al período: los «felices años veinte», y, especialmente, los «alocados años veinte».

Por otra parte, en lo estrictamente fotográfico, hay que asociar la difusión de estas fotografías en España a la edición de varias revistas, incluso desde finales del siglo XIX, como *La Vida Galante*, dirigida por Ramón Sopena y Eduardo Zamacois, o *París Alegre*, *Sicalíptico*, *Las mujeres galantes*, etc., que trataban de implantar en nuestro país la fórmula de la literatura galante francesa, con evidentes implicaciones eróticas, de ahí que en no pocas ocasiones se reproduzcan incluso desnudos con la consiguiente censura desde las instancias administrativas.

Este va a ser el formato usual de estas fotografías que lindan, y a veces entran directamente, en el género del desnudo, a lo largo del primer tercio del siglo XX, y que se mantiene en el período republicano. De modo que en estos años, hemos de citar nuevas revistas (como *Teatro Frívolo* [1935-1936], *Guión* [1932-1933] y *¡Tararí!* [1930-1936]), todas ellas profusamente ilustradas con «fotografías de las obras en que se puede apreciar la ola frívola que invadió los escenarios, visible en los trajes cada vez más desnudos y sugestivos de las actrices» (RICCI, 2005: 299).

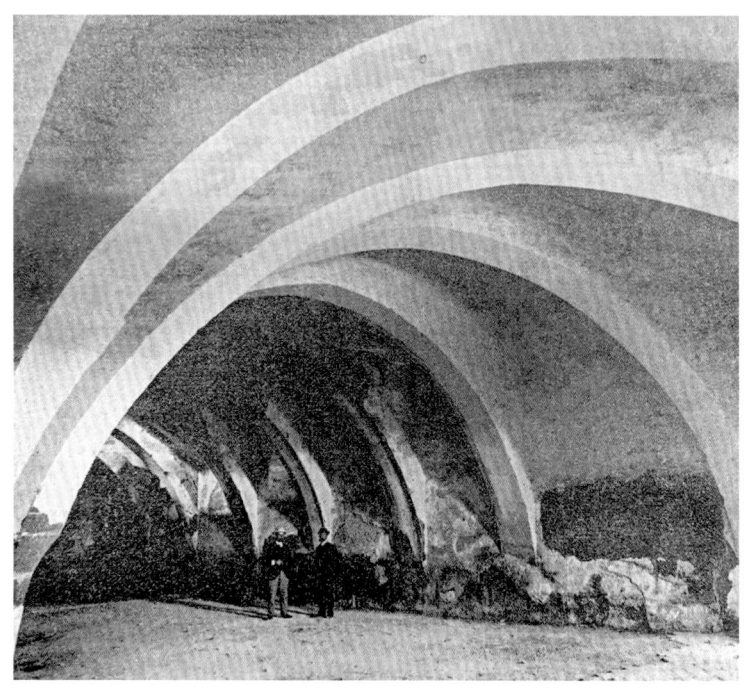

Convento de Sigena (Dormitorio antiguo de las religiosas), autor desconocido, *Aragón ilustrado*, 4 de febrero de 1899. Fuente: https://aragonilustrado.blogspot.com/

Volviendo con la sección «Aragón artístico y monumental» de *Aragón ilustrado*, la siguiente imagen en aparecer en la revista sería en el citado número 6, el interior del «dormitorio antiguo de las religiosas» del monasterio de Sigena; testimonio gráfico que nos aporta una información muy valiosa para comprender el estado de conservación de esa estancia del cenobio, que mostraba evidentes desconchados en los paramentos debido, probablemente, a la humedad. Dos más serían las fotografías sobre Sigena publicadas en *Aragón Ilustrado*, dentro de esta misma sección: un detalle del retablo de alabastro de un altar del claustro (núm. 11, 11 de marzo de 1899) y de la portada «románica» (sic) construida por Jaime «El Conquistador» (núm. 12, 1 de abril de 1899, último número). En ninguno de los tres casos aparece el nombre del fotógrafo.

Este monumento, que, desde su fundación en 1188, mantuvo una estrecha vinculación con los reyes aragoneses, ha sido fotografiado en innumerables ocasiones por los valiosísimos vestigios artísticos que ha custodiado, desde piezas de carácter mueble (tallas de Imágenes sagradas, objetos litúrgicos) a elementos como retablos, altares, por no hablar de las bellísimas pinturas murales que decoraban algunas de sus estancias, como la Sala Capitular, que, como es sabido, sufrieron una lamentable suerte entre destrucciones (el incendio al poco de comenzar la Guerra Civil en agosto de 1936, a manos de milicianos anarquistas) o el expolio casi inmediatamente posterior, con la *excusa* de restaurar lo que había quedado.

Pocos meses antes de la destrucción parcial llevada a cabo en la coyuntura bélica, el arquitecto y fotógrafo catalán Josep María Gudiol Ricart —que también participaría en la polémica restauración poco después del incendio— viajó a Sigena como años atrás, hacia 1911, lo había hecho su paisano Adolf Mas, para obtener un reportaje completo del monasterio oscense, con especial interés en sus pinturas. En este sentido, el propio Gudiol había formado parte de la plantilla del Archivo Mas de Fotografía, y en 1931, siguiendo la estela de esta firma, fundó el Arxiu d´Arqueologia Catalana (ADAC). A partir de ese momento trabajaría para numerosas instituciones nacionales e internacionales, muchas de ellas de carácter académico, con el fin de componer completas fototecas. Entre las extranjeras, cabe citar la figura del profesor estadounidense Walter W. S. Cook, presidente del Instituto de Bellas Artes adscrito a la Universidad de Nueva York, quien parece ser que le encargó el reportaje fotográfico de Sigena materializado en la primavera de 1936 (MENJÓN, 2017: 76-78).

Queremos cerrar este apartado dedicado a *Aragón Ilustrado*, revista pionera en el campo de la ilustración fotográfica, con una imagen que no es una fotografía precisamente, es un dibujo a partir de

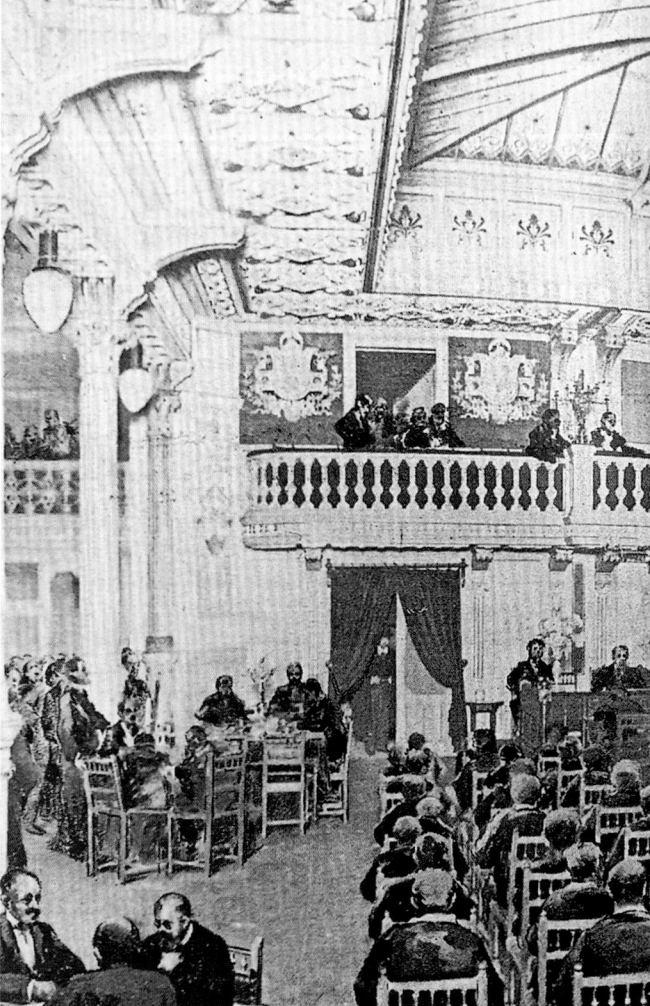

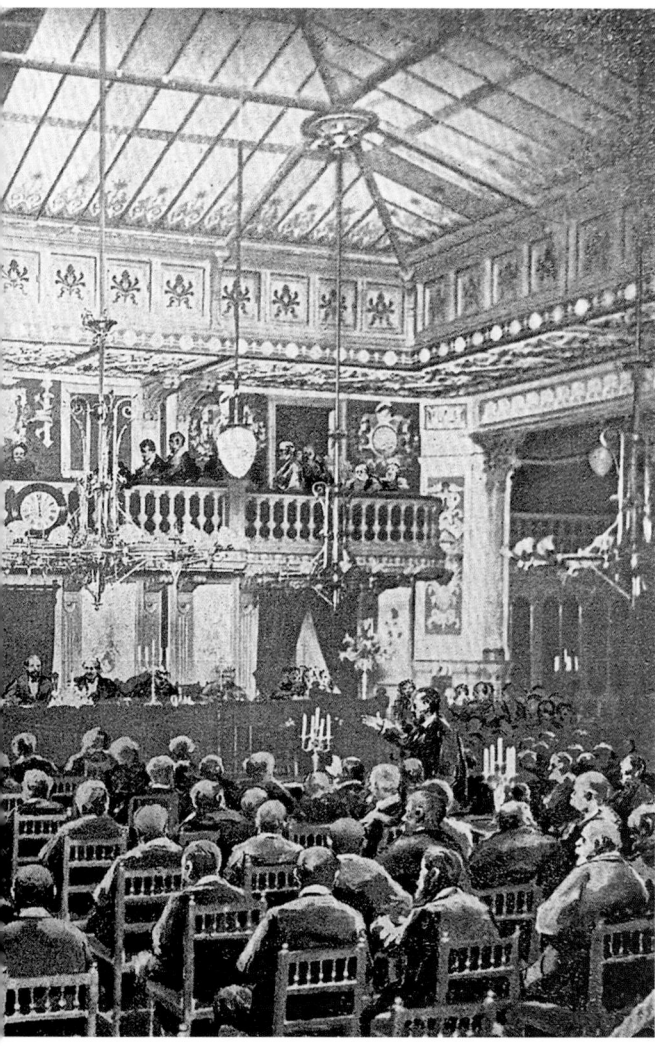

Grabado de la Primera sesión celebrada por la Asamblea de Productores, *Aragón ilustrado*, 18 de febrero de 1899. Fuente: https://aragonilustrado.blogspot.com/

una imagen fotográfica obra de Lucas Escolá Arimany (1857-1930), según se refiere en el pie de foto. Su autor, de origen catalán, se estableció en Zaragoza en 1878 y pronto se mostraría interesado por todo lo relacionado con la reproducción de imágenes fotográficas (procedimientos de fotograbado directo y de línea,[9] etc.). Pues bien, el antedicho dibujo reconstruye la primera sesión de la Asamblea Nacional de Productores, reunión de la que se escribiría ampliamente en el número 8[10] (18 de febrero de 1899), el mismo en que se publicó la obra gráfica a la que estamos aludiendo.

Nos situamos, pues, ante un hecho de actualidad, de no poca trascendencia. Esta Asamblea, que se celebró entre el 15 y el 20 de febrero de 1899, fue una ambiciosa iniciativa, auspiciada en gran medida por el pensamiento y la voluntad de Joaquín Costa, por lo tanto, en la línea más abiertamente regeneracionista, constituida por las principales Cámaras Agrícolas y de Comercio, Sindicatos, etc. Se dispuso bajo el patrocinio de la Cámara Agrícola del Alto Aragón, para debatir sobre el futuro económico del país, y con acuerdos concretos como «la formación de una Liga Nacional de Productores que con un programa mínimo debía influir en la dirección del Estado, en contra del parecer de Costa que [...], abogaba a favor de la formación de un partido nacional por encima de los intereses económicos e ideológicos de los ya existentes» (CHEYNE, 1967: 254-255).

Pero centrándonos en la ilustración, de la que no consta su autor, parte de una fotografía, una correspondencia que nos retrotrae a los inicios de la ilustración en libros y publicaciones periódicas, a mediados de ese siglo XIX, en que la tecnología todavía no estaba lo suficientemente desarrollada como para publicar una fotografía directamente y se recurría a dibujos y/o grabados que reproducían tomas ya fueran procedentes del daguerrotipo, en un primer momento, o de los negativos de vidrio al colodión, en décadas posteriores.

Este interés por utilizar el nuevo medio como procedimiento para ilustrar publicaciones de diferente carácter ya estuvo presente desde prácticamente los comienzos de la historia de la fotografía, pero los protagonistas de aquel momento lo hicieron de manera indirecta, es decir, que se partía de un referente fotográfico, en la década de los cuarenta del siglo XIX, un daguerrotipo, para componer una litografía, xilografía o un grabado calcográfico que copiaba más o menos fielmente el modelo fotográfico. Uno de los hitos más conocidos en esta dirección fue el magno proyecto editorial puesto en marcha por el francés Noël Marie Paymal Lerebours con los álbumes de sus *Excursions Daguerriennes* (1841-1842) en que, como rezaba el subtítulo del proyecto, se recogieron las vistas y monumentos más destacables del globo (SOUGEZ, 2009: 189-190).

Volviendo con Lucas Escolá, autor de la fotografía en que se basaba el dibujo antes citado, cabe decir que en 1894 ganó la oposición de la plaza para impartir el Taller de Fotografía y Procedimientos Fotoquímicos de Reproducción, que era como se llamaba la materia, de orientación eminentemente práctica, acorde con el espíritu docente de la Escuela de Artes y Oficios de Zaragoza, de cuyo plan de estudios formaba parte en su Tercer Curso. Este Taller se encontraría ubicado en la planta baja de la entonces Facultad de Medicina y Ciencias. Especializado en las técnicas del fotograbado[11] y de la fototipia,[12] que enseñaba en la Escuela de Artes, Escolá se estableció también con un taller propio en el Paseo de la Independencia número 26, desde el que compuso buena cantidad de postales (BUENO, 2010: 92-95).

Precisamente algunas fotografías sobre diversas clases y talleres tomadas por los alumnos de Escolá, sirvieron para ilustrar un fragmento del discurso leído por el que fue su primer director, el ilustre profesor de Química Bruno Solano Torres,[13] fallecido en ese mismo año de 1899.

Notas de este capítulo

3 Se refiere a las revistas ilustradas.

4 BASELGA Y RAMÍREZ, M.: «¡Deo Gratias¡», *Aragón ilustrado. Semanario artístico-literario*, n.º 1,1 de enero de 1899, pp. 2-3.

5 Sobre la implantación de diversos procedimientos de fotograbado en las revistas ilustradas españolas, véase Sánchez Vigil, 2008: 79-82.

6 También haría lo propio con la portada del número 88 (enero de 1933) de *Aragón. Revista gráfica de cultura aragonesa*, con una temática típicamente costumbrista.

7 Autor recurrente de la denominada literatura «baturrista», colaboró en varias ocasiones en la *Revista de Aragón* (1900-1905), y escribió un «intermedio» en la primera edición (1898) de los *Cuentos baturros*, obra del director de *Aragón Ilustrado*, Alberto Casañal. Véase al respecto Claver Esteban, 1984.

8 Se publicó hasta diciembre de 1916.

9 Procedimientos que se trabajaban en la imprenta/taller de Soteras y Compañía, sin la mención de Monforte, como aparece anunciada la empresa en el último número publicado de *Aragón Ilustrado*, el 12 (1 de abril de 1899).

10 También queremos destacar, aunque no tenga que ver directamente con la Asamblea, otro texto firmado por Dionisio Casañal, célebre topógrafo zaragozano, padre del director de *Aragón Ilustrado*, Alberto Casañal, y presidente del Centro Mercantil Industrial y Agrícola de Zaragoza, en el que el autor hace una breve historia de la institución desde su fundación. El texto aparece profusamente ilustrado con fotografías de algunos de los salones principales, así como de la escalera de acceso y el patio.

11 «Procedimiento fotomecánico empleado en la reproducción de ilustraciones. En artes gráficas el sistema consiste en la obtención de un negativo a partir del original y su pasado a la plancha para impresión, en cuyo proceso se utiliza una trama que descompone la imagen en diferentes tonos. Este método, aplicado a la reproducción de fotografías por estampación, permitió la combinación de texto e imágenes en el diseño de páginas». En Sánchez Vigil, 2007: 214.

12 «Método fotomecánico de reproducción de imágenes […]. Sus características principales eran la nitidez y calidad de la imagen. Se aplicó a la producción de tarjetas postales durante los últimos años del siglo XIX y el primer tercio del XX, así como a la prensa y libros». En Sánchez Vigil, 2007: 234.

13 «La Escuela de Artes y Oficios de Zaragoza», *Aragón Ilustrado*…, n.º 9, 25 de febrero de 1899, s/p.

La Sociedad (Fotográfica de Zaragoza) y el Sindicato (de Iniciativa y Propaganda de Aragón), tanto monta...

Desde la fundación efectiva de la SFZ en 1923, muchos de los principales artífices de la entidad y otros que los sucedieron mantuvieron estrechos lazos con el SIPA Desde Manuel Lorenzo Pardo, primer presidente, Gabriel Faci o Eduardo Cativiela, que pusieron en marcha este intento, finalmente continuado, de lograr una asociación de fotógrafos en Zaragoza (que no fue el primero[14]), a los que sustituyeron Lorenzo Almarza, presidente de la Sociedad (desde 1932 hasta 1967), Joaquín Gil Marraco, secretario, y Manuel Serrano Sancho, como secretario técnico, desde 1949.

Como nueva entidad que venía a cubrir una manifestación creativa que estaba en trance de ser admitida como expresión artística, la SFZ, fue ya reconocida por otras publicaciones periódicas aragonesas anteriores al nacimiento de la propia revista del SIPA. Así, *Athenaeum*, que, en su segunda época (a partir de 1922), llevaba el sobrenombre de *Revista de Cultura General*, muy vinculada, a su vez, con la Universidad de Zaragoza, con destacados miembros de la institución académica entre sus colaboradores (GARCÍA GUATAS, 1996-1997: 623), de hecho, el eminente historiador y catedrático Andrés Giménez Soler, fue presidente de la Sociedad Fotográfica de Zaragoza entre 1925 y 1927.

En una breve reseña, quizás uno de estos ilustres miembros docentes, hablaba de la primera Junta General (celebrada el 26 de mayo de 1923) y del nombramiento de la primera Junta Directiva, así como de la sesión inaugural (13 de junio), en la que el presidente,

Manuel Lorenzo Pardo, impartió una conferencia con el título «La afición fotográfica». Asimismo, se informaba también de los proyectos para el próximo «curso»: «una exposición de arte fotográfico moderno, internacional», y sendas «conferencias y cursillos de carácter técnico y artístico». La crónica finalizaba con la oferta de colaboración por parte de la revista *Athenaeum*, que se mostraba «a disposición de la Sociedad Fotográfica para cuanto pueda contribuir al desarrollo de su programa de Arte, y expresa a esta nueva Sociedad de que Zaragoza carecía y cuya falta se dejaba sentir, el deseo de que realice su simpático plan con el mayor éxito y tenga largos años de vida».[15]

En cuanto a la Sociedad Fotográfica de Zaragoza, hay que decir que durante muchos años compartió su sede con el SIPA en un edificio de la zaragozana Plaza de Sas, concretamente en el número 7. Este traslado tuvo lugar a lo largo de 1930,[16] y suponía ya el tercero en la corta historia de la Sociedad. Es más, este se dispuso poco después de que hiciera lo propio el mismo Sindicato, después de haber llegado a un «acuerdo» con la entidad turística, que «brindó el alto honor de acogernos en los mismos (locales), y desde el primer momento se hizo una instalación *ad hoc* para nosotros». Además de las ventajas económicas por el ahorro en los costes de alquiler con respecto al anterior local, y materiales, por disponer de mejores laboratorios, teléfono, calefacción, y un amplio salón para montar sesiones de proyecciones, conferencias y exposiciones fotográficas, se valoraba muy positivamente la circunstancia de que las tertulias ahora serían, a buen seguro, más concurridas que en ocasiones anteriores porque «siempre habrá compañeros del Sindicato, de la Sociedad Automovilista, de Montañeros, etc., con quien pasar agradablemente la velada».[17]

En efecto, este cambio de ubicación sirvió para que otras «asociaciones hermanas» como «Montañeros de Aragón» y la Real Asociación Automovilística Aragonesa: «todas (quedasen) convenientemente instaladas, cada una con independencia de las otras, todas unidas por el amor a Aragón y la emulación en servirle mejor».[18] Esta «independencia» era de nuevo mentada en la Memoria del Sindicato de enero de 1932: «Dentro de la independencia de cada entidad nos liga la más perfecta unión para el cumplimiento de sus respectivos "fines sociales". Recibimos de esta entidad una directa colaboración proporcionándonos elementos para nuestra propaganda y prestamos nuestro concurso al Salón Internacional que tan brillante propaganda realiza su cultura artística».[19]

Esta convivencia física es muy simbólica de los estrechos lazos que, prácticamente desde su nacimiento, se establecieron entre ambas agrupaciones, más manifestados todavía esos lazos por el hecho de que muchos integrantes del Sindicato, citados más arriba, lo eran a la vez de la agrupación fotográfica. Un ejemplo ilustrativo de esta colaboración es que la revista *Aragón* recogió durante muchos años algunas de las reseñas críticas de los Salones Internacionales de Fotografía que la Sociedad organizaba, como demuestra la explícita declaración de colaboración entre entidades a raíz de la segunda edición del concurso: «Por nuestra parte, repetimos una vez más nuestra incondicional adhesión y nuestro apoyo, que, aunque es modesto, es sincero. El Sindicato de Iniciativa y su revista *Aragón*, pone a contribución todo su entusiasmo y esfuerzo en este magnífico trabajo de la Sociedad Fotográfica de Zaragoza».[20] En este punto, podemos ya afirmar que, a falta de una revista propia de la SFZ, *Aragón* desempeñó esta función informativa para con los socios.[21]

Otro ejemplo de concordancia entre la Sociedad y el Sindicato lo podemos apreciar en la convocatoria del Concurso de Fotografías para portadas de la revista *Aragón*, a finales de 1930. Para empezar, el jurado estaría compuesto por un representante de la SFZ (Eduardo Cativiela, que lo podría haber sido igualmente del Sindicato), otro del SIPA (Francisco de Cidón) y un impresor (Eduardo Berdejo Casañal). La temática tenía que ser exclusivamente referida a Aragón: paisajes, tipos populares, monumentos, etc. Y las imágenes debían ir remitidas a las oficinas del Sindicato, antes del 14 de diciembre, siendo expuestas todas las fotografías presentadas al concurso entre el 22 y el 27 de diciembre en el salón de actos del SIPA.[22]

El ganador de esta primera edición, fallada el 23 de diciembre de 1930, fue Joaquín Gil Marraco, con una obra sobre el paraje del Tozal de Mallo, junto a Ordesa. La imagen fue publicada en la portada del número de enero de 1931 de *Aragón*. También resultaron premiados Nicolás Ibáñez, por su imagen titulada *Orillas del Ebro* (portada del mes de marzo de 1931), y José Barril Sancho, por *Daroca, puerta baja* (portada del mes de junio de 1931). Además, el jurado igualmente consideró de «singular mérito e interés suficiente» para su publicación otras imágenes de temática sobre todo monumental, pertenecientes a Federico Bordejé (sobre el Santuario de Misericordia, de Borja [portada del mes de agosto de 1931]), de Barril Sancho (Iglesia de San Fernando de Zaragoza y torre de la iglesia de Loarre), de Nicolás Ibáñez (Plaza de La Seo [portada del mes de diciembre de 1931]), de Antonio Miñana (Pasadizo de los Arcos de Teruel [portada del mes de septiembre de 1931]) y de Ricardo Compairé (En el rincón del estanco de Hecho y Picos de Ibón en Benasque), entre otros.[23] Con este concurso, que se reeditaría en años posteriores,[24] quedaba bien a las claras las intenciones de promoción turística de diferentes localidades de la región (ESPÁ LASAOSA, 2000: 127).

En otro orden de cosas, fue tal la vinculación entre la revista del SIPA y la SFZ, que también se publicaron las Memorias anuales de ambas entidades con menciones recíprocas, como ya hemos podido comprobar. Podemos hacernos una idea bastante clara de las diversas actividades e iniciativas puestas en marcha por la SFZ y de las que la revista *Aragón* dio cumplida información. Por ejemplo, la decisión de participar de manera corporativa, ya en el año 1927, a los Salones anuales de fotografía nacionales y extranjeros, como sucedió en ciudades como Huesca, Gijón o Madrid en nuestro país, o más allá de nuestras fronteras en Nottingham y Londres (Gran Bretaña) o Seattle (Estados Unidos), etc.

Otro aspecto señalado en esta crónica es el cambio de domicilio: de la sede original en la calle 4 de agosto, en el mismo edificio que ocupaba el popular cabaret «El Plata», a otro, no muy lejano, sito en la calle Libertad, n.º 18, con «mejoramiento» en los locales y laboratorios (instalación de la luz) y alejándose del cabaret, «que bien podía influir en el ánimo de muchos a frecuentarlo». También hay mención, por supuesto, al III Salón, celebrado en 1927, y el aumento en el número de socios, que a principios de 1928 llegaba a la redonda cifra de 100. Y, finalmente, se dedicaba un sentido recuerdo a dos socios, recientemente fallecidos, Augusto García Burriel y el oscense Nicolás Viñuales,[25] del que hablaremos más adelante.

En el número anterior de la revista *Aragón*, encontramos un mayor desarrollo de la explicación de las actividades correspondientes al año 1927, y que fueron expuestas en la Junta General Ordinaria de la Sociedad celebrada el 22 de enero de 1928. El primer punto planteado tiene que ver con la «propaganda de la Ciudad de la región» a través de diversos medios, entre los cuales, la imagen fotográfica desempeñó un papel fundamental, a saber: la reedición (tercera edición) de 2.000 folletos con el título en francés *Saragosse, la ville heroique*, con textos del célebre historiador Louis Bertrand, 100 colecciones de 12 fotografías de Zaragoza, 10.000 folletos plegables en huecograbado sobre texto español (sin explicitar más), 10.000 impresos acerca del Centenario de Goya en francés, 2.000 sobre el valle de Ordesa, 2.000 sobre la ciudad de Teruel y 5.000 guías de Zaragoza.

Más allá de los datos sobre estas publicaciones, también constan los contactos e intercambios con otros medios de prensa nacionales y extranjeros: *Heraldo de Madrid*, *Europa aud Reisen*, *Comediae*, *Je sais tout*, *Aire Libre*, *Industria Hostelera*, *Viajes Prácticos*, *Le sud Ouest economique*, *Le grand tourisme*, *Éxito*, *Mundo ilustrado*, *Revista de viajes*, *Ferrovia*, etc.[26] Por otro lado, muchos medios aragoneses, fuera de la capital zaragozana, también daban cuenta de los logros en forma de folletos, carteles, hojas desplegables, etc., que publicitaban sus respectivos territorios y eran unánimes en agradecer tal labor de difusión.[27]

Otro factor que expresa bien a las claras la conexión entre el Sindicato y la Sociedad es la cumplida información publicada en la revista *Aragón* sobre conferencias que sobre temas fotográficos eran impartidas en la sede de la SFZ Así, podemos referir las que se desarrollaron durante el primer trimestre de 1929; conferencias en las que participaron algunos de sus principales miembros y en las que se trató de los «diferentes procedimientos modernos incorporados a las normas del bello arte de la cámara obscura»: Juan Mora Insa habló el 9 de enero del «tiraje sobre papel bromuro»; el día 12 de enero, intervino Joaquín Gil Marraco tratando el «tema de las ampliaciones en bromuro»; el 23, Francisco Samperio trató de los procedimientos pigmentarios, los cuales practicó con profusión.[28] Las conferencias seguirían con la de Manuel Lorenzo Pardo, presidente de la Sociedad, que habló sobre la Óptica técnica. La reseña sobre la charla no renunció a dar detalles muy técnicos acerca del procedimiento:

> Explicó cómo experimentalmente puede el aficionado de terminar la distancia focal principal de su objetivo y la significación de la abertura relativa que consignan los fabricantes. Dedujo gráfica y analíticamente lo que se entiende por profundidad de campo y profundidad de foco, pasando a determinar la distancia hiperfocal, y obtuvo de tales conceptos deducciones de alto valor en la práctica corriente.[29]

Otro ilustre fundador de la Sociedad, el militar de profesión y fotógrafo de afición, Julio Requejo, glosaba brevemente la historia de la entidad, desde las primeras reuniones a finales de 1922, en que el propio autor, junto al ingeniero Francisco Rived y el recién mencionado Manuel Lorenzo Pardo, entre otros, se lamentaban «de que Zaragoza no tuviese una Sociedad en la que agrupase a todos los amantes del objetivo». A partir de la fundación, las proyecciones y conferencias se sucedieron y, como hito importante para el afianzamiento de la agrupación, la organización de un Salón fotográfico de carácter internacional a partir de 1925. El autor certificó la importancia de este evento anual con la inclusión de datos concretos sobre el número de participantes y de obras presentadas a cada una de las ediciones hasta el año en curso.[30]

La Sociedad, el Sindicato y la agrupación «Montañeros de Aragón». Semejantes partícipes y mismos intereses

El también militar e ingeniero, presidente de la Sociedad durante treinta y cinco años (1932-1967), Lorenzo Almarza, destacado fotógrafo amateur y montañero, departió el 24 de febrero de 1932 en la sala de exposiciones del Sindicato sobre sus estancias en Marruecos (Tetuán, Larache, Tánger), «acompañando la proyección de las vistas [...], de muy atinadas observaciones, aplicando, con todo detalle, las costumbres típicas del país, que tan bien conoce por haber residido en África durante mucho tiempo».[31]

Estas conferencias por parte de Almarza tendrían continuidad durante el mes de mayo, esta vez en la sede de la Sociedad Fotográfica, con otro tema muy recurrente en su trayectoria amateur, la fotografía de montaña, de la que era un consumado especialista debido a su profunda devoción por este tipo de paisajes, no en vano fue fundador y primer presidente de «Montañeros de Aragón» en 1929. Esta conferencia formó *pendant* con otra pronunciada por Pedro Arnal Cavero, maestro y escritor y «entusiasta pirineísta» *(sic)*, cuyas «amenas palabras en las que entre las puramente narrativas se intercalaban otras de profundo sentido filosófico, trató del Pirineo aragonés…».[32] Almarza publicó también muchas de sus fotografías de montaña en la revista *Aragón* y estuvo detrás de buena parte de las iniciativas de la agrupación «Montañeros de Aragón», dependiente del SIPA, documentando algunas de sus excursiones.

Ciertamente, muchas de las actividades de esta entidad fueron reseñadas en las páginas de *Aragón*, empezando por el anuncio de la fundación, notificado por Almarza, en el que hace una inmediata relación con el Sindicato y su órgano de expresión: «Las páginas de la Revista *ARAGÓN*, aun no habiendo publicado todo el material recogido en excursiones por las montañas aragonesas, especialmente por el Pirineo, son el mejor testigo de que el SIPA y sus elementos activos hace ya tiempo practican el excursionismo de montaña». A lo que añadía: «Con la satisfacción que da el ver cumplido un deseo ferviente, hoy puedo anunciar a todos los aficionados a la montaña y al excursionismo la formación de la Sociedad "Montañeros Aragoneses" (*sic*), nacida al amor del Sindicato de Iniciativa y Propaganda de Aragón».[33] Esta nueva vinculación puede suscribirse en la obligación de que cada miembro de «Montañeros» debía serlo también del SIPA, con derecho a la revista editada por el Sindicato (MARTÍNEZ DE BAÑOS, 1999: 26).

Esta agrupación nació, en cierto modo, emulando al Club Peñalara de Madrid. Es más, el SIPA ya había establecido frecuentes contactos con este desde antes incluso de que la sección de montaña apareciese formalmente, como da idea el artículo de Santiago Viu y Abel Cacho, «El montañismo en Aragón», publicado en *Aragón* en diciembre de 1926, que volvía a insistir en la auténtica necesidad del excursionismo porque «es la única manera de que los aragoneses conozcan las maravillas que encierran nuestros valles y macizos pirenaicos». Esa utilidad no solo estaba basada en lo espiritual o teórico, ya que también se apelaba a realizaciones concretas sobre el territorio, como la propia entidad madrileña (constituida en 1913) había llevado a cabo con la construcción del refugio de Góriz, en las proximidades del Monte Perdido o del de Piedrafita.[34]

En el apartado de la propaganda, la actividad del Club Peñalara no era menor con la elaboración de guías, la concurrencia a Congresos sobre temas pirenaicos celebrados en Francia, el montaje de exposiciones y la publicación de series postales y de su revista, «muchas de sus páginas dedicadas al Alto Aragón». Esta entidad no era la única que visitaba nuestros Pirineos desde tiempo atrás, seguían reflexionando los autores de las anteriores palabras, y a esta (Club Peñalara) se sumaban el Centre Excursionista de Catalunya y el Club Deportivo de Bilbao, que «cuando regresan muestran fotografías,[35] publican artículos, hacen propaganda para incitar a otros excursionistas de y todo esto sin que nadie, de la tierra que ensalzan, les ayude, sin que tengan el aliciente de alojamientos cómodos y sin que encuentren la

MONTAÑEROS DE ARAGON

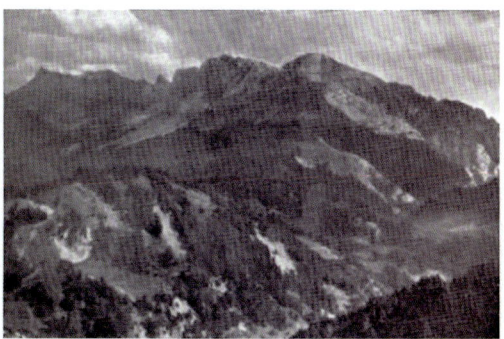

Las páginas de la Revista Aragón, aun no habiendo publicado todo el material recogido en excursiones por las montañas aragonesas, especialmente por el Pirineo, son el mejor testigo de que el S. I .P. y sus elementos activos hace ya tiempo practican el excursionismo de montaña.

Con la satisfacción que da el ver cumplido un deseo ferviente, hoy puedo anunciar a todos los aficionados a la montaña y el excursionismo la formación de la Sociedad "Montañeros Aragoneses", nacida al calor del Sindicato de Iniciativa de Propaganda de Aragón.

Haremos un poco de historia. Este Sindicato recibió en distintas ocasiones indicaciones cariñosas y halagadoras para ser quien inspirara esta Sociedad, pero acostumbrado a caminar con paso firme y enemigo de efectismos deslumbradores empezó por fomentar la afición animando y facilitando la formación de pequeños grupos dirigidos muchas veces por alguno de sus socios especializados en ello que aprovechando los días festivos se acercasen al Pirineo.

Estaba seguro que el que se acercase caería en la red.

Todos los días festivos salen y veo llegar grupos que vienen unos a *esquiar*, conocer sus valles, escalar sus cimas, cazar en él; con frecuencia los acompaño y experimento el placer de contemplar el espiritu que los anima. Estoy seguro que "Montañeros aragoneses", en plazo corto, pesará en el grupo de sociedades similares españolas y extranjeras.

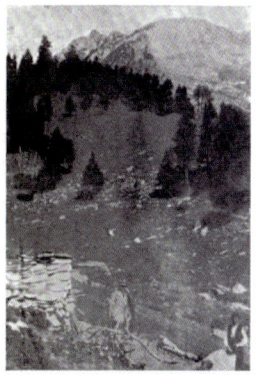

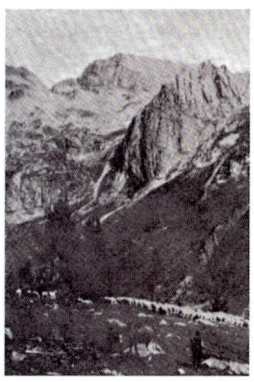

76

Articulo «Montañeros de Aragón», de Lorenzo Almarza, *Aragón. Revista gráfica…*, n.º 43 (abril de 1929), p. 76. Fuente: Sindicato de Iniciativa y Propaganda de Aragón.

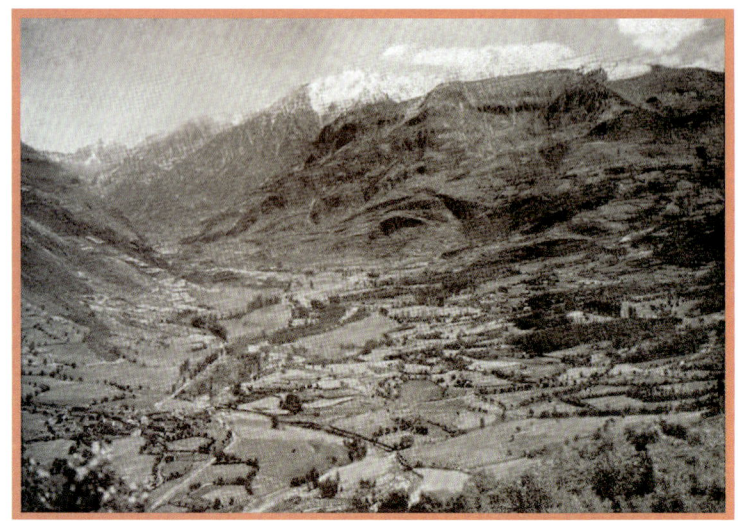

Vista panorámica del Valle de Benasque, Lorenzo Almarza, *Aragón. Revista gráfica…*, junio de 1928. Fuente: Sindicato de Iniciativa y Propaganda de Aragón.

amistad y los datos de alguna sociedad análoga a la suya, ni de ningún aficionado al montañismo». Esta coyuntura justificaba la creación de una «Sección Montañera» dentro del Sindicato.[36]

Ya constituida y asentada «Montañeros de Aragón», a mediados de 1933, sabemos de una interesante iniciativa por las implicaciones internacionales, por el protagonismo de la fotografía (al que se le rendía un auténtico «culto» […] «y es que este arte, a nuestros montañeros, como a todos los que cultivan este deporte, es inseparable de sus arriesgadas excursiones para fijar el recuerdo de las mismas»), y, finalmente, por la libertad de actuación y autonomía que la entidad aragonesa desplegó al participar en una exposición de fotografías de montaña en Praga (entonces Checoslovaquia), a instancias del Club Alpino Checoeslovaco de esa capital. Tal agrupación mostró «la belleza de aquellos grandiosos parajes, que dan idea de

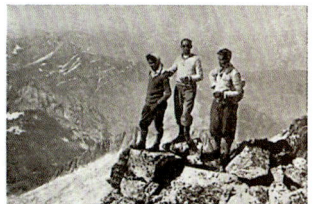

Montañeros en el nacimiento de las Salencas

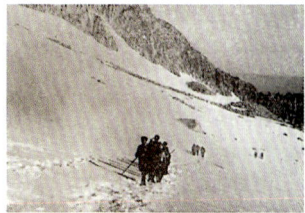

En el Glaciar del Aneto   *(Fotos Gil Marraco.)*

horas largas. Después de impresionar el grupo que se publica fué necesario pensar en el regreso.

Queríamos hacer la Maladeta y Alba.

El glaciar quedó muy mal parado materialmente; lo deshicimos, cada cual hacia lo que quería; puede decirse que quedó trillado.

En el collado de Corona tuvo lugar la primera división; un grupo tenía precisión más o menos justificada de llegar pronto a la Renclusa; los demás seguimos por la parte alta del glaciar pasando al pie del pico de enmedio para asomarnos al collado maldito.

Los que no conocían este fantástico lugar quedaron admirados de su grandiosidad; el circo vertical que lo forma no admite comparación con casi ningún otro conocido. Al fondo el lago de Caragüeña completamente helado. En las neveras que lo forman, bien pronto se divisaron unos puntos que se movían; eran sarrios; once salieron a nuestros gritos; tan pequeños se veían por la distancia que fué preciso largo tiempo para que todos los viesen a pesar de cruzar sobre una sábana de nieve.

Tanta atracción tiene esta vista que fué preciso un poco de energía para despegar nuestros cuerpos de la losa en la cual estábamos tumbados para poder contemplar el citado circo. En este punto hubo nueva división, quedando once, que teníamos propósito de hacer la Maladeta primero y de contar con tiempo suficiente para ver el diente de Alba.

La pala de acceso a la chimenea, que pasó rápidamente gracias a la nieve fresca y hora propicia para ello, se subió muy bien, siendo preciso atarse algunos de los excursionistas por ser demasiado y no fácil la vigilancia de todos. Se llegó a la cumbre de la Maladeta, donde nuevamente salieron provisiones de boca excelentes. Por turno nos fuimos asomando a la piedra, que forma la cúspide de la Maladeta, y una vez que firmamos en el álbum y después de dar fin a las ciruelas pasas, emprendimos el camino de la cresta que conduce al glaciar de la Madaleta.

Esta cresta, desde la que se divisa un panorama glacial, es muy interesante y no deja de tener algo de emoción por tratarse de piedras que aunque muy grandes de tamaño están partidas por los rayos, y es frecuente verlas caer desde lo alto al fondo de los glaciares con el ruido ensordecedor agrandado por el silencio que allí reina normalmente.

En el recorrido de los 150 a 200 metros de cresta lo hicimos normalmente, y como todo tiene fin en este mundo también lo tuvo su recorrido, llegando al portillón por el que se desciende con alguna pequeña emoción al pendiente glaciar; desde este punto y hora todo es facilidad; las superficies, lisas e inclinadas, convidan a deslizarse con toda la velocidad que se desee, pues el peligro no existe para quien sepa lo que es la nieve, y es muy remoto para los que desconocen la montaña, siempre que marchen acompañados de quien sea práctico. Durante este recorrido, y en las numerosas paradas que se hicieron, se dieron definitivamente fin a las provisiones de los vascos, pero no así a la flauta, que seguía tocando de cuando en cuando. Sin dejar de pisar nieve llegamos al lago de la Renclusa y en sus frescas aguas se zambulleron algunos de los excursionistas, teniendo que salir precipitadamente por su temperatura.

En este sitio más no esperaba Arcaute y desde allí, todos reunidos, regresamos al refugio, y después de una sabrosa y abundante cena, cada uno se metió en su cama.

Día 27: A las dos de la madrugada dejé el lecho y acompañado de mi guía pasé todo el día en el monte hasta las siete de la tarde. No puedo por lo tanto reseñar lo que hicieron mis compañeros, pero sí tengo entendido que hubo gran dificultad en sacar a algunos de la cama, que otros hicieron excursión al pico de Salvaguardia y otros marcharon a Luchón, y los más se dedicaron a la vida contemplativa para luego regresar a Benasque continuando hasta Zaragoza los Montañeros y a Tolosa y Bilbao los vascos.

Día 29: Acompañado de algunos Montañeros permanecimos dos días más en aquellas regiones de las cuales yo no bajaría nunca; recorrimos aquel día las tres hermanas de Paderma, llegando cerca del pie del diente de Alba.

Impresiones de la excursión: tratamos con nuestros compañeros de la Confederación de Sociedades, quedando conforme en principio y prometiendo estudiar el asunto y someterlo a la consideración de las Sociedades hermanas francesas. — LORENZO ALMARZA.

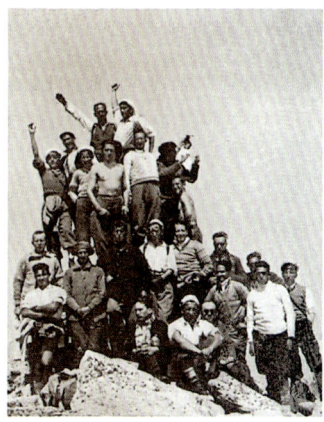

En la cumbre del Aneto   *(Foto Gil Marraco.)*

47

lo pintoresco de la Europa Central». Estas imágenes serían expuestas en el Club Peñalara y, posteriormente, en la sede de «Montañeros», que, como hemos dicho, era la misma que la del SIPA Respecto a los participantes aragoneses, Aurelio Grasa,[37] José Escudero, Joaquín Gil Marraco y Fernando Yarza, con reproducciones de Rioseta, Aneto, Mondarruego, Ordesa y Candanchú.[38]

Con estas y otras imágenes, se inició la formación de un archivo fotográfico para el que la directiva de «Montañeros» hizo un llamamiento para que los socios «contribuyan con pruebas de las excursiones que realicen» para «que ese archivo sea tan útil como los de otras Sociedades, al mismo tiempo que sirva para dar a conocer las incomparables bellezas de nuestro país».[39]

Sin dejar el marco pirenaico y su promoción de la mano de miembros de la agrupación «Montañeros de Aragón», que en la mayor parte de los casos lo eran también del SIPA e, incluso, de la SFZ, cabe decir que, en junio de 1932, Lorenzo Almarza daría otra conferencia en las instalaciones del Club Alpino Español en Madrid. El orador aprovechó la oportunidad para hablar de costumbres y de trajes típicos de los distintos valles pirenaicos y ensalzó la labor del Sindicato, «que tanto interés demuestra siempre por todo lo que a turismo se refiere». La conferencia estuvo ilustrada con numerosas diapositivas a partir de fotografías del propio Almarza y proyectó una película sobre una excursión realizada al monte Aneto.[40]

Esta película había sido rodada en el contexto de una de las excursiones acometidas por la joven Sociedad «Montañeros de Aragón», en julio de 1930, si bien ya se habían dado otras excursiones documentadas anteriormente a esta montaña con reportajes fotográficos, antes incluso de la fundación de la Sociedad montañesa,[41] como el del propio Almarza que ilustró el trabajo «Costumbres y tradiciones aragonesas. A los pies del Aneto», de Luis María de Arag, aparecido en el número 33 (junio de 1928).

Al año siguiente se repitió la experiencia, que fue descrita por Miguel López de Gera en el texto «En el Aneto», aparecido en el número 47 (agosto de 1929). El propio Almarza firmaría un nuevo artículo que narraba la segunda excursión al Aneto de «Montañeros de Aragón», con fotos propias, en el número 56 (mayo de 1930) de *Aragón*. Y, finalmente, la que nos ocupa, realizada poco después, a finales de julio de 1930, también de Almarza, titulado «¡¡En la cumbre del Aneto!!», con fotografías de Joaquín Gil Marraco, otro activo montañero y fotógrafo aficionado, que salió publicado en el número 61 (octubre de 1930). Es más, este último también fue un habitual conferenciante de sus experiencias con la montaña tanto en la Sociedad como en el Sindicato; este espacio fue el escenario para una charla sobre «La casa en el Pirineo aragonés», en que Gil Marraco «hizo desfilar por la pantalla una numerosa colección de diapositivas admirablemente enfocadas, de construcciones, paisajes y tipos de los Pirineos aragoneses». Seguidamente a esta charla, Julio Requejo «proyectó una interesante película de asuntos diversos».[42]

Volviendo con la película que se grabó, el autor hacía alguna mención en su texto que puede dar a entender el trabajo de filmación que se llevó a cabo: «Por grupos se fueron esparciendo los excursionistas, unos dormitaban, otros se extasiaban, otros recorríamos los crestones de Corona, deseosos de contemplar a cada paso una nueva perspectiva; se impresionaron placas y cintas; la parada fue la mayor que yo he hecho en este sitio».[43] Sobre la autoría, no se sabe a ciencia cierta quién pudo rodarla, pero entre las hipótesis barajadas, Alberto Martínez Embid apunta a que pudo ser Antonio Tramullas, hijo del pionero del cine Antonio de Padua Tramullas. El joven Tramullas había ingresado en el Sindicato en 1926, y era miembro también de «Montañeros de Aragón». Esta teoría tiene más visos de ser plausible por el hecho de que los dos principales fotógrafos de esta última entidad (Almarza y Gil Marraco) no manejaban cámaras tomavistas en aquella época (Martínez Embid, diciembre de 2015: 55).

La predilección por este monte en sus recurrentes excursiones no es casual, y estaba animada, sin duda, por ser el pico más elevado de los Pirineos. Su cumbre asumía una carga simbólica como referente de lo aragonés similar a la que tenían conjuntos patrimoniales como San Juan de la Peña, y la agrupación «Montañeros de Aragón» se va a encargar de enfatizarlo con todos los medios a su alcance.

Además de las actividades de «Montañeros» y el trabajo de documentación fotográfica y cinematográfica, muy relacionado, sobre todo el primero, con el nombre de Lorenzo Almarza, en el apartado de exposiciones hay que citar un importante evento que tuvo como protagonista al fotógrafo Francisco Andrada, perteneciente a la Real Sociedad Fotográfica de Madrid, y uno de los más insignes representantes del pictorialismo español. La muestra fue montada durante el primer trimestre de 1932 por la SFZ en el salón de exposiciones del SIPA, con más de cincuenta obras (como *Niebla en la Cibeles*; *Westminster*; *Puerta de San Vicente en Ávila*; *Viejas*; *Mercado de Segovia*; *Paisaje nevado*; *Álcázar de Segovia*; *Cuenca*; *Charlas en el Pinar* o *El portero del Hospicio*, entre otras) «en las cuales ha puesto de relieve una vez más sus sobresalientes condiciones de artista».[44] Este ya había participado en el III Salón Internacional (1927) y en la sexta edición (1930).

Andrada fue un fotógrafo muy activo en todo lo relacionado con la promoción del turismo, hasta el punto que trabajó para instituciones como el Patronato Nacional de Turismo durante el periodo de la Segunda República, durante el cual el medio fotográfico cobró una singular relevancia para ilustrar carteles y folletos demostrando «el vínculo establecido entre las estrategias políticas de propaganda turística y el desarrollo de la fotografía como lenguaje visual moderno» (Vega, 2017: 583).

Del mismo modo, este salón del Sindicato albergaría en parecidas fechas una nueva exposición fotográfica, esta de carácter colectivo pues los expositores fueron notables miembros de la «Sociedad Fotográfica de Cataluña»: por ejemplo, Jaime Blanch, con *Camino*

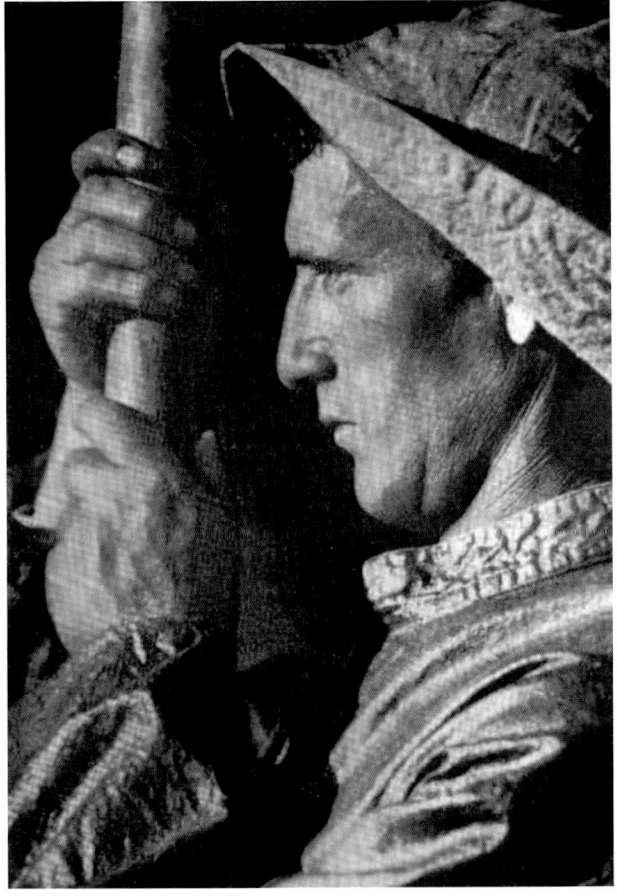

Remero vasco, José Ortiz Echagüe, *Aragón. Revista gráfica…*, febrero de 1934.
Fuente: Sindicato de Iniciativa y Propaganda de Aragón.

de la fuente y *Bajamar*; Antoni Campañá, con *Pastoreando* y *Paisaje*; Claudio Carbonell, con *El rebaño*; Joaquín Pla Janini, con *Idilio*, y *Niebla*, de Juan Porqueras, entre otros autores y obras.[45]

Por último, no queremos cerrar este apartado de las vinculaciones entre el Sindicato y la Sociedad, mediando la revista *Aragón* como órgano de expresión de ambas entidades, con un auténtico hito como fue la exposición de José Ortiz Echagüe a principios de 1934 en los salones del SIPA. Los trabajos que se presentaron tenían que ver su primer libro fotográfico *España, tipos y trajes*, editado por Espasa Calpe en 1930. La muestra, compuesta por setenta y dos imágenes, fue reseñada por Lorenzo Almarza, quien no negaba la escasez de *tipos* aragoneses representados (un total de diez), puesto que el fotógrafo solo se limitó a recoger los del valle de Ansó, en detrimento de «otros que merecían ser recogidos antes de su total desaparición», como los de Gistaín, Fraga, Híjar y «otros lugares (que) conservan trajes y costumbres curiosos de gran variedad y dignos de ser impresionados por Ortiz Echagüe».

El propio Almarza había registrado insistentemente tipos locales del valle de Gistaín, los bailes de Guayente y Eriste, y de otras zonas del Pirineo aragonés más oriental (MARTÍNEZ, 2011: 226). El cronista también refiere la técnica *fresson*, que genera unos fondos «aterciopelados» que son expresión de la «intervención personal del artista», y, por tanto, de su creatividad. De entre las fotos de temática aragonesa, destacó *En el funeral*, grupo de ansotanas vestidas de luto y *El agua y el pan*, «composición acertadísima de gran movimiento y de un ambiente admirable». Respecto a las otras regiones, había otras obras ambientadas en diversas provincias castellanas: Salamanca, Zamora, Segovia, Toledo, andaluzas, y, cómo no, en el País Vasco, con sus célebres remeros vascos.[46]

Ciertamente, este artículo monográfico sobre la figura del ingeniero y fotógrafo José Ortiz Echagüe (1886-1980), es ilustrativo de la admiración que la Sociedad Fotográfica de Zaragoza tenía ya hacia su persona. Fue una de los nombres más representativos del denominado *tardopictorialismo* español; un artista que practicó durante toda su vida una semejante temática costumbrista, y mantuvo una especial relación con la Sociedad Fotográfica de Zaragoza[47] y con algunos de sus miembros, especialmente con Lorenzo Almarza, Joaquín Gil Marraco y Eduardo Cativiela.

En efecto, parece ser que este último acompañó a Ortiz Echagüe en sus viajes por los valles de Hecho y Ansó, a finales de la década de los veinte, mientras este estaba preparando la mencionada obra *España. Tipos y trajes*. Coincidencia que se daría casi veinte años después, en 1946, en una nueva excursión, acompañados esta vez por Gil Marraco y Lorenzo Almarza (TARTÓN, 1997: 153), visita de la que se conservan algunas vistas de la localidad de Alquézar. Todavía más adelante, en una época muy avanzada, hemos encontrado una mención de Eduardo Cativiela sobre Ortiz Echagüe que nos hace ver el sentido casi de devoción que desde las instancias más oficiales, de las que Cativiela formó parte, sentían hacia este fotógrafo alcarreño. Igualmente nos interesa por la alusión a la temática de los *tipos*:

> … Su labor de tipificación de rasgos de los españoles de las distintas regiones, el haber definido sus tipos físicos y hasta morales en un alarde de observación, paciencia, gusto y cultura, es de gran tamaño y honda raíz. Esta labor de coleccionador sensible de tipos españoles está mucho más allá de su tarea de coleccionador de detalles y es lo que da su medida verdadera.[48]

En este sentido, los modelos aragoneses (generalmente, tipos ansotanos, masculinos y femeninos) que presentó en sus magnas obras, y que fueron expuestos en la muestra del SIPA en 1934, debían mucho a las imágenes de Eduardo Cativiela. De ahí surge un fuerte interés por la cultura montañesa (paisaje, arte, costumbres, pobladores, etc.) que se traduce en abundantes artículos y fotografías publicadas en la revista *Aragón*.[49] Del mismo modo, encontramos numerosas fotografías de Cativiela en la revista *La vida en el campo* con temáticas similares y desde fechas muy tempranas, por ejemplo, en *Escenas populares*, que muestra a dos mujeres ansotanas enmarcadas por un portal de una vivienda de la villa. El pie de la imagen expresa la nostalgia por unos modos de vida que empezaban a desaparecer: «Las modas de universal carácter, aceptadas por los obreros de casi todo el mundo, han ido desterrando para siempre aquellas bizarras galas con que se adornaba la gente del pueblo. Hoy, una incolora y absurda uniformidad ha sustituido a la diversa y variadísima manera de vestir antigua; por eso deben recogerse con escrupuloso cuidado las escasas reminiscencias que nos quedan reveladoras de costumbres y de gustos que van desapareciendo». La fotografía corresponde a los hermanos Cativiela (Eduardo y Joaquín).[50]

Las obras más significativas de Cativiela, fechadas en los primeros años del siglo XX, se centran en los tipos locales (considérese su célebre *Ansotanas* [1902]), así como en faenas concretas del campo (la trilla, la recogida del grano, etc.). Revisten un gran valor por el estudio de tipo antropológico y etnográfico, solo comparables, bajo otro punto de vista y en otras circunstancias —que dictan su desaparición por la progresiva mecanización del medio rural— al trabajo de Eugenio Monesma, llevado a cabo desde la década de los ochenta de siglo pasado.

Aparte de la tremenda influencia ejercida por Eduardo Cativiela en la faceta antropológico-costumbrista, hay que citar la labor de otros autores; aquellos primeros fundadores de la Sociedad Fotográfica de Zaragoza. Estamos hablando de los hermanos Faci Abad (*Pastor altoaragonés*, 1925), el propio Lorenzo Almarza (*Montañés cheso*, 1930), y, una vez más, Joaquín Gil Marraco (*En el mercado de Jaca*,[51] 1927).

No solo tipos. Otras expresiones de la fotografía costumbrista y antropológica: la arquitectura popular y ciertas tradiciones

Sin superar todavía los márgenes de la fotografía antropológica y etnográfica, nos orientamos ahora hacia la modalidad de la arquitectura popular. Un aspecto que fue adquiriendo carta de naturaleza científica, sobre todo, desde la década de los setenta del siglo XX, en que disciplinas como la etnología, antropología, sociología, y la historia de la arquitectura, fundamentaron algunos estudios en base a estas construcciones vernáculas.

A pesar de este interés relativamente tardío por parte de los investigadores de las ciencias sociales, los fotógrafos ya se habían ocupado de ella, a la vez que se fijaban en los *tipos*, paisajes, el arte y la arquitectura religiosa, incluso en las obras de nueva planta, en especial, las de carácter público (escuelas), en una época (el primer tercio del siglo XX), como es sabido, de abundante actividad en este campo, como dan bien a entender los numerosos artículos ilustrados con fotografías, publicados en la revista *Aragón*.[52] Como ha afirmado Josefina Roma: «La fotografía etnográfica aparece espontáneamente al reflejar la obra del hombre. Las construcciones populares, pero también las obras públicas, la disposición de caminos y campos, y los lugares de culto, nos hablan de los pueblos» (ROMA, 1998: 92).

Más allá de la gran arquitectura del pasado, de los estilos históricos sobre todo medievales (románico o gótico), la arquitectura denominada *popular* también va a servir para identificar —aún más si cabe— una idiosincrasia asociada a la noción de autenticidad y de pureza, como la *representación* de los *tipos* humanos venía desempeñando. Estos elementos trascienden lo estrictamente cultural para actuar de reclamo turístico por medio de otra noción, la de la *diferencia*, que se ofrece como aspecto a considerar frente a una tendencia a la uniformización deshumanizadora que representa la modernidad.

Muchas fueron las revistas españolas ilustradas que, en aquellos momentos (años veinte y treinta), propusieron esta idea, como el caso de la canaria *Hespérides* (editada en Santa Cruz de Tenerife, entre 1926 y 1929), que «filtrará toda esta idea y gusto por el tipismo a través de la palabra y la imagen. Son muchos textos los relacionados con el turismo, con lo popular, con las danzas, los campesinos; pero son aún más los testimonios gráficos no solo a partir de la fotografía sino de los dibujos o incluso pinturas que se van sucediendo a lo largo de su existencia» (RODRÍGUEZ CASTRO, abril de 2007: 107).

En el caso de la revista *Aragón*, son muchas las pruebas de esta singular búsqueda del tipismo a partir de la arquitectura popular. Y también son muchos los relatos, derivados de la experiencia excursionista, que se apoyan en estas imágenes de las viviendas de los valles pirenaicos, con sus características chimeneas coronadas por las *espantabrujas*, como, por ejemplo, «El camino de Hecho a Oza», firmado por Marín Sancho e ilustrado con fotografías de Gil Marraco.[53] O en el número siguiente, bajo el genérico título de «Turismo», Narciso Hidalgo exponía los principales atractivos paisajísticos y culturales de la región con fotografías de Juan Mora Insa y de Lorenzo Almarza de estos mismos elementos.[54]

Muchos y diversos nombres también se ocuparon de esta temática de la arquitectura popular (alto)aragonesa en parecidas fechas, desde Ricardo Compairé, el catalán Juli Soler, hasta el etnógrafo alemán Fritz Krüger (1889-1974). Sus trabajos han sido dados a conocer y revalorizados hace relativamente poco tiempo por medio de exposiciones que han compendiado sus auténticas investigaciones sobre el terreno, a medio camino entre el excursionismo, la fotografía paisajista y la etnografía (BIARGE, 1993).

Encontramos igualmente este interés por la arquitectura popular en varias imágenes localizadas en el Maestrazgo turolense de la mano de artífices locales y foráneos. De nuevo, la intención que animaba su obtención era plasmar los rasgos propios de la arquitectura popular y el urbanismo de los municipios, de modo que hallamos abundantes perspectivas de calles y fachadas de edificios. Asimismo, hemos de constatar la misma pretensión en la obra del turolense Francisco López Segura (1893-1964), que registró con su cámara, ya a partir de 1945, una gran cantidad de material sobre diversas poblaciones de la provincia, en especial, de la sierra de Albarracín[55] (IBÁÑEZ HERVÁS, 2006) de donde era oriundo.

Llama la atención el hecho de que diferentes autores, pertenecientes a distintas zonas geográficas y épocas, hayan practicado una forma similar, salvando las distancias técnicas, pero sí de acuerdo a un mismo concepto y significación. En este sentido, nos referimos al acercamiento propio de un antropólogo o etnógrafo; una mirada aséptica e imparcial carente de la causticidad y del extrañamiento que hallaremos en obras posteriores, como la de la manchega Cristina García Rodero, que desde los años setenta viene practicando una visión muy personal y subjetiva del reportaje de raíz antropológica.

Ciertamente nos situamos ante una variante de reportaje en que la arquitectura ocupa un lugar destacado, pasando a formar parte, en no pocas ocasiones, del motivo principal de la toma. Bajo esta preocupación taxonómica, se desarrolla igualmente toda la modalidad fotográfica centrada en mostrar la arquitectura monumental y popular local. Es cierto que en el caso de Teruel, la capital ha sido la localización preponderante para los fotógrafos, como así demuestran los numerosos artículos referidos a la misma en la revista *Aragón*, así como los folletos y diferentes publicaciones editados por el SIPA sobre sus monumentos mudéjares, pero también modernas infraestructuras.[56]

Una de las localidades más fotografiadas de la provincia turolense ha sido —y sigue siendo— Mirambel, en el Maestrazgo, y entre los motivos escogidos, la galería del convento de las Agustinas Descalzas, donde Pío Baroja ambientó una de sus novelas, *La venta de Mirambel* (1931). En el caso del fotógrafo López Segura, la composición se centró primordialmente en la galería, a la que tomó de manera frontal, sin elementos de tipo técnico o formal que hagan de mediadores entre el fotógrafo y el espectador. En dicha toma, el encuadre recogía parcialmente las fachadas laterales, dotando de mayor o menor protagonismo a una u otra, aun siendo de muy diferente carácter.

Este motivo arquitectónico también sería tomado por el ubicuo Juan Mora Insa, que en 1933 recorrió diferentes localidades del Bajo Aragón (Alcañiz, Castellote, etc.) y del Maestrazgo (Mirambel, Cantavieja, Iglesuela del Cid, Mosqueruela, etc.) para seguir componiendo su Archivo de Arte Aragonés. Monumentos históricos, construcciones populares y actos tradicionales como la Semana Santa en Híjar, Alcañiz y Alloza fueron objeto de una conferencia suya impartida en la sede de la Agrupación Artística Aragonesa.[57]

Del mismo modo, Francisco López Segura fue un consumado fotógrafo de paisaje, algunas de cuyas tomas están localizadas en la comarca de Albarracín. En efecto, a este fotógrafo le interesaban las peculiaridades geológicas de este territorio y de otras comarcas turolenses, sin descuidar la del Maestrazgo, de tal manera que es habitual encontrar amplias composiciones donde el primer plano está presidido por un elemento rocoso que presenta una forma geológica curiosa o, al menos, característica. Sucede también que este interés por los aspectos puramente geológicos del medio físico lo acercaban a la tendencia del fotógrafo naturalista, si bien es verdad que sería más conveniente asociarlo a los fotógrafos excursionistas de finales del siglo XIX y principios del XX, con ejemplos evidentes en las fotos tomadas desde el interior de grutas o cuevas.

Por otra parte, y sin dejar el género paisajístico en la obra de López Segura, aprovechando este ambiente no es raro ver igualmente algunas escenas que se adentran en el costumbrismo a partir de labores del campo, como nos demuestran las que aparecen rebaños de ovejas o cabras junto al pastor.

Y, por último, un grupo de imágenes que se relacionan con el estilo de las postales, de modo que el encuadre abarca mucho más espacio, llegando a definir amplias panorámicas, con una composición equilibrada de las masas, por tanto, de acuerdo a un concepto más pictórico.

Como podemos ver, en efecto, a lo largo de los años veinte (y también en los treinta, incluso en los cuarenta), la visión entre nostálgica y costumbrista de la sociedad española, para la que el marco rural ofrecía una cantera inagotable, surgido al albor de los replanteamientos ideológicos tras la pérdida de las últimas colonias, experimenta un nuevo impulso de la mano del régimen conservador y tradicionalista emanado del gobierno dictatorial de Miguel Primo de Rivera.

Como último dato de este extraordinario desarrollo de lo rural en las manifestaciones culturales (y aun económicas) del país, tenemos la exposición y serie de proyecciones sobre Aragón en la Exposición Internacional de Barcelona, en 1929 —de la que más adelante hablaremos— en la cual se mostraron algunas fotografías y películas sobre la Semana Santa del Bajo Aragón turolense. Tenemos ya antecedentes de filmaciones de esta tradición en la ciudad de Sevilla, incluso desde las instancias oficiales porque pronto se vislumbra que «junto a las bellezas artísticas y monumentales, la propaganda pone énfasis en las "pintorescas costumbres populares", las fiestas típicas, y tradicionales, que incluyen celebraciones profanas —la feria de Sevilla— y religiosas —la Semana Santa» (PAZ, 2006: 87). En el caso aragonés, Marín Sancho entreveía en un artículo publicado en *El Noticiero*, en septiembre de 1928 (luego aparecido en *Aragón*), las posibilidades de las celebraciones en torno a las fiestas del Pilar de Zaragoza, al hilo de un necesario replanteamiento de las mismas:

> Las fiestas del Pilar pueden dar lugar a una rehabilitación, consiguiendo salvar nuestro folklore y dar una importancia extraordinaria a esos tradicionales días de octubre. Una fiesta, o mejor una serie de fiestas, en las que se fuesen presentando las diversas manifestaciones populares de nuestra región, pueden ser base de un programa de extraordinaria importancia y transcendencia. Un día podía dedicarse a la presentación de las distintas modalidades del vestido. Otro a las modalidades de canciones y danzas. Otro a la presentación de esas comparsas de danzantes, que tan diversos aspectos pueden ofrecer. *En tanto cabe hacer exposiciones de paisajes y monumentos regionales, reproducidos o en pintura o en fotografía (con separación de ambas interpretaciones).*[58]

En efecto, las fiestas tradicionales, como expresión de las celebraciones populares (con un innegable elemento antropológico), van a ser otro aspecto a considerar por fotógrafos y cineastas ya tempranamente. Y entre estas fiestas, la Semana Santa será una de las más presentes en sus objetivos.

Antes de abordar los fotógrafos que publicaron sus trabajos en la revista del Sindicato, podemos referir una serie de cuestiones generales sobre otros nombres que se fijaron en los ritos semana-santistas del Bajo Aragón antes de la Guerra Civil. Se trata de fotógrafos más

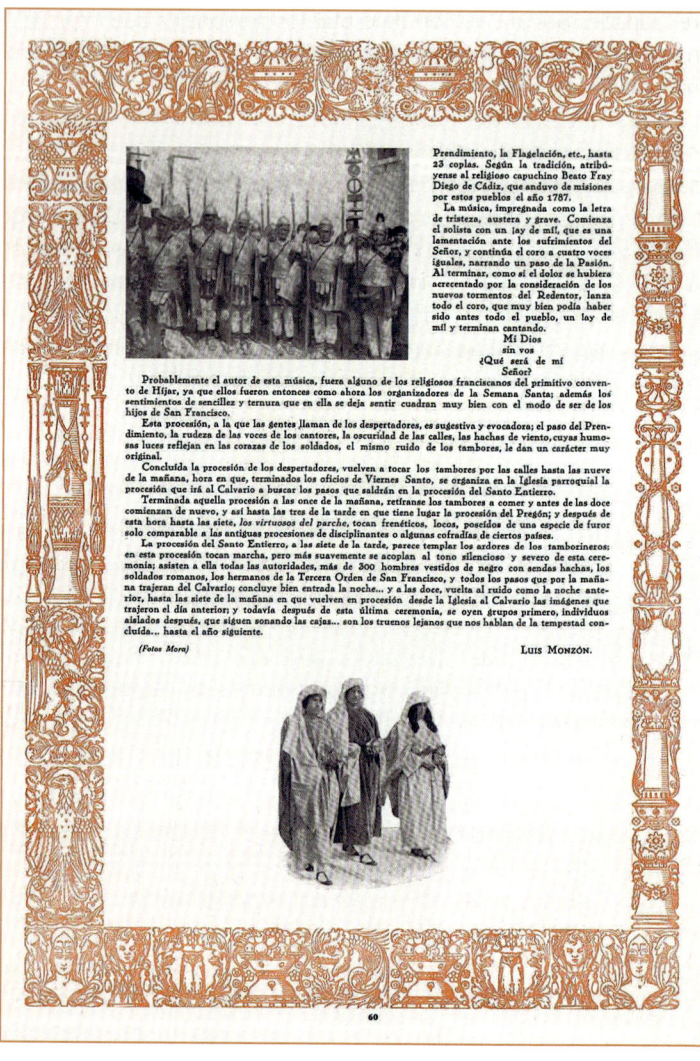

Prendimiento, la Flagelación, etc., hasta 25 coplas. Según la tradición, atribúyense al religioso capuchino Beato Fray Diego de Cádiz, que anduvo de misiones por estos pueblos el año 1787.

La música, impregnada como la letra de tristeza, austera y grave. Comienza el solista con un ¡ay de mí!, que es una lamentación ante los sufrimientos del Señor, y continúa el coro a cuatro voces iguales, narrando un paso de la Pasión. Al terminar, como si el dolor se hubiera acrecentado por la consideración de los nuevos tormentos del Redentor, lanza todo el coro, que muy bien podía haber sido antes todo el pueblo, un ¡ay de mí! y terminan cantando.

Mi Dios
sin vos
¿Qué será de mí
Señor?

Probablemente el autor de esta música, fuera alguno de los religiosos franciscanos del primitivo convento de Híjar, ya que ellos fueron entonces como ahora los organizadores de la Semana Santa; además los sentimientos de sencillez y ternura que en ella se deja sentir cuadran muy bien con el modo de ser de los hijos de San Francisco.

Esta procesión, la que las gentes llaman de los despertadores, es sugestiva y evocadora; el paso del Prendimiento, la rudeza de las voces de los cantores, la oscuridad de las calles, las hachas de viento, cuyas humosas luces reflejan en las corazas de los soldados, el mismo ruido de los tambores, le dan un carácter muy original.

Concluida la procesión de los despertadores, vuelven a tocar los tambores por las calles hasta las nueve de la mañana, hora en que, terminados los oficios de Viernes Santo, se organiza en la Iglesia parroquial la procesión que irá al Calvario a buscar los pasos que saldrán en la procesión del Santo Entierro.

Terminada aquella procesión a las once de la mañana, refrinase los tambores a comer y antes de las doce comienzan de nuevo, y así hasta las tres de la tarde en que tiene lugar la procesión del Pregón; y después de esta hora hasta las siete, los virtuosos del parche, tocan frenéticos, locos, poseídos de una especie de furor sólo comparable a las antiguas procesiones de disciplinantes y algunas cofradías de ciertos países.

La procesión del Santo Entierro, a las siete de la tarde, parece templar los ardores de los tamborineros; en esta procesión tocan marcha, pero más suavemente se acoplan al tono silencioso y severo de esta ceremonia; asisten a ella todas las autoridades, más de 300 hombres vestidos de negro con sendas hachas, los soldados romanos, los hermanos de la Tercera Orden de San Francisco, y todos los pasos que por la mañana trajeran del Calvario; concluye bien entrada la noche... y a las doce, vuelta al ruido como la noche anterior, hasta las siete de la mañana en que vuelven en procesión desde la Iglesia al Calvario las imágenes que trajeron el día anterior; y todavía después de esta última ceremonia, se oyen grupos primero, individuos aislados después, que siguen sonando las cajas... son los truenos lejanos que nos hablan de la tempestad concluida... hasta el año siguiente.

(Fotos Mora)

LUIS MONZÓN.

Personajes de la Semana Santa de Híjar, Juan Mora Insa, *Aragón. Revista gráfica…*, abril de 1927. Fuente: Sindicato de Iniciativa y Propaganda de Aragón.

preocupados por la cuestión de captar los personajes que intervienen en los distintos actos, así como los propios actos en sí, de acuerdo a una finalidad puramente taxonómica, que se emparenta con el estudio de los *tipos*, en diferentes actitudes y situaciones. Son notas que podemos rastrear en Juan Mora Insa cuando fotografía a los soldados romanos o a las Tres Marías de la Semana Santa hijarana, de forma frontal, estáticos e inexpresivos, o el zaragozano Manuel Gracia Jarque (1904-1989), establecido en Alcañiz,[59] activo en los años treinta, que hace lo propio a distintos cofrades,[60] y, por último, el catalán Albert Bastardes, fotógrafo vinculado al Centre Excursionista de Catalunya, que visitó las tierras bajoaragonesas a principios de los años treinta, y recogió distintas vistas de los pasos (la Dolorosa, el Santo Sepulcro, el Rey de Israel, la Entrada de Cristo en Jerusalén), o escenas y ceremonias (Santo Entierro) que componen la Semana Santa de Alcañiz.[61]

El concepto que animaba estas voluntades era aún heredero del Regeneracionismo cientifista de principios de siglo, de ahí la visión alejada, dispuesta para el análisis objetivo, y, consecuentemente, de resultados fríos desde el punto de vista emocional. Por eso mismo, es sintomático que encontremos algunas panorámicas de estos mismos pasos, tomadas desde lo alto de un balcón de una vivienda, de manera que se resuelve un picado que es bastante habitual ver en estas primeras épocas, pero también en el futuro.

Respecto a los trabajos sobre la Semana Santa aparecidos en la revista *Aragón*, sabemos de la existencia de una serie de reportajes fotográficos, además de filmaciones, a cargo del «reportero» Mora (Insa) hacia 1927-1928, en Híjar y Alcañiz, respectivamente. Del mismo modo que se habla de la presencia de Antonio de Padua Tramullas, entre 1925-1927, igualmente en Híjar, donde filmaría la tamborrada de esa localidad (Marquesán Modrego, 2000: 20-21 y Sáenz Guallar, 2000: 59-71). En el número 19 (abril de 1927), apareció un artículo firmado por Luis Monzón sobre la Semana Santa en Híjar, con fotos de Mora Insa. En concreto, tomas del Calvario, procesión por las calles del pueblo, soldados romanos posando frontalmente, las Tres Marías,[62] etc. Asimismo, se procedió a filmar una película, «con ayuda del aparato cinematográfico recientemente adquirido», […] «que copia admirablemente, con completa precisión, tanto las escenas de admirable sabor místico y popular de la procesión del Santo Entierro, como los fondos admirables que sirven de espléndido marco a tan conmovedora devoción».[63]

Durante la Semana Santa del año siguiente, Mora Insa se desplazó a Alcañiz para fotografiar y filmar, a pesar de las «contrariedades climatológicas», los actos de aquella localidad, sobre todo los asociados al Santo Entierro, con todos los personajes actuantes, más una curiosa tradición propia de la localidad que consiste en que el Prior regala cestos de tortas a algunos de los participantes en la procesión.[64]

Del mismo año 1928, data un reportaje localizado en Zaragoza, y centrado en la procesión del Santo Entierro y la Real Hermandad de la Sangre de Cristo, cuyas fotografías de los pasos religiosos y de grupos de cofrades ataviados aparecen en imprecisos fondos oscuros, contribuyendo así a la descontextualización del hecho religioso sin el que no tienen sentido. Parece ser que estas imágenes fueron aportadas por el archivo gráfico del periódico *Heraldo de Aragón*, como todavía se puede contemplar en los márgenes inferiores.[65] Sin dejar la capital aragonesa, se conservan filmaciones parciales de procesiones desarrolladas entre el Mercado Central y la calle Cerdán, fechadas en 1931 y 1935, y que se atribuyen al operador Ceferino Jiménez Seisdedos (MARQUESÁN MODREGO, 2000: 22).

Estos trabajos aparecidos en la revista del SIPA son consecuencia evidente de los deseos de promoción de la región que abrigaba esta entidad, basándose en el conocimiento de la arquitectura, los paisajes y las costumbres. En vista a construir una imagen integral del hecho cultural aragonés, de acuerdo a una identidad diferenciada del resto del país. Por tanto, la Semana Santa, con la peculiaridad del uso de los tambores en las procesiones, asociada a la solemnidad y austeridad de los hábitos y las acciones de las cofradías participantes, etc., constituyen rasgos vernáculos que interesa destacar por encima de todo. Lógicamente, todo ello ha de comprenderse en función del interés cientifista, casi de planteamientos positivistas, que aparecen en las sociedades fotográficas españolas desde finales del siglo XIX, teniendo como referente inexcusable el Centre Excursionista de Catalunya.

Precisamente, uno de los miembros de esta entidad, en uno de sus viajes a Alcañiz, en 1932, describía muy bien el ambiente en que se desarrollaban las procesiones. En sus palabras, destacaba el sentido de uniformidad entre los participantes a los actos, la no diferenciación entre las clases sociales, la organización en torno a pequeños grupos o *cuadrillas*. Finalmente, hace alusión a la vestimenta, deteniéndose en el elemento característico del *tercerol*.[66] Un interés cientifista implícito en las excursiones del Centro Catalán que se asociaba en gran medida con ciertos análisis de costumbres, una práctica bastante habitual y generalizada en el siglo XIX gracias a los denominados *Viajes pintorescos*, desarrollada por eruditos e historiadores. Uno de los primeros testimonios —conocidos— de viajeros que contemplaron la Semana Santa aragonesa, de nuevo, alcañizana, es el de Elio Tropo, que relató la organización de las procesiones, la importancia de la presencia de los tambores, las túnicas, etc., en su artículo «Costumbres españolas. Los tambores de Alcañiz», publicado en la revista *El Museo Universal* de Madrid, en 1863 (SÁNCHEZ SANZ, 1993: 153).

Notas de este capítulo

14 Según Carmelo Tartón, la primera entidad organizada de aficionados a la fotografía en Zaragoza fue fundada el 3 de junio de 1895 por un tal Sr. Sáez, con el nombre de Sociedad Artística Fotográfica de Zaragoza. A ello añadir la sección de fotografía creada en el seno del Ateneo de Zaragoza, en diciembre de 1900, que tenía el fin de configurar un álbum fotográfico de Aragón. Y, por último, la aparición de la Sociedad Fotográfica Aragonesa, en diciembre de 1904. Ninguna de ellas cuajó. Para más información, véase, ROMERO, 1989: 49-51.

15 ANÓNIMO, «Sociedad Fotográfica de Zaragoza», *Athenaeum. Revista de Cultura General*, n.° abril-mayo-junio de 1923, p. 47.

16 La inauguración oficial tuvo lugar el 5 de octubre de 1930. Según la crónica de *El Noticiero*: «Esta instalación representa un gran avance en la vida social de Zaragoza, en donde los turistas pueden encontrar las orientaciones para el mejor conocimiento de cuanto se relaciona con el turismo de Aragón. También han sido invitados los socios de las entidades Real Asociación Automovilista Aragonesa, Montañeros de Aragón, Sociedad Fotográfica de Zaragoza y Aero-Club de Aragón, domiciliadas en los mismos locales que con tanto celo laboran por el mayor desarrollo de los intereses regionales, cada una en sus actividades especiales». En «El Sindicato de Iniciativa y Propaganda», *El Noticiero*, 4 de octubre de 1930, p. 7.

17 Secretario de la SFZ (Joaquín Gil Marraco), «Memoria leída el 29 de enero de 1931 en la Junta General Ordinaria de la Sociedad Fotográfica de Zaragoza», *Aragón. Revista gráfica…*, n.° 65, febrero de 1931, pp. 31-32.

18 Tomado de una breve nota titulada «El SIPA y sus nuevos locales», *Aragón. Revista gráfica…*, n.° 56, mayo de 1930, p. 93.

19 Sindicato de Iniciativa y Propaganda de Aragón, «Memoria leída en la Junta general celebrada el día 21 de enero de 1932», *Aragón. Revista gráfica…*, n.° 78, marzo de 1932, p. 38.

20 ANÓNIMO, «II Salón Internacional de Fotografía», *Aragón. Revista gráfica…*, n.° 11, agosto de 1926, p. 195. A continuación de este comentario, aparecen las bases del II Salón.

21 Hasta la aparición, en abril de 1967, del *Boletín*, una modesta publicación en los primeros tiempos, que se reducía a unas pocas páginas mecanografiadas por la falta de disponibilidad económica para hacer frente a una edición más elaborada. En el Editorial, firmado por el entonces presidente Joaquín Gil Marraco, se exponía una «declaración de intenciones» de lo que pretendía ser el *Boletín*: «… dar cuenta de las actividades desarrolladas o por realizar; reflejar la vida social de la SFZ; recibir cuantas iniciativas propongan los socios; informarles de las últimas novedades, y tratar de cuantas cosas estén relacionadas con la fotografía», n.º 1, abril de 1967.

22   ANÓNIMO, «Concurso de Fotografías para portadas de *Aragón*», *Aragón. Revista gráfica*…, n.º 62, noviembre de 1930, p. 218. Hay también mención a este concurso en el número anterior: «Concurso de Fotografías para portadas de la revista», *Aragón. Revista gráfica*…, n.º 61, octubre de 1930, p. 188.

23   Datos tomados de ANÓNIMO, «Fallo de nuestro Concurso de Portadas», *Aragón. Revista gráfica*…, n.º 64, enero de 1931, p. 13. A continuación, en esta misma página, aparecieron publicadas las Bases del II Concurso de la revista *Aragón*, «deseando esta revista ampliar cada vez más el conocimiento de los valores artísticos, históricos y literarios de la tierra aragonesa». En esta ocasión, no se pedían imágenes sino textos cuya temática debían ser las leyendas aragonesas. El plazo de entrega marcado fue el 29 de marzo de 1931.

24   Sin ir más lejos, el año siguiente, en abril de 1931, se convocaba la segunda edición, pensada esta vez solo para «aficionados», es decir, quedaban excluidos los profesionales. Las fotos serían mostradas en el salón de exposiciones del SIPA, del 20 al 31 de mayo. El premiado recibiría una cuantía de 25 pesetas y su obra sería publicada en la portada de la revista *Aragón*. Asimismo, estaba contemplado un premio concedido por «Montañeros de Aragón» «para la mejor fotografía de asunto de montaña, que sea presentada al concurso». Todo está recogido en Anónimo, «Concurso libre de fotografías de aficionados», *Aragón. Revista gráfica*…, n.º 67, abril de 1931, p. 71. El acta con el fallo fue publicada en el número 69, junio de 1931, p. 107: Primer premio: Fernando Aínsa, Segundo premio: Jesús Elosua; Premio del SIPA: Daniel Colás; Premio de «Montañeros de Aragón»: José Marco. La prensa diaria local también informó de este concurso, por ejemplo, en Anónimo,

«Concurso de fotografías. Organizado por la Sociedad Fotográfica», *El Noticiero*, 30 de abril de 1931, p. 6.

25   Informaciones tomadas de ANÓNIMO, «Memoria de la Sociedad Fotográfica de Zaragoza», *Aragón. Revista gráfica*… n.º 30, marzo de 1928, s/p.

26   ANÓNIMO, «Memoria correspondiente al año 1927, leída ante la Junta General Ordinaria que se celebró el 22 de enero de 1928», *Aragón. Revista gráfica*…, n.º 29, febrero de 1928, pp. 22-23.

27   Véase al respecto, ANÓNIMO, «La prensa y el Sindicato», *Aragón. Revista gráfica*…, n.º 29, febrero de 1928, pp. 46-47.

28   Datos sobre estas charlas obtenidos en Anónimo, «Sociedad Fotográfica», *Aragón. Revista gráfica*…, n.º 41, febrero de 1929, s/p.

29   ANÓNIMO, «En la Sociedad Fotográfica. Conferencia del Sr. Lorenzo Pardo», *Aragón. Revista gráfica*…, n.º 42, marzo de 1929, s/p.

30   REQUEJO, J., «Sociedad Fotográfica de Zaragoza», *Aragón. Revista gráfica*…, n.º 62, noviembre de 1930, p. 207.

31   ANÓNIMO, «Notas diversas. Interesante conferencia», *Aragón. Revista gráfica*…, n.º 78, marzo de 1932, p. 50.

32   ANÓNIMO, «En la Sociedad Fotográfica», *Aragón. Revista gráfica*…, n.º 80, mayo de 1932, p. 93. El año siguiente también habría todo un ciclo de conferencias impartidas por Almarza, Gil Marraco, Mora Insa, Requejo o Aurelio Grasa. En la noticia donde se reseñan tales intervenciones, ya se hablaba de la programación de un tercer ciclo de conferencias que «consistirá en demostraciones prácticas de la obtención de pruebas pigmentarias, bromóleos, tintas grasas, fresson, etc. En este tercer ciclo es de esperar que la concurrencia que en los dos ciclos anteriores ha sido numerosa, ha de aumentar, considerablemente. Todavía no están ultimadas las fechas de las conferencias; éstas serán anunciadas por la prensa diaria, y a las mismas podrán asistir como hasta ahora, los aficionados a la Fotografía, sean o no socios de la entidad. Es de esperar que merced a esta labor divulgadora que tanto enaltece a la Sociedad Fotográfica de Zaragoza continúe la marcha ascendente del Arte Fotográfico en nuestra ciudad donde cuenta con tantos cultivadores». ANÓNIMO, «Sociedad Fotográfica de Zaragoza», *Aragón. Revista gráfica*…, n.º 92, mayo de 1933, p. 94.

33   ALMARZA, L., «Montañeros de Aragón», *Aragón. Revista gráfica*…, n.º 43, abril de 1929, p. 56.

34   Tenemos un artículo que habla de la inauguración del mismo: «Invitados por la Sociedad Peñalara para acudir a la inauguración de dicho albergue, un grupo de Montañeros formado por don Lorenzo Almarza y su hijo, la señorita Carmela García de Menéndez y el que firma salieron el día 12 de agosto de Jaca en automóvil hacia Sallent a las cuatro y media de la mañana, y de Sallent a pie a las seis y media, acompañados de un nutrido grupo de peñalaros (sic) y de representantes de Sociedades de alpinismo de Bilbao, Francia y Alemania». López de Gera, M., «El refugio de Piedrafita», *Aragón. Revista gráfica*…, n.º 48, septiembre de 1929, p. 182. Las fotos son de Almarza.

35   Un ejemplo de ello lo podemos comprobar en una excursión colectiva de Peñalara «al Pirineo aragonés y catalán, en la que se han obtenido magníficas fotografías. Algunas de éstas fueron proyectadas el miércoles 18 del pasado en el local social ante numerosos señores socios». En Anónimo, *Peñalara. Revista mensual de alpinismo*, n.º 49, enero de 1918, p. 273. Esta revista, y la sociedad que la editaba, tuvo desde el principio una importante vinculación con el medio fotográfico, como demuestra la organización de exposiciones de fotografía de montaña, que ese año 1918 puso en marcha el Tercer Salón, con apreciaciones tan interesantes como la que transcribimos: «La tendencia iniciada en el sentido de buscar el aspecto artístico de la fotografía y hermanar el interés documental, que siempre es necesario en la fotografía de montaña, con el efecto artístico, que la hace interesante aun a los que no sienten la afición a la montaña, es lo que da un valor general a esta Exposición, que interesa por igual al alpinista y al público en general, a que nadie se muestra indiferente ante un paisaje en el que la Naturaleza muestra sus más espléndidas bellezas». Huidobro, L., «Tercer Salón de Fotografías de Montaña», *Ibídem*, p. 172. Sobre esta entidad, su revista y los concursos de fotografía de montaña, véase Ortega Cantero, 2014: 253-279. Tenemos constancia de que esta publicación, así como otras del ramo como *Valencia Atracción* o el *Boletín de la Agrupación Fotográfica de Cataluña* eran recibidas en el SIPA desde, al menos, finales de 1933. Referido en *Aragón. Revista gráfica*…, n.º 99 diciembre de 1933, s/p.

36   Citas y datos tomados de Viu, S. y Cacho, A., «El montañismo en Aragón», *Aragón. Revista gráfica*…, n.º 15, diciembre de 1926, pp. 259-260.

37 El doctor Aurelio Grasa, además de médico radiólogo y fotorreportero para varios medios de prensa, fue un destacado montañero y fotógrafo especializado en la montaña, sobre todo de los paisajes nevados. Suyas y de Juan Mora Insa son las fotos que ilustraron el artículo de Bys, L., «Montañeros de Aragón. Nuestro Primer Campeonato Internacional», *Aragón. Revista gráfica…*, n.º 55, abril de 1930, pp. 77-79. Sobre la faceta estrictamente deportiva que la agrupación aragonesa también practicó. Grasa participó en numerosas ediciones del Salón Internacional de la SFZ, ganando numerosos galardones. Considérense también las portadas del número 82, julio de 1932, con una amplia panorámica del valle de Aspe, o la del número 125, febrero de 1935, con el título de *Cumbres*. Ambas de la revista *Aragón*. Más información sobre el fotógrafo, en VV.AA., 2003.

38 A. H., «La Exposición Fotográfica de las montañas de Praga», *Aragón. Revista gráfica…*, n.º 92, mayo de 1933, pp. 84-85. Más información, en ABE, «Montañeros de Aragón. Memoria de la labor realizada por la Junta directiva el año 1933», *Aragón. Revista gráfica…*, n.º 100, enero de 1934, p. 18.

39 ABE, *art. cit.*, p. 19. Más información sobre este archivo de «Montañeros», en Anónimo, «Montañeros de Aragón. Memoria del ejercicio 1935», *Aragón. Revista gráfica…*, n.º 126, marzo de 1935, p. 64. En ese momento, se decía que el archivo constaba de 217 fotografías.

40 Anónimo, «Conferencia alpina», *Aragón. Revista gráfica…*, n.º 81, junio de 1932, p. 116.

41 Eduardo Cativiela escribió sobre las excursiones del Sindicato: «para hablar con perfecto conocimiento de los lugares aragoneses, se impone visitarlos y apreciar personalmente sobre el terreno lo bueno o mediocre que puedan encerrar, formando juicio, y pudiendo ser un documentado defensor de nuestro querido Aragón. Este fue el criterio que le inspiró al Sindicato la creación de la sección «Turismo», que desde el pasado año viene realizando periódicamente interesantes excursiones por distintas localidades y distintos motivos. En la primavera pasada se verificaron varias, siendo una de las más atractivas la llevada a efecto en mayo a Huesca y pantano de Arguis». En «Excursiones del Sindicato de Iniciativa y Propaganda de Aragón», *Aragón. Revista gráfica…* n.º 11, agosto de 1926, pp. 192-194.

42 Anónimo, «Las conferencias de la Sociedad Fotográfica de Zaragoza», *Aragón. Revista gráfica*… n.º 79, abril de 1932, p. 66. Aún habría que citar una última conferencia de Gil Marraco, esta vez en la Sociedad Fotográfica de Zaragoza, sobre el tema «Arte románico en el Alto Aragón», «con gran número de vistas fotográficas de construcciones religiosas situadas entre los ríos Aragón y Gállego, exponiendo razonadamente ideas muy originales». En Anónimo, «Las conferencias de la Sociedad Fotográfica», *Aragón. Revista gráfica*… n.º 81, junio de 1932, p. 115. Véase también, Anónimo, «Las montañas pirenaicas», *Aragón. Revista gráfica*…, n.º 118, julio de 1935, p. 134. Con fotografías de Gil Marraco.

43 Almarza, L., «¡¡En la cumbre del Aneto!!, *Aragón. Revista gráfica*…, n.º 61, octubre de 1930, p. 203. Con fotografías de Joaquín Gil Marraco.

44 Tomado de Zeuxis, «Otras exposiciones», *Aragón. Revista gráfica*…, n.º 78, febrero de 1932, p. 55.

45 *Ibídem*, p. 56.

46 Almarza, L., «Exposición de José Ortiz Echagüe en los salones del Sindicato de Iniciativa», *Aragón. Revista gráfica*…, n.º 101, febrero de 1934, pp. 34-35.

47 Como demuestra el hecho de que ya participó en el I Salón Internacional de Fotografía, celebrado en 1925. Aunque esta relación se puede situar todavía más atrás en el tiempo por los envíos que hizo a la Sociedad Fotográfica Aragonesa, antecesora de la SFZ, para el concurso que convocó en el tercer trimestre de 1908, que tuvo como tema «Paisaje y marinas». Ortiz Echagüe mandó un *Paisaje*, el cual fue publicado en el n.º 55 (julio de 1908) de la revista *Photos*, órgano de expresión de la entidad. En un número anterior, el 5 (marzo de 1908), hallamos otra imagen de Ortiz, titulada *Plegaria*, y que ejemplifica uno de sus más queridos temas, el de las escenas religiosas. Esta revista, de claros fundamentos pictorialistas, publicó gran cantidad de imágenes de uno de sus mejores representantes españoles, el vallisoletano Julio García de la Puente (1868-1955). Su obra, entre lo pictorialista y lo etnográfico, estuvo sobre todo localizada en Cantabria.

48 En el artículo «José Ortiz Echagüe», *Aragón Turístico y Monumental*, n.º 292, julio-septiembre de 1969, p. 19.

49 Como sucede, por ejemplo, en su número 8, mayo de 1926, donde encontramos fotografías de Cativiela: mujeres con los trajes típicos, imágenes de las calles de las localidades de Ansó, etc., que sirvieron para ilustrar el artículo de MARÍN SANCHO, M., «Etnografía aragonesa», *ibídem*, pp. 126-131. O la portada del número 26 (noviembre de 1927), que es una imagen igualmente de Ansó. En este número, Marín Sancho valoraba así esta portada: «Eduardo Cativiela nuestro infatigable compañero en lides aragonesistas, es el autor de esta fotografía. Fácilmente podríamos dedicarle unos cuantos «piropos» a él y a su obra; pero son innecesarios. Que la fotografía es muy bonita, ella sola lo dice; que su autor es un artista, ella sola lo pregona». En «Nuestra portada. Ansó: la plaza», *ibídem*, p. 212. Años más tarde localizamos el artículo firmado por CATIVIELA, «La fiesta del traje en Ansó», *Aragón. Revista gráfica…*, n.º 107, agosto de 1934, p. 147. Con fotografías de Ricardo Compairé.

50 En n.º 2, abril de 1909, p. 11. En cuanto a las tareas del campo, encontramos la imagen *En la era. Amontonando la mies trillada*, en el número 4, junio de 1909, p. 12.

51 Imagen que sirvió de portada para el número 41, *Aragón. Revista gráfica…*, febrero de 1929. Al igual que, ya en plena Guerra Civil, y coloreada, hizo lo propio para otra revista *Vida Aragonesa* para ilustrar un claro mensaje ideológico desde el bando franquista, con la fraseología propia de este: «He aquí una magnífica estampa representativa de nuestra altiva y noble estirpe aragonesa, expresión gráfica de unos rasgos que acusan categoría racial». En *Vida Aragonesa. Revista ilustrada*, n.º 2, diciembre de 1937.

52 Estudios que también los encontramos en revistas especializadas de alcance nacional (como *Arquitectura. Órgano de la Sociedad Central de Arquitectos de Madrid*, etc.), y que son la expresión de los intentos de reivindicación de la arquitectura vernácula por parte de muchos arquitectos, en el contexto del postregeneracionismo. Según valora Sofía Diéguez, a partir de la cita de Pedro NAVASCUÉS: «El movimiento de revalorización de la arquitectura popular se produce en el seno del regionalismo, aunque netamente distanciado de la corriente historicista o culta. Pedro Navascués sitúa entre 1917, en que Lampérez pronuncia en el VII Congreso Nacional de Arquitectura una conferencia sobre «Antecedentes históricos de la arquitectura rural en España», hasta 1929, en que Anasagasti ingresa en la Academia de Bellas Artes de San Fernando pronunciando un discurso sobre la «Arquitectura popular», la etapa central de lo que él califica de subepisodio rural derivado de la cuestión regionalista», unos años en los que los estudios sobre arquitectura rural estuvieron muy en boga». DIÉGUEZ PATAO, 1997: 69.

53 MARÍN SANCHO, «El camino de Hecho a Oza», *Aragón. Revista gráfica…*, n.º 14, noviembre de 1926, pp. 236-237.

54 HIDALGO, N., «Turismo», *Aragón. Revista gráfica…*, n.º 15, diciembre de 1926, pp. 252-254.

55 Puede consultarse el archivo López Segura *on line* en https://www.ieturolenses.org/index.php/archivo-fotografico/archivo-fotografico-lopez-segura.html. Se custodia en la Fototeca de la Biblioteca del Instituto de Estudios Turolenses.

56 Véanse: Foto de portada con la Torre de San Martín, de Gil Marraco, *Aragón. Revista gráfica…*, n.º 44, mayo de 1929. Foto de portada con el Viaducto de Teruel, de Antonio Miñana, *Aragón. Revista gráfica…*, n.º 55, abril de 1930. SARTHOU CARRERES, C., «Un paseo por Teruel», *Aragón. Revista gráfica…*, n.º 77, febrero de 1932, pp. 26-28. Con fotos del autor. Téngase en cuenta la exposición que la SFZ, poco antes del estallido de la Guerra Civil: Noticia aparecida en *Aragón. Revista gráfica…*, n.º 130, julio de 1936, p. 141. Con fotos del montaje expositivo.

57 ANÓNIMO, «Vida cultural. En la Agrupación Artística Aragonesa. «Un viaje artístico por el Bajo Aragón, conferencia de don Juan Mora Insa»», *Aragón. Revista gráfica…*, n.º 92, mayo de 1933, p. 92. Poco antes había impartido en esa misma Agrupación otra conferencia Jalón Ángel sobre «La fotografía», mientras que el periodista y crítico cinematográfico Bonifacio Fernández Aldana hizo lo propio sobre «El cinematógrafo, fábrica de sueños». En ANÓNIMO, «Vida cultural. En la Agrupación Artística Aragonesa», *Aragón. Revista gráfica…*, n.º 91, abril de 1933, p. 64.

58 MARÍN SANCHO, «Ante la preparación de las fiestas del Pilar», *Aragón. Revista gráfica…*, n.º 37, octubre de 1928, p. 271. El subrayado es nuestro.

59 Sobrino de Lucas Cepero Bordetas y hermano de César Gracia Jarque. Manuel y César se establecieron en la ciudad alcañizana para hacerse cargo del establecimiento que su tío había abierto en 1924. (Bayod Camarero, 2017: 331).

60   Fototeca de la Biblioteca del Instituto de Estudios Turolenses: Álbum de Manuel Gracia.

61   Fototeca de la Biblioteca del Instituto de Estudios Turolenses: Álbum de Albert Bastardes.

62   Monzón, L., «La Semana Santa en Híjar», *Aragón. Revista gráfica…*, n.° 19, abril de 1927, pp. 58-60.

63   Anónimo, «Labor del Sindicato», *Aragón. Revista gráfica…*, n.° 20, mayo de 1927, p. 95.

64   Salarrullana de Dios, J., «Excursión del Sindicato de Iniciativa a Alcañiz», *Aragón. Revista gráfica…*, n.° 32, mayo de 1928, pp. 169-174.

65   Anónimo, «La Semana Santa en Zaragoza. La procesión del Santo Entierro y la Real Hermandad de la Sangre de Cristo», *Aragón. revista gráfica…*, n.° 30, marzo de 1928, pp. 52-58. Más información, en Velázquez López, 2015-2016: 87-110.

66   Roig i Font, J., «Alcanyç i les seves processions de Setmana Santa», *Butlletí del Centre Excursionista de Catalunya*, vol. XLII, n.° 442, Barcelona, 1932, pp. 83-87.

Presencias de la fotografía en la revista *Aragón* del SIPA

Esta publicación periódica comenzó a editarse en octubre de 1925 a instancias del SIPA, cuyos estatutos habían sido aprobados pocos meses antes (en febrero) que la revista. Al frente de la misma, el periodista, escritor, archivero y profesor, Manuel Marín Sancho, que enseguida demostró una gran sensibilidad por todo lo relacionado con Aragón, quien después fue sustituido por Eduardo Cativiela, comerciante textil y fotógrafo aficionado, muy interesado por la etnografía altoaragonesa. Los objetivos de la asociación, de carácter regeneracionista, estaban movidos por un regionalismo moderado substanciado en su lema *Todo por y para Aragón* (ya utilizado por otra publicación anterior, *Revista Aragonesa*), y se basaron en el conocimiento de Aragón en su faceta monumental, paisajística y de costumbres. En todo ello, además, hubo un interés ulterior, que se acrecentó conforme pasaron los años, que era el fomento del turismo (PARRA, 2004: 33-35).

Esta época, las dos primeras décadas del siglo XX, vio nacer también otras entidades similares, otros Sindicatos de Iniciativas (también conocidos bajo una denominación más antigua como Sociedades de Atracción de Forasteros), que editaban, por su parte, revistas con mismos fines e intereses: la promoción turística del territorio a su cargo. Un ejemplo magnífico fue *Barcelona Atracción*, que se comenzó a editar a partir de la temprana fecha de abril de 1911, hasta el cierre de su primera época en 1936. A partir de 1945, comenzaría una segunda época. Sus contenidos eran diversos e «iban dirigidos tanto a un público interno y especializado (a saber,

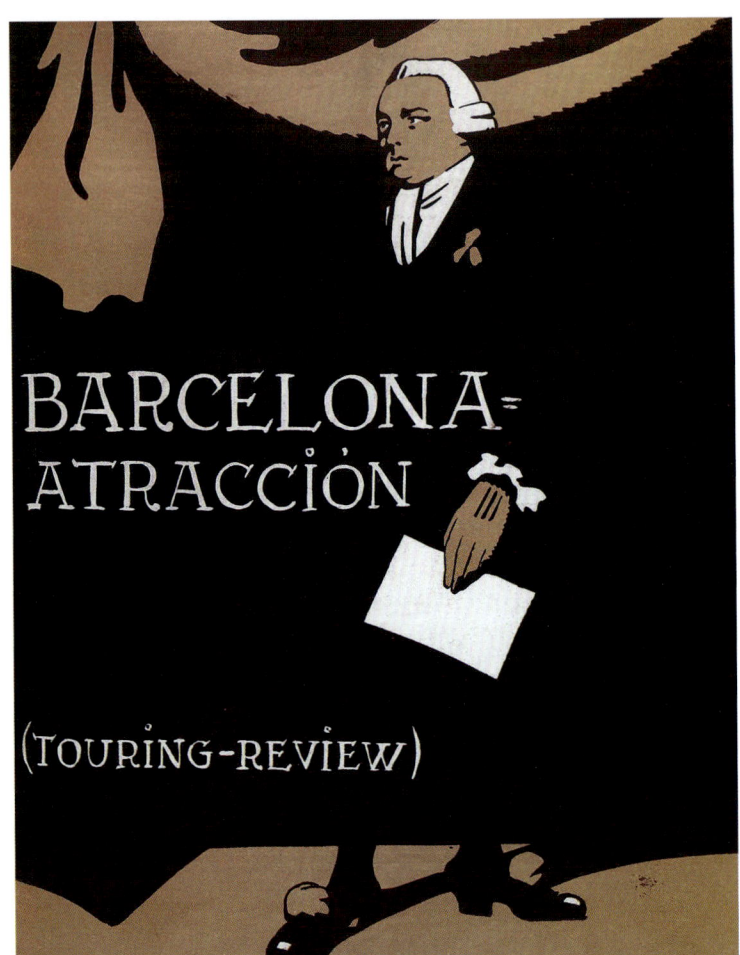

Portada del número 1 (abril de 1911) de *Barcelona Atracción*.
Fuente: https://ahcbdigital.bcn.cat/hemeroteca/detall/ahcb-d024043.

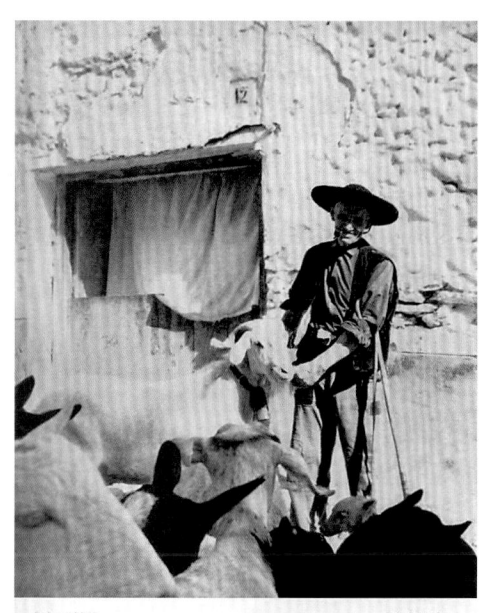

Portada del número 241
(febrero de 1955) de *Valencia
Atracción*.
Fuente: Todocoleccion.net.

ciudadanos a quienes cultivar el interés por el fomento turístico y
representantes de las instituciones, comercios e industrias a quienes incentivar su apoyo) como a un público foráneo (los turistas
potenciales)». Por otra parte, la revista conectaba claramente con
los postulados sociopolíticos del momento: «actuó como plataforma
para la emisión de un discurso urbano que sintonizaba con los an-
helos e imaginarios regeneracionistas y modernizadores de La Lliga
Regionalista y de las esferas del poder político, económico y cultural
de la ciudad» (PALOU RUBIO, 2021:180-181).

Otra publicación de similar nombre a la anterior, *Valencia Atracción*, comenzó a editarse en parecidas fechas a la revista aragonesa

del SIPA, en 1926, a cargo de la Sociedad Valenciana de Fomento del Turismo. A esta agrupación se le encargó la redacción de una Ponencia con este título: «Excursiones, propaganda y publicaciones», en el contexto de la VII Asamblea de la Federación Española de Sindicatos de Iniciativa y Turismo, celebrada en San Sebastián entre los días 28-30 de septiembre de 1942.[67] Pues bien, entre lo planteado por los valencianos, se defendía el interés y valor que suponía la edición periódica de una revista mensual de turismo, (que), «si se cuida y edita con pulcritud, por el ya solo hecho de ser gratuita, se busca, se lee, se retienen sus fotografías, artículos y noticias; en una palabra, cada ejemplar nuevo hace el efecto de más cincuenta folletos, publicación ésta siempre cara y que hay que renovar constantemente». Acto seguido hablaban de su revista, *Valencia Atracción*, y su pronta proyección internacional, siendo requerida por entidades turísticas, instituciones académicas, etc., de diferentes países del mundo. Algo que sucederá también con la revista *Aragón*.

76   Otro recurso digno de considerar para la propaganda del turismo, según la entidad valenciana, reiteraba el papel de la imagen, en este caso aplicada a las tarjetas postales. Para ello, y formando parte del texto de la Ponencia, recuperaron otra ponencia presentada diez años antes, en el Consejo General de Turismo, celebrado en Valencia en mayo de 1932: «Propaganda turística en tarjetas postales». Entre las ideas más significativas, una propuesta previa que ya se había elevado por la Sociedad Valenciana de Fomento del Turismo a la Presidencia del Consejo de Ministros, cuya parte esencial decía: «… que en las nuevas ediciones de tarjetas postales que imprima el Estado sea dividida por mitad la parte actualmente destinada para la dirección, colocando en el espacio ganado a esta una viñeta, dibujo o fotografía, según modelo adjunto, que pueda ser motivo para atracción de turistas…».[68]

Portada del número 1 (febrero de 1935) de *Madrid turístico y monumental*.
Fuente: Hemeroteca Digital. Biblioteca Nacional de España.

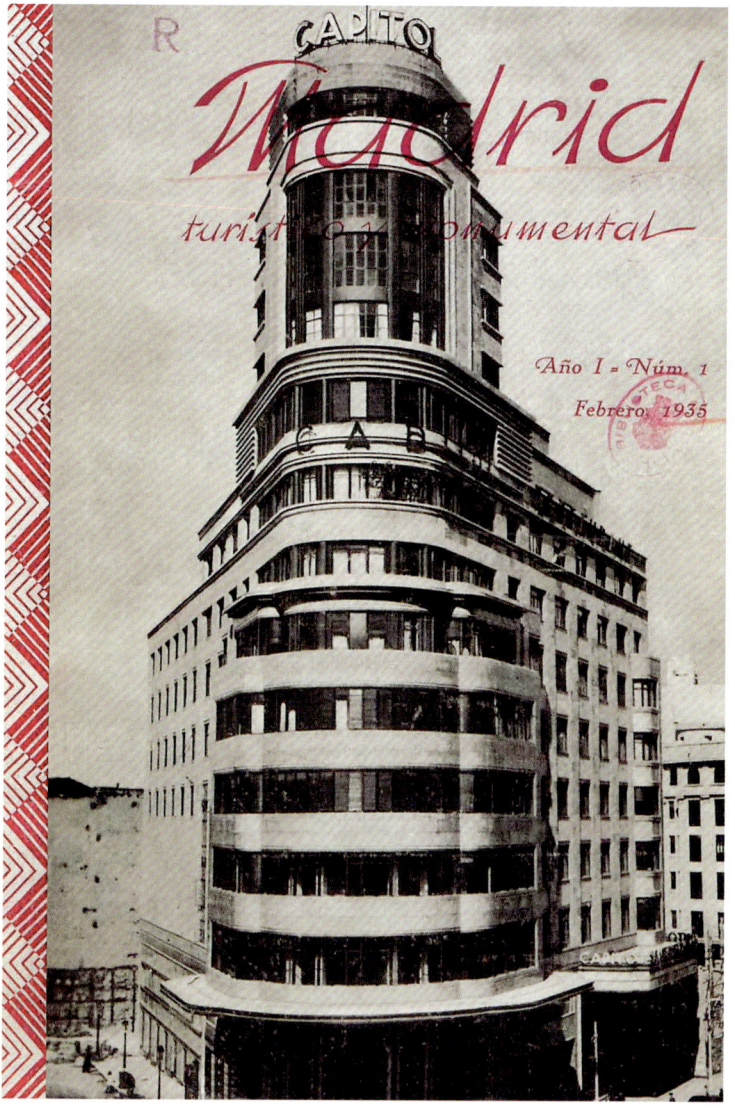

CAPITOL

Madrid

turístico y monumental

Año I = Núm. 1
Febrero, 1935

Por último, nos quedamos con la revista *Madrid turístico y monumental*, editada por el Sindicato de Iniciativas de Madrid, cuyo primer número apareció en febrero de 1935, un año después de que iniciara su andadura el organismo que la sustentaba. En las páginas iniciales informaban de sus intenciones:

La presente publicación será un defensor constante de los intereses turísticos madrileños, a la vez que procurará de un modo ameno y agradable dar a conocer cuánto de bueno e interesante encierran nuestra ciudad y sus alrededores. Monumentos, rincones típicos, costumbres, tipos, paisajes, todo ello irá desfilando por estas páginas que se dedican de un modo exclusivo a Madrid y a sus visitantes.[69]

Notas de este capítulo

67 El SIPA estuvo representado por Eduardo Cativiela y Francisco de Cidón. Otros representantes aragoneses fueron Agustín Castejón y Mariano Gállego, del Sindicato de Iniciativa de Jaca. Se nombró nueva directiva de la Federación Española de Sindicatos de Iniciativa y Turismo (FESIT), resultando presidente Eduardo Cativiela.

68 Datos y citas textuales tomados de VV.AA., *VII Asamblea de la Federación Española de Sindicatos de Iniciativa y Turismo. San Sebastián, 28-30 de septiembre de 1942. Actas, conclusiones, ponencias y otros documentos*, Zaragoza, Tip. E. Berdejo Casañal, 1942. Las ideas principales de esta ponencia aparecieron reproducidas en «Notas diversas», *Aragón. Revista gráfica…*, n.º 85, octubre de 1932, pp. 182-183.

69 Editorial, «Amigo lector…», *Madrid turístico y monumental*, n.º 1, febrero de 1935, p. 1.

Como recurso para la documentación del patrimonio histórico-artístico, de las costumbres y *tipos* populares aragoneses

Muchas fotos y un archivo

Sin duda alguna, se trata de una de las presencias más habituales y fructíferas que encontramos en las páginas de la revista desde el comienzo de su andadura. Ya desde el primer número, de octubre de 1925, hallamos publicidad de diferentes nombres especializados en la fotografía de arquitectura y del patrimonio histórico-artístico, como el caso de Juan Mora Insa (1880-1954), que desde su estudio en la calle de San Miguel de la capital aragonesa ofrecía sus «Ampliaciones-Reproducciones-Trabajos-Fotográficos para profesionales», hasta el punto de que por aquellas fechas llevaba ya tiempo componiendo su célebre Archivo fotográfico. Aparecerán recurrentemente estas menciones en las páginas de la revista *Aragón*, de la que fue asiduo colaborador, es más, ostentaba el cargo de Vocal en su primera Junta Directiva. Uno de los primeros en analizar su archivo fotográfico fue José Soldevila Faro, miembro del Consejo de Redacción de *El Ebro. Revista aragonesista*, otra de las publicaciones más destacadas de este periodo, editada desde Barcelona desde antes incluso de que apareciera la revista del SIPA, entidad con la que los aragonesistas de *El Ebro* mantuvieron una estrecha relación (Serrano Lacarra, 2021: 41).

Soldevila, además de ser el regente del Hotel Palace de Lérida, su dedicación profesional, tenía amplios conocimientos de diversos temas artísticos volcados en críticas y reseñas de exposiciones (Serrano Lacarra, 2021: 89-90), así como en estudios histórico-artísticos. Sobre

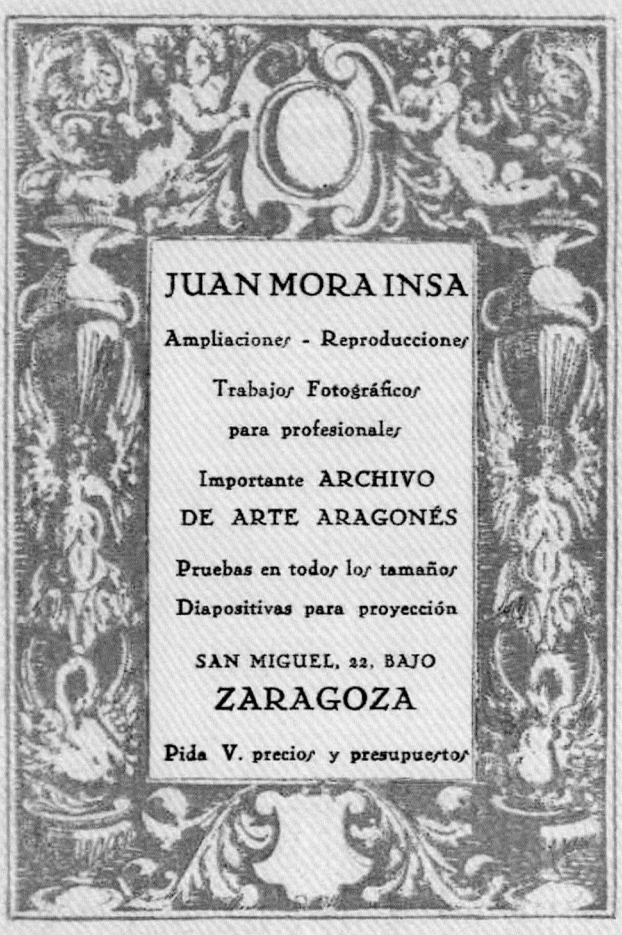

Publicidad del fotógrafo Juan Mora Insa, *Aragón. Revista gráfica...*, octubre de 1925.
Fuente: Sindicato de Iniciativa y Propaganda de Aragón.

este último aspecto, hemos consignado varios artículos suyos aparecidos en la revista *Aragón* centrados en aspectos como «los retablos de Daroca», aparecido en el número 111 (diciembre de 1934), o los aleros y miradores de diferentes edificios aragoneses, que se continuaría a partir de varias entregas: desde el número 120 (septiembre de 1935), pasando por el número 122 (noviembre de 1935), 123 (diciembre de 1935), 124 (enero de 1936), 125 (febrero de 1936) y 126 (marzo de 1936). Todo ellos fueron ilustrados con fotografías del propio Mora Insa, además de otras procedentes del Archivo Mas de Barcelona y de Marín Chivite.

En cuanto al artículo que hemos citado más arriba en que Soldevila analizaba el Archivo de Mora Insa, apareció en *El Ebro* en su número 147 (agosto de 1929), y, entre otras cosas, afirmaba que el fotógrafo de Escatrón había reunido «en un plazo de ocho años escasos 3.000 clichés de todo lo más saliente del Aragón artístico, desde el edificio monumental al humilde caserón de la más recóndita aldea. Y todo esto sin la menor ayuda de nadie y contando solamente con los escasos medios económicos que le proporcionan sus trabajos profesionales». De estas palabras inferimos la ausencia de cualquier clase de patrocinio o respaldo de ninguna clase por parte de las instituciones, de lo cual se lamentaba el propio fotógrafo en una carta que Soldevila reproducía en su artículo a partir de algunos de sus pasajes: (Mora Insa) «Si no tiene más importancia mi modesto archivo, bien sabe Dios, que es por falta de quien puede hacerlo, pues si aquí hicieran como la Diputación de Barcelona, a estas horas no habría dejado ni un rincón de toda esta comarca, que es verdadero museo». Para finalizar, Soldevila proponía la edición de estas fotografías en forma de libros, «precedidas de un sintético y bien hecho estudio por persona autorizada muy conocedora de nuestro arte», si bien el escepticismo hacía reconocer la improbable inacción por parte de las entidades públicas o privadas aragonesas.[70]

Por otro lado, este mismo autor se ocuparía en otro texto publicado en *El Ebro* del trabajo del fotógrafo oscense Ricardo Compairé (n.º 152, enero de 1930).

Asimismo, sin dejar de tener en cuenta este primer número de la revista *Aragón*, encontramos publicidad de la prestigiosa firma de fotógrafos Coyne (en esta época ya regentada por Manuel [1900-1994], hijo de Ignacio, continuador de la saga familiar), con su estudio en la calle Cinco de Marzo, o el caso del laboratorio farmacéutico y fotográfico Rived y Chóliz, que, además de vender productos de carácter sanitario, ortopedia y perfumería, también ofrecía al público artículos y laboratorio fotográficos desde la calle de Don Jaime I y el Coso. No solo encontramos en este primer número referencias a artículos fotográficos, ya que también aparecen alusiones a venta de aparatos cinematográficos, como la cámara Pathé Baby, un equipo pensado para el cine amateur, que había sido patentado en 1922 por la casa francesa Hermanos Pathé, y que en Zaragoza fue distribuido por la Casa Tramullas, que tenía su tienda en el Paseo de la Independencia, n.º 32.[71]

Años después, y consecuencia de los avances técnicos, volvemos a encontrar más publicidad de la casa Rived y Chóliz para «aficionados a la fotografía». Esta firma, «en su constante anhelo de mejoras, acaba de montar en su Laboratorio fotográfico una modernísima máquina esmaltadora que, debido a la brillantez extraordinaria que da al papel, cambia por completo la presentación de los trabajos, ganando en visualidad y detalle».

No son extrañas estas referencias dada la orientación eminentemente gráfica de la revista, condición que esta asumía ya en su nombre. Y es que tal carácter gráfico va a ser una de las constantes identitarias de la misma, partiendo de la propia portada del número 1, que, según se dice en el Editorial del número 2, se trataba de un cuadro de Marcelino de Unceta, pintado originalmente para el semanario *El Pilar*, el cual «fue reproducido por el notable fotógrafo Sr. Mora merced a la amabilidad de la Junta del Patronato del Museo Provincial de Bellas Artes, quien nos ha proporcionado toda clase de facilidades para que en *ARAGÓN* divulguemos la riqueza artística atesorada en el palacio de la plaza de Castelar».[72]

Asimismo, se decía que los clichés habían sido «hechos expresamente por el taller de Fotograbado Luz y Arte», que, tras haber pasado por distintas manos, sería adquirido por Florencio Royo y Miguel Embid en 1921, y acabaría convirtiéndose en el principal taller de fotograbado de Zaragoza (FERNÁNDEZ CLEMENTE, 1997: 189-190). No en vano, lo veremos citado frecuentemente en las páginas de la revista *Aragón* y en otras publicaciones aragonesas de la época. Esta presencia de Mora Insa en el Museo Provincial puede relacionarse con otro artículo posterior, también ilustrado con imágenes suyas (patio, sala de Arqueología, Escalera de honor y vista general), firmado por el malogrado escritor, archivero y periodista Manuel Marín Sancho, director durante los primeros años de la revista objeto de nuestro estudio, que tenía por título «Visitas al Museo Provincial de Aragón. I Meditaciones»,[73] donde el autor evocaba el origen de esta institución (SIPA) en el contexto de la Exposición Hispano-Francesa del no tan lejano año de 1908.

Mora Insa, en efecto, se convertiría en un habitual de las salas del museo zaragozano, más todavía cuando se le encargó desde el Sindicato, ya tempranamente, a la altura de noviembre de 1925, fotografiar la obra de Francisco de Goya con objeto «de dedicar a su memoria una exposición preliminar y editar un álbum tributo a su imborrable recuerdo».[74] Estaba muy cerca el año de conmemoración del centenario de su muerte, 1928, y el Sindicato se tomó muy en serio el recuerdo de esta efeméride.

Según la investigadora Virginia Espá Lasaosa, el SIPA, en una junta celebrada en marzo de 1925, «tomó el acuerdo de contribuir "con todo el esfuerzo necesario" a la celebración del primer centenario de la muerte de Francisco de Goya», de tal manera que «Eduardo Cativiela encargó a Mora Insa realizar reproducciones de toda la obra de Goya existente en Aragón, repartida en iglesias, museos, instituciones y colecciones particulares, con la idea de dedicar una exposición a su memoria y editar un álbum conmemorativo» (ESPÁ LASAOSA, 2000: 119). En el número 31 de la revista *Aragón*, correspondiente a abril de 1928, dedicado a Goya, las reproducciones fotográficas del mismo pertenecieron a Juan Mora Insa.

Por otra parte, y dando buena cuenta de las estrechas relaciones establecidas entre el Sindicato y la Sociedad Fotográfica de Zaragoza, se informaba desde la revista, en diciembre de 1926, que la SFZ tenía prevista la organización de un salón «extraordinario» en 1928.[75]

Diez años antes de esa fecha, en 1918, tenemos un interesante precedente en cuanto a fotografías de obras goyescas de la mano del fotógrafo aficionado aragonés, Macario Fau, quien realizó una colección de algunos grabados de la serie de los Caprichos y de la Tauromaquia, que fueron expuestas en el Museo de Zaragoza, en una época en que se estaba formando la colección de grabados y de fotografías, que «cuenta ya con primorosos ejemplares».[76]

Y todavía más atrás en el tiempo, mayo de 1900, podríamos referir la magna exposición, auténtico hito, dedicada monográficamente al pintor de Fuendetodos a instancias del recién creado Ministerio de Instrucción Pública y Bellas Artes, con motivo de la repatriación a España de los restos mortales del artista, fallecido en Burdeos en 1828. Pues bien, el fotógrafo madrileño Mariano Moreno García (1865-1925), aprendiz del taller de Jean Laurent, especialista, como más adelante veremos, de la fotografía de arte, fotografió las 128 pinturas que fueron expuestas en la muestra, así como las 18 que se agregaron fuera de catálogo, siendo muy probable que la mayoría de los cuadros no hubieran sido antes fotografiados.

Estas imágenes, y otras muchas fotografías sobre arte español, pasaron a denominarse, por el propio artífice, Archivo de Arte Español, también conocido como Archivo Moreno, cuyos negativos sobre soporte de cristal se conservan en los fondos del Archivo del Patrimonio Histórico Español. Ya antes de esta labor de registro fotográfico de obras de arte con ocasión de la exposición, Moreno había establecido relación, en 1893, con el Museo del Prado para realizar reproducciones de sus fondos. Anteriormente se había encargado su maestro, Jean Laurent (SEGOVIA Y ZARAGOZA, 2002: 42 y 44).

Volviendo a Zaragoza, a principios de octubre de 1919, se desarrollaron en las instalaciones del propio Museo Provincial y en las de la Real Academia de Bellas Artes de San Luis, que tenía —y sigue teniendo en la actualidad— su sede en dicho recinto museístico, el VIII Congreso Nacional de Arquitectos. Esta reunión fue gestada en gran medida a los deseos de conocimiento y salvaguarda de nuestro extenso patrimonio que, desde las campañas desamortizadoras decimonónicas, se hallaba en franco peligro.

Aparte de las discusiones teóricas contempladas en el Congreso, tanto interés o más tuvo la exposición de fotografías abierta durante los días en que se desarrollaron las diferentes sesiones. La muestra estaba dividida en tres secciones: la primera de ellas compuesta por obras de fotógrafos *amateurs* y profesionales aragoneses, junto a destacados arquitectos (entre otros, Simeón Val Martín, José Galiay, Luis de la Figuera, Santiago Sánchez Román, Eduardo Rodríguez Zarraluqui, Luis y José Barril Sancho, José y Luis Gómez Mur, Eduardo Cativiela, Ricardo Compairé, Miguel Supervía, etc.), que ofrecieron diferentes monumentos y paisajes en su mayoría oscenses (LABORDA YNEVA, 2006, tomo 1: pp. 22-23). Con más de 500 imágenes presentadas (sobre soporte papel y cristal, estereoscópicas y panorámicas), se pudieron contemplar vistas generales y de detalle de monumentos tan significativos como el monasterio de San Juan de la Peña, o de localidades como Santa Cruz de la Serós, San Pedro de Siresa, Rueda, Veruela, Piedra, de los castillos de Loarre, Alquézar y Alcañiz, y monumentos y paisajes de Huesca, Zaragoza, valles del Ebro, Gállego y Jalón, Panticosa, Escarrilla, Daroca, Teruel, Sallent de Gállego, Canfranc, Los Arañones, Tarazona, Alcañiz, Caspe, Pedrola, Épila, valle de Oza, Agüero, etc.[77]

Por otra parte, se dice en esta crónica que, de la amplia colección presentada en la exposición, quedarían permanentemente en el Museo unas 380 para formar la base del «Catálogo de fotografías de monumentos a que aspiran los arquitectos que haya en cada región».[78]

Una segunda sección estaba presidida por trabajos del Institut d'Estudis Catalans, destacándose en la organización de la misma los nombres de Jerónimo Martorell y Adolf Mas,[79] con abundantes muestras del patrimonio arquitectónico aragonés. Dos de las intervenciones más destacadas fueron la de Jerónimo Martorell, arquitecto y director (desde su fecha de creación, en 1915) del Servei de Catalogació y Conservació de Monuments, adscrito al Institut d'Estudis Catalans y dependiente de la Mancomunitat de Catalunya, y la de un joven Leopoldo Torres Balbás, que acabaría siendo arquitecto restaurador de la Alhambra de Granada y uno de los más destacados teóricos de la restauración monumental en nuestro país, sobre el que más adelante volveremos.

Merece la pena detenernos un poco en estas intervenciones porque se hace una alusión directa al uso de medios gráficos en el proceso de restauración de los monumentos. Ciertamente, la conferencia de Torres Balbás llevaba por título «Legislación, inventario gráfico y organización de los monumentos españoles», donde criticó el mal estado de conservación y las malas prácticas por parte de las instituciones, la Iglesia y los particulares sobre muchos de los monumentos españoles, a la vez que expuso las «teorías modernas acerca de lo que debe hacerse para la restauración».[80]

Esta conferencia formaba un auténtico *pendant* junto a la de Martorell, no exenta de críticas a los diversos estamentos oficiales españoles encargados de velar por el patrimonio; una de sus tesis fundamentales se basaba en la necesidad de inventariar los monumentos para conocer su existencia y valor y de este modo poder conservarlos. En esta labor de inventario, la fotografía se constituía en un medio idóneo. Como ejemplo de buena gestión, se sirvió del Institut d'Estudis Catalans, organismo auténticamente pionero en esa clase de funciones.[81]

El mudéjar aragónes y las Torres turolenses

EMOS al borde de la muela turolense, luciendo hermosuras de una gallardía prócer, galana y llena de esbeltez, la torre de San Martín, cuando atisbamos la silueta de Teruel desde las llanadas norteñas.

Es este hermoso alminar algo risueñamente dorado, que se destaca sobre la limpidez del horizonte que limitan las rojas tierras y el severo verdor de la amplia vega; algo que surge como por encanto trayéndonos toda la gracia de Andalucía a la austera tierra de Aragón; algo que produciendo en un principio la sensación de contraste inexplicable, acaba por cautivarnos, quizá merced a la misma fuerza de su propio misterio...

Y el misterio se aclara a través de la Historia, en la personalidad tradicional de Teruel y en el papel que ésta representó en los hechos de Aragón: Teruel fué entre los siglos XII y XIII el centinela avanzado de la nación aragonesa, y la torre de San Martín es desde entonces, o poco menos, el primer jalón, por el lugar y por el tiempo, del arte más personal, más genuinamente representativo de Aragón del arte Mudéjar.

Ciertamente, el Mudéjar es un arte genéricamente español; pero si este arte, como todos habla en cada región su lenguaje, es preciso proclamar que en Aragón habla sin duda el más elocuente. Y no obstante esto, no obstante ser Aragón un país extremadamente rico en cosas mudéjares, como nos lo decía en lección inolvidable un inolvidable maestro, la historia de su evolución se nos muestra muy obscura. Lo arábigo-aragonés conocido, que se reduce a la Aljafería de Zaragoza y casi nada más, no sirve para justificar lo morisco, que no encuentra ni puede encontrar en ello su origen o artístico abolengo. Todo ello es derivado de la pared de La Seo, que consta se hizo por obreros sevillanos, con lo que dicho se está, viene a resultar todo como

una hijuela del morismo andaluz, que crece lozano y se desarrolla en tierra de Aragón, e inicia transformaciones paralelas a los estilos artísticos contemporáneos a su desarrollo, llegando a producir cosas góticas como la torre inclinada, y cosas del renacimiento, usando siempre el ladrillo, y no traspasando en antigüedad más allá de los últimos días del siglo XIV, cuya es la fecha de la citada pared de La Seo.

¿Todo ello? Todo... menos lo de Teruel. Este mudéjar turolense no entra en esa evolución cuyos jalones vemos tan delineados, tan netamente marcados en los monumentos moriscos aragoneses (y que justifican a veces los mismos documentos) creando enigmas a descifrar o campo a explorar por la investigación.

Las torres de Teruel son más antiguas que la pared de La Seo y pertenecen todas ellas a la primera mitad del siglo XIII, como lo justifican, sin que de ello pueda caber duda a la crítica más escrupulosa, sus partes de piedra, siendo dato notable también el empleo de piezas vidriadas de cerámica cuyo uso estaba a la sazón escasamente divulgado entre moros.

¿De dónde viene esto? ¿Es acaso el resultado de otra importación andaluza? No lo sabemos. El problema histórico-artístico de su progenie aún está por resolver; pero el hecho es, como lo dijimos, que Aragón encontró, como nación, en Teruel su avanzada y el arte aragonés halla en Teruel su primera y bien pujante manifestación en estas torres maravillosas, tan ricas y tan gallardas que pueden reputarse como obras maestras del arte español.

Pues una de estas torres, la más hermosa sin duda, la torre de San Martín, se hunde si presto no se acude a su remedio. El modesto cronista que esto escribe, fué el portavoz de la alarma oficial; el doctísimo Ricardo del Arco llevó esta misma alarma a la prensa; técnicos de Teruel y tan inteligentes como el arquitecto D. Juan Antonio Muñoz, se han hecho eco de ella y el Ayuntamiento ha intervenido en... Mas todo ello es insuficiente. Precisa es, pues, la ayuda de todo Aragón, para evitar esta ruina, que sería una pena para Teruel, una vergüenza para Aragón y una deshonra para España.

ANTONIO C. FLORIANO.
Delegado Regio de Bellas Artes.

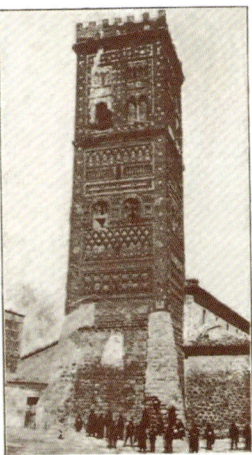

La torre de San Martín, bello ejemplar del mudéjar turolense.

Teruel, Octubre 1925.

Finalmente, volviendo con la exposición, hubo una tercera sección, ocupada por la Comisaría Regia del Turismo y Cultura Artística, estando al frente el Marqués de la Vega Inclán, quien, según recoge la reseña de prensa, se encargó personalmente de presentar amplios reportajes sobre los trabajos de restauración de la casa de Cervantes en Valladolid, del Greco en Toledo, así como del descubrimiento del Patio del Yeso, producto de la rehabilitación de los Reales Alcázares de Sevilla.[82]

Otro aspecto que hay que resaltar y que vincula a la fotografía con el patrimonio histórico-artístico tiene que ver con la función que asumió de ser herramienta para hacer crónica y denuncia del delicado (y a veces lamentable) estado de conservación de muchos de los monumentos aragoneses en aquel primer tercio del siglo XX, en la línea de lo polemizado en el anterior Congreso. Así, por ejemplo, en este primer número de la revista *Aragón*, tenemos el artículo firmado por Antonio C. Floriano, delegado regio de Bellas Artes, sobre el mudéjar y las torres turolenses, donde se podía apreciar el estado que mantenía la torre de la iglesia de San Martín en los paños superiores del cuerpo del monumento, justo antes de ser intervenida.[83] No consta el autor de las imágenes con que ilustraba su artículo, pero es probable que se trate de Juan Mora Insa.

Sin dejar la capital turolense, tenemos constancia, gracias a la revista del SIPA, de la inauguración, en octubre de 1925, de una «Exposición Fotográfica de Arte Aragonés» en el Teatro Marín, a instancias del Salón Casino Turolense. No hay mención de los participantes y del tipo de trabajo que se presentó, pero es de pensar que el trabajo de Mora tuviese un claro protagonismo al ser uno —si no el principal— de los representantes de esta labor antológica en torno al patrimonio de nuestra región.

Ciertamente, este interés compilatorio, implícito en la citada muestra, fue una de las constantes preocupaciones de los dirigentes del Sindicato y de los gestores de su órgano de expresión, que, fieles a su orientación regionalista, pusieron en marcha, en mayo de 1926, la interesante iniciativa de formar un «archivo fotográfico de Aragón». La convocatoria estaba dirigida «a todos los aficionados a este arte», para que remitieran «pruebas de asunto y paisaje aragonés». Detrás de todo ello también se deducía una finalidad pragmática en beneficio de la revista, puesto que con la entrega de las imágenes debía de constar una «autorización para reproducirlas cuantas veces fuesen oportunas[84] en los artículos de la publicación o en otros formatos, como guías o folletos, que el Sindicato va a editar y de los que ya hablaremos».

No obstante, antes de este llamamiento tenemos constancia de la existencia de un archivo fotográfico desde, incluso, antes de que el Sindicato se constituyese como tal, a partir de 1908 en que se dieron los primeros impulsos para formar una entidad de este tipo, al calor de la Exposición Hispano-Francesa de Zaragoza, de la mano de su organizador, el industrial, político y escritor Basilio Paraíso. Ese año conmemorativo, además de la celebración de la citada Exposición, y coincidiendo con ella, se organizó en nuestra ciudad el I Congreso Internacional de Turismo, entre el 20 y 23 de noviembre de 1908; evento en el que se decidió la creación del Sindicato de Iniciativa de Zaragoza, precursor del SIPA, y, en sintonía con el espíritu de colaboración emanado de la muestra, se propuso también la creación de una Federación Franco-Española de Sindicatos de Iniciativa.

En estos primeros momentos (1908-1925), predominaron las imágenes sobre la propia Exposición, con un total de «140 estereoscopias que ofrecen perspectivas innovadoras del espacio creado en torno a la plaza de los Sitios, los pabellones y sus interiores, deteniéndose con detalle en el pabellón Mariano y también de manera especial el de museos», y otros temas de la actualidad del momento, como fue la crecida del Ebro en 1909, o lo relativo a las infraestructuras y el patrimonio industrial local y foráneo: la estación de Campo Sepulcro (Zaragoza), las harineras al otro lado del Ebro, sin olvidar la fotografía de monumentos representativos de *lo aragonés*, como San Juan de la Peña (con las celebraciones del Día de Aragón) o los conjuntos monumentales de Tarazona, Jaca, Huesca o Alquézar (IRANZO, 2015: 52-53).

Varias son las ocasiones en que se menciona este archivo del Sindicato en la revista, como ocurre en el siguiente número, de junio de 1926, en que se insistía en el proyecto, aludiendo al sentido colaborativo y colectivo del mismo, y pensando en el futuro: «Queríamos que esta obra de legar para Aragón un catálogo gráfico de sus más escondidas bellezas, fuese la obra de todos, no entregada a la gestión de unos pocos».[85] Esta labor conjunta entre los miembros de la entidad y todo aquel que poseyese imágenes de temática aragonesa y estuviese interesado en donarlas, estuvo liderada por nombres propios, muy activos en el desarrollo de la revista, que, de manera periódica, hacían entrega de lotes de fotografías. Por ejemplo, hemos de citar de nuevo a Juan Mora Insa, que legó setenta y cinco imágenes, o Eduardo Cativiela, que hizo lo propio con cincuenta y dos, o Joaquín Gil Marraco, con ocho, todo ello a finales de 1927.[86] En ese año, según se mencionaba en otro lugar, se realizaron los primeros trabajos de organización del archivo, por lo que hemos de comprender que ya en esa época se habían recibido cuantiosos materiales.[87]

La creación de este archivo, a instancias de una entidad privada, supone todo un hito en nuestro país para el reconocimiento de las utilidades prácticas del medio fotográfico en cuanto a herramienta para documentar de manera sistemática un determinado territorio, en lo monumental y en lo paisajístico; un trabajo en el que pondría todo su empeño a escala estatal, en vista a construir una imagen exportable de España para captar potenciales visitantes (nacionales y extranjeros), dentro de las primeras tentativas de organización del fenómeno turístico en nuestro país, el Patronato Nacional de Turismo, fundado en abril de 1928. Con la diferencia de que este organismo adquiría, al menos en sus primeros tiempos de existencia, las fotografías a sus autores, profesionales o no.[88]

Posteriormente, la entidad heredera del Patronato, la Dirección General de Turismo, poco después de haber sido creada, en plena postguerra, pidió información mediante circulares a distintas entidades, entre ellas, los Sindicatos de Iniciativa y Propaganda, sobre fotógrafos activos en las principales ciudades del país. En este sentido, disponemos de la carta de contestación del SIPA, fechada el 11 de marzo de 1940, en que citaba los nombres de varios fotógrafos zaragozanos y oscenses, por ejemplo: Manuel Arribas, Juan Mora Insa, Miguel Marín Chivite, Jalón Ángel, Mariano Rubio Vergara (de Calatayud) y Francisco de las Heras (Jaca).

Por otro lado, el Patronato usaba estas imágenes para sus propias publicaciones, como hacía el Sindicato con las de su archivo, y a veces las prestaba a otros organismos e instituciones que persiguieran sus mismos fines de promoción turística (MUÑOZ, 1996: 170-171).

Este tipo de trabajo, como es sabido y ha sido bien estudiado, tiene antecedentes formales e iconográficos en toda una serie de ediciones de grabados (generalmente litográficos) materializados en el siglo XIX por artistas individuales bajo un evidente sesgo romántico (como *Recuerdos y bellezas de España*, de Francisco Javier Parcerisa [1839-1865] o *España artística y monumental*, de Genaro Pérez Villaamil [1842-1844]), que, en combinación con los comentarios explicativos, caracterizados en ocasiones por el rigor analítico, fueron clave para el propio desarrollo de la Historia del Arte como disciplina científica, y de toda la historiografía asociada con la materia. Generalización de procedimientos que va a conllevar la proliferación de gran número de fotógrafos que, a su vez, constituirán abundantes repertorios de los principales monumentos de las más importantes ciudades del país, así como de los paisajes más *pintorescos*, todo ello contextualizado, las más de las veces, en la práctica excursionista. En el caso aragonés, es especialmente ilustrativo de estos intereses el paisaje pirenaico (SÁNCHEZ SANZ, 2006: 214-279).

De estos grabadores/fotógrafos pioneros decimonónicos serían continuadores en nuestra región José Galiay, Juan Mora Insa, Ricardo Compairé o Ignacio Coyne, entre otros muchos. En general, se trata, por tanto, de iniciativas particulares (a veces encuadradas en entidades asociadas al excursionismo), dentro de la fotografía amateur, salvo excepciones como la que materializó la Comisión Provincial de Monumentos Históricos y Artísticos de Huesca. Como es sabido, este tipo de comisiones data ya de los años cuarenta del siglo XIX, en que fueron creadas para gestionar todo lo relacionado con la enajenación y posterior venta del patrimonio religioso, como consecuencia de la Desamortización de Mendizábal (1836). Así, una de las primeras noticias en que se nos informa de la utilización de la fotografía como instrumento documental data de finales de 1876, en que el vicepresidente de la Comisión de Huesca, Vicente Carderera, manifestó que,

> … siendo de necesidad urgente el practicar algunas reparaciones en los claustros de San Pedro el Viejo y en la Iglesia de San Miguel de Foces, y no pudiendo disponer esta Comisión de ninguna clase de recursos para tal objeto […], convendría obtener unas fotografías de dichos edificios para remitirlas a la Real Academia de San Fernando, a fin de que, viéndose por ellas la importancia verdaderamente notable de ambos edificios, tal vez se pudiera interesar a dicho Centro para que señalase alguna cantidad con que atender a su reparación (ABAURRE, 2009: 67-68).

Ya en la centuria posterior, la siguiente noticia vinculada con la creación de inventarios, ficheros o compendios de fotografías sobre arte, gestionada por una institución pública, siguiendo con la Comisión de Monumentos oscense, nos lleva a 1911, en que se definió la formación de un álbum fotográfico con los monumentos y objetos arqueológicos más importantes de la provincia. En la sesión en que quedó acordada esta disposición, se exhortaba a los aficionados que poseyesen este tipo de imágenes que contribuyesen con una prueba para acrecentar dicho álbum.

Es en esta circunstancia, cuando entra el nombre del historiador, archivero y fotógrafo amateur afincado en Huesca, Ricardo del Arco, miembro de la Comisión y autor de numerosos informes (y artículos científicos y de divulgación, publicados en diferentes revistas aragonesas y españolas) sobre los monumentos de su provincia; textos que aparecieron ilustrados con abundantes fotografías realizadas por él mismo[89] y por otros fotógrafos (Ricardo Compairé, Juan Mora Insa, Ildefonso San Agustín, etc.). Esta actividad ha sido puesta en relación por Maite Abaurre con la de Adolf Mas (que será continuada por su hijo Pelayo), que, en parecidas fechas, había recibido el encargo del Instituto de Estudios Catalanes de realizar una campaña fotográfica que recogiera los principales aspectos del arte y la cultura catalanas (ABAURRE, 2009: 78 y ss).

El propio Ricardo del Arco, años después, seguía abogando por la necesidad de editar publicaciones, «profusamente ilustradas, redactadas en varios idiomas», a la vez que los organismos oficiales debían fomentar el turismo con «medios de acción y difusión, de propaganda e información» del patrimonio cultural, en función de su potencial atractivo para el hipotético turista.[90] Como veremos, el SIPA y otros Sindicatos de Iniciativa más locales se encargaron de editar buena cantidad de folletos y guías turísticas durante este periodo objeto de nuestro estudio.

Antes mencionábamos a Adolf Mas, que no solo registró con su cámara patrimonio localizado en su región de origen, puesto que también recorrió buena parte del territorio nacional con ese mismo propósito desde principios del siglo XX. Efectivamente, disponemos de un interesante testimonio emitido, a principios de 1929, por el obispo de Tarazona, por aquel entonces el monseñor Isidro Gomá y Tomás, que años más tarde sería un activo defensor del Golpe de Estado de julio de 1936 y partidario de sus instigadores. Se trata de una carta que este redactó y que fue publicada en la revista del SIPA, dirigida a José Ramón Castro Álava, historiador, archivero y filólogo tudelano, y también uno de los impulsores de la creación del Sindicato de Iniciativa y Turismo de Tudela en 1928.[91]

En su misiva, el religioso, además de hacer una firme defensa del «arte cristiano» en detrimento del «arte pagano»: «Yo, por mi parte, diera todos los Apolos y todas las Venus de los artistas griegos y romanos por la Puerta del Juicio de la Catedral de Tudela». Porque para Gomá, las obras de temática religiosa «dicen más, inmensamente más, a los ojos y al alma, y abren horizontes más luminosos y tienen mucho más valor de vida estas figurillas, de actitudes ingenuas o picarescas, síntesis, serenas o terribles, de nuestros dogmas y de nuestros principios morales, que todas las beldades y todas las fabulosas creaciones del paganismo».

Para la admiración de esta belleza, nombraba la destacada labor del «Arxíu Mas», que recientemente había tomado más de «seiscientos clichés» de la sede tudelana y así «poner a la luz del sol los tesoros de arte que recatadamente se guardaban, hace ya siete centurias, en la religiosa penumbra de capillas y retablos de la venerable iglesia; o que, aun situados a plena luz del día, no habían atraído las miradas más que de algunos ciudadanos de gusto selecto».[92] El objetivo del fotógrafo se erige, de este modo, en un ojo que permite apreciar detalles de excepción que podían pasar inadvertidos al público. Según la investigadora Carmen Perrotta, especialista en el Archivo Mas, existe una carta del obispo Gomá dirigida al hijo y colaborador de Adolf Mas, Pelayo, en donde manifestaba su interés por crear un repertorio sobre iconografía mariana en la diócesis de Tarazona (Perrotta, 2017: 462).

Como estamos viendo, es constante el interés y la preocupación por documentar el patrimonio histórico-artístico aragonés en las páginas de la revista del SIPA; un interés que trasciende el mero enfoque cientifista, de inequívocos resabios positivistas, y que constituye una auténtica bandera para definir una identidad cultural, algo que siempre estuvo presente en la mente de los fundadores del Sindicato. Referencias al patrimonio conservado y al no conservado,

Cuadro con la Torre Nueva de Zaragoza, de Pablo Gonzalvo Pérez, a partir de una fotografía de Jean Laurent, 1871, *Aragón. Revista gráfica*… agosto de 1930. Fuente: Sindicato de Iniciativa y Propaganda de Aragón.

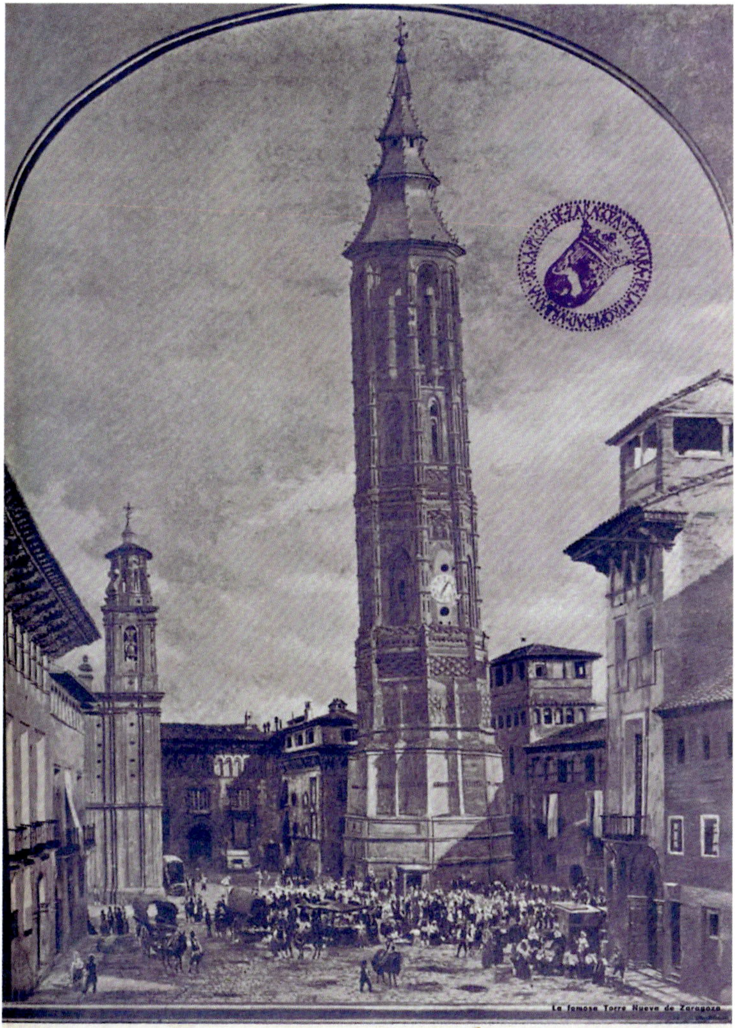

La famosa Torre Nueva de Zaragoza

AGOSTO 1930

ARAGÓN

PRECIO 2 PTAS

como podemos ver en la portada del número 59 (agosto de 1930) de la revista, en que aparece una reproducción fotográfica de un cuadro que representaba, a su vez, a la desaparecida Torre Nueva de Zaragoza. El fotógrafo fue el francés Jean Laurent, afincado en Madrid desde 1843, y el pintor, el zaragozano Pablo Gonzalvo Pérez. La imagen fotográfica fue tomada con motivo de la Exposición Nacional de Bellas Artes de 1871, y formaría parte del catálogo *Oeuvres d'art en photographie. L´Espagne et le Portugal au point de vue artistique, monumental et pittoresque*, editado por la propia casa Laurent hacia 1879.

El comentario asociado a la imagen de portada no deja de ser una interesante reflexión en forma de lamento por la pérdida de un monumento irrepetible; demolición acaecida en 1892 que no fue la única por aquellas fechas y en la época que escribía el anónimo autor del comentario en la revista *Aragón*, texto que acababa en forma de llamamiento:

> … tan interesante reproducción, que siempre tendrá para nosotros el valor de un documento insustituible y el recuerdo de esa Zaragoza tan típica, tan variada en su arte, que poco a poco va desapareciendo para sonrojo de todos. A todos nos alcanza la responsabilidad.[93]

Respecto al fotógrafo francés, es sobradamente conocida su exhaustiva recopilación de imágenes de obras de arte españolas, tanto de carácter inmueble, mueble, como de cuadros presentados a diferentes ediciones de la Exposición Nacional de Bellas Artes, como es el caso citado, o custodiados en instituciones como el Museo del Prado.[94] El propio Laurent obtendría, en diferentes ocasiones, varias tomas (en papel albúmina partiendo de negativo de vidrio sobre colodión) de la Torre Nueva en esa misma década de los 70 del siglo XIX, si bien su presencia en Aragón puede concretarse unos años antes, en la década precedente, con motivo del encargo de registrar las obras de infraestructura generadas en torno a la construcción de la línea ferroviaria Madrid-Zaragoza-Alicante (ROMERO, 1997: 31). Su trabajo es determinante para el conocimiento de buena parte del patrimonio artístico nacional y, a partir de ahí, para futuros estudios de historia del

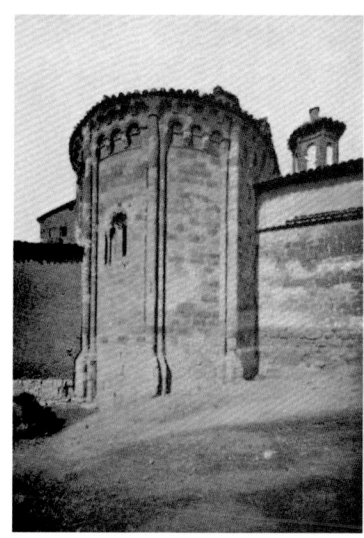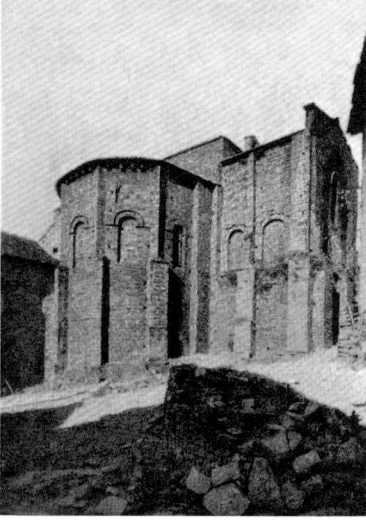

Ábsides románicos de la iglesia de San Miguel de Daroca y de San Pedro de Siresa,
Juan Mora Insa, *Aragón. Revista gráfica…*, julio de 1932.
Fuente: Sindicato de Iniciativa y Propaganda de Aragón.

arte de aspectos hasta entonces apenas tratados por los investigadores (PÉREZ, 2019: 158-175).

Otro aspecto relevante a tener en cuenta en estas producti-
vas relaciones entre fotografía y patrimonio que aparecen contenidas, directa o indirectamente, en las páginas de la revista *Aragón*, es
el uso que algunos arquitectos hicieron del medio fotográfico para
documentar sus intervenciones en la restauración de monumentos o
para sus investigaciones historiográficas. Ambas facetas fueron abundantemente practicadas por Francisco Íñiguez Almech (1901-1982)
(HERNÁNDEZ, 2012: 48), que, más allá de su brillante carrera académica
(fue profesor de la Escuela de Arquitectura de Madrid y de Pamplona),
o los diversos cargos que ostentó (el más relevante, el de Comisario
General del Patrimonio Nacional, desde 1939 hasta 1964), fue sobre

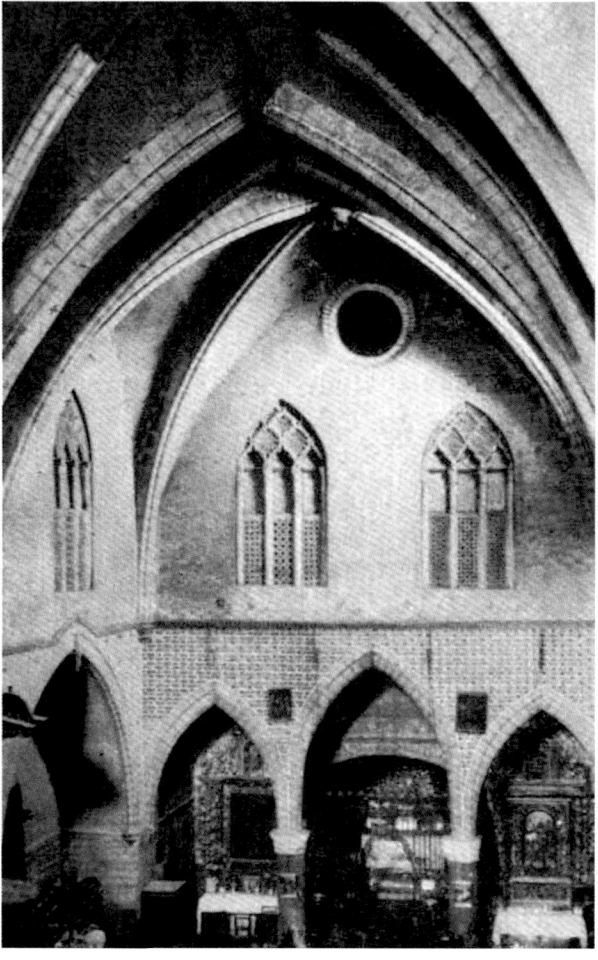

Interior de la iglesia de Nuestra Señora de Tobed, Francisco Íñiguez Almech,
Aragón. Revista gráfica…, enero de 1933.
Fuente: Sindicato de Iniciativa y Propaganda de Aragón.

todo conocido por los laboriosos trabajos de restauración del palacio de la Aljafería de Zaragoza, desde 1955 hasta su muerte. Su relación con la revista del SIPA, que tengamos constancia, arrancaría con el número 82 (julio de 1932), en que publicó, atendiendo al «ruego» por parte de la revista, un artículo titulado «Influencias en la Arquitectura Aragonesa».[95]

En este texto, explicaba la implantación paulatina del estilo románico en nuestra región, después de las experiencias prerrománicas visigoda y mozárabe. Las breves páginas que dedicó a este estudio aparecerían ilustradas con fotografías de algunos de los más señeros monumentos románicos aragoneses, a saber, el claustro del Monasterio Viejo de San Juan de la Peña, iglesia de Santa María de Santa Cruz de la Serós, el ábside de la iglesia de San Miguel de Daroca y el de San Pedro de Siresa, todas ellas obra de Juan Mora Insa, como aparece constatado en el pie de cada una de las imágenes.

La portada del número siguiente de esta revista (83, agosto de 1932) estaba presidida por un dibujo obra de Íñiguez Almech, una *Vista de Calatayud*, otra faceta en la que descollaría el talento del arquitecto, con nuevas imágenes en números subsiguientes, como en el 87 (diciembre de 1932), donde localizamos otro dibujo a lápiz a color del interior de la iglesia de Torralba de Ribota, de su querido estilo mudéjar.

Sobre este tema trabajará en el número 88 (enero de 1933), donde encontramos un nuevo texto de Íñiguez Almech con un título ligeramente diferente al anterior, pero que nos da idea del cambio de planteamiento en los intereses historiográficos de su autor: «Influencias de la Arquitectura Aragonesa».[96] En él, la línea angular que lo articula es la consideración de las peculiaridades del mudéjar aragonés, haciendo especial énfasis en las torres de las iglesias, por ejemplo, de Tauste, Longares, Ateca, Alfajarín, San Gil, San Miguel y la Magdalena, estas últimas en la capital aragonesa.[97] La conclusión, continuada por otros ilustres historiadores de generaciones posteriores, como el profesor Gonzalo M. Borrás Gualis, es que estas torres derivaban del alminar musulmán «al que se añade el cuerpo de campanas».

En cuanto al apartado gráfico, el trabajo estaba ilustrado con varias fotografías, algunas del propio arquitecto (de una bóveda de crucería de la iglesia de Cervera de la Cañada,[98] una vista general de la iglesia turolense de Montalbán, de la torre de la iglesia de Ateca, y del interior de la cabecera de la iglesia de Nuestra Señora de Tobed). El resto de las imágenes pertenecían a Mora Insa y al archivo del periódico zaragozano *El Noticiero*. En todos los casos, nos situamos ante imágenes que no presentan un interés estético por sí mismas a partir de cuidados tratamientos de composición y/o iluminación, más bien lo que prima es el carácter informativo por medio de las visiones de conjunto que permiten, por ejemplo, apreciar las diferencias estilísticas entre el cuerpo bajo de la torre de Ateca, de estructura y decoración mudéjares, y el cuerpo superior, de época barroca. O cuando se nos ofrezcan detalles, por ejemplo, de paños murales, será para identificar algún motivo específico que interesa resaltar, como sucede con el muro de la capilla de San Miguel —también conocida como «La Parroquieta»— de La Seo, imagen tomada por Mora Insa.

Todavía en diciembre de 1933, publicaría un nuevo artículo, en colaboración con Rafael Sánchez Ventura, profesor, investigador y diplomático aragonés, titulado «Un grupo de iglesias del Alto Aragón», en la revista *Archivo Español de Arte y Arqueología*.[99] Un texto que, aparte de los dibujos con plantas, secciones y alzados del arquitecto, presentaba al final un extenso corpus fotográfico con imágenes de iglesias que eran relativamente *desconocidas* cerca de la localidad de Sabiñánigo, en el Serrablo, tales como la ermita de San Bartolomé, la iglesia de Gavín, de Olivín, de Susín, de Banaguás, de San Juan de Busa, de Lerés, de Orós Bajo, de Barós, de Isún de Basa o de San Pedro de Lárrede, esta última restaurada por Íñiguez por aquellas fechas. Estas fotografías pertenecen a Joaquín Gil Marraco (si bien solo una de ellas aparece con su nombre), que ya once años atrás (en agosto de 1922) había visitado estos monumentos en compañía de Sánchez Ventura, cuya familia tenía una finca de veraneo en Sabiñánigo.

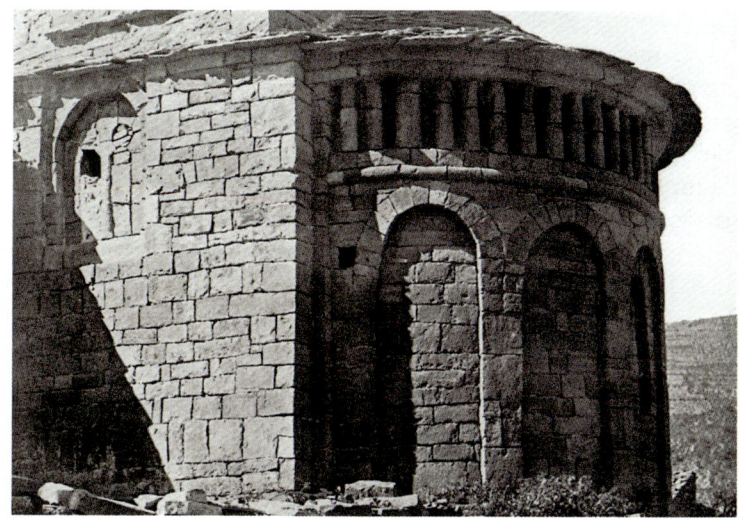

Ábside y ventana lateral de la iglesia parroquial de Susín, Joaquín Gil Marraco, *Archivo Español de Arte y Arqueología*…, diciembre de 1933. Fuente: Biblioteca Virtual de Prensa Histórica.

De esa excursión dataría el *descubrimiento* y las primeras fotografías[100] que captaban esos complejos monumentos a la hora de fechar su origen y determinar su estilo. El propio fotógrafo narró esa inolvidable experiencia en el número 50 de la revista *Serrablo* (GIL MARRACO, 1983: 6-7), editada por la asociación Amigos de Serrablo, una agrupación que nació, precisamente, con la vocación de restaurar este grupo de iglesias.

Con el antedicho artículo de Íñiguez se iniciaba una interesante y fructífera polémica historiográfica que prácticamente ha llegado hasta nuestros días.

Esta combinación de labor investigadora con la activa intervención en edificios como restauradores, se dio en otros arquitectos españoles, incluso de generaciones anteriores a Íñiguez Almech, como fue Leopoldo Torres Balbás (1888-1960), que, hasta cierto punto, a pesar de las diferencias de edad y de ideología, mantuvo estrechas concomitancias de pensamiento y de actuación en lo relativo al concepto de restauración y en sus actividades paralelas de investigación histórica y de restauración en significativos monumentos, en el caso de Torres Balbás, dedicando largos años al palacio de la Alhambra de Granada (HERNÁNDEZ, 2013: 449-476).

Y en tales facetas, la fotografía se convirtió también para Torres Balbás en un instrumento principal para documentar intervenciones concretas y estudios históricos, como confirman sus numerosos artículos en la revista *Arquitectura*, editada por la Sociedad Central de Arquitectos de Madrid. Sin ir más lejos, un ejemplo de ello lo tenemos tempranamente en el número 13 (mayo de 1919), en que firmó un texto titulado «El palacio de Vistalegre en Villagarcía», el cual estaba acompañado por fotografías del autor (LÁZARO, 2017: 435 y ss.).

Años después, en 1935, Íñiguez Almech volvería a firmar un nuevo artículo para la revista *Aragón*. Llevó por título «La restauración de la catedral de Jaca»,[101] y apareció en un número monográfico dedicado a la ciudad altoaragonesa, coincidiendo con la reinstauración, a cargo de su Ayuntamiento, de la fiesta del Primer Viernes de mayo, en que se conmemoraba la victoria de las tropas del Conde Aznar Galíndez frente a los musulmanes a mediados del siglo VIII. El autor, desde agosto de 1933, desempeñaba el cargo de arquitecto auxiliar conservador de monumentos de la 2.ª zona (entre las provincias a su cargo, Huesca y Zaragoza), por lo que hay que comprender este trabajo en un amplio contexto de intervenciones en diversos edificios de una extensa región, entre ellos, la de la sede jaquesa. Los párrafos resultan especialmente ilustrativos de la forma de trabajar de Íñiguez, partiendo de un concienzudo y exhaustivo análisis de los restos materiales conservados, sin descuidar la información contenida en los documentos escritos, que para el arquitecto servía para comprender muchos de los añadidos, demoliciones o ampliaciones del complejo conjunto monumental.

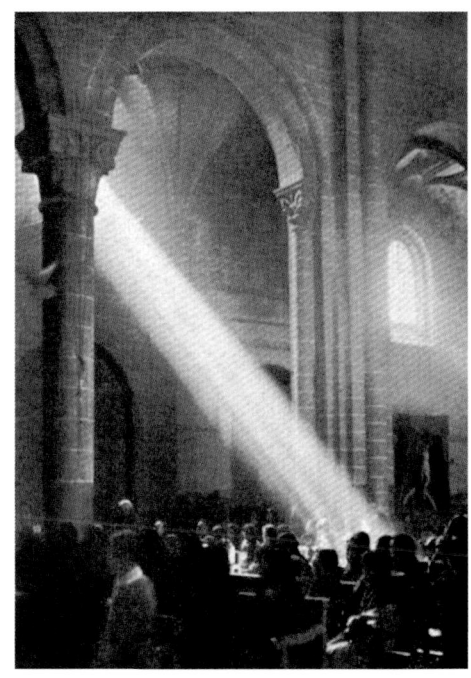

Efecto de luz en el interior de la Catedral, Francisco de las Heras, *Aragón. Revista gráfica…*, junio de 1935.
Fuente: Sindicato de Iniciativa y Propaganda de Aragón.

La investigación de archivo se convierte así en una actividad fundamental previa a la ejecución de las obras de restauración. Ya al comienzo del artículo, Íñiguez esbozaba una idea, no exenta de polémica historiográfica, en la que muchos años más tarde profundizaría en su estudio: «La catedral de Jaca y los orígenes del románico español», en origen, una comunicación presentada en el V Congreso Internacional de Estudios Pirenaicos, celebrado en 1966. Esa idea se basaba en la prevalencia cronológica de la catedral oscense sobre otras (en especial, la de Santiago de Compostela) como primer monumento de la arquitectura románica hispana. La propia revista *Aragón* incidiría en esta cuestión en 1963, con motivo del IX centenario de la catedral, de la mano de varios artículos, el primero de ellos firmado por el presidente del Sindicato en aquella época, Carlos Comenge.[102]

Volviendo con el artículo de Íñiguez Almech aparecido en 1935, en el apartado gráfico, hay que decir que la mayoría de las fotografías con que se ilustra el texto pertenecen a él: interior de las naves, abovedamientos y capiteles, excepto la primera, que es un evocador «efecto de luz en el interior de la Catedral», una imagen perteneciente al fotógrafo local Francisco de las Heras (1886-1950).

Nacido en una localidad de Guadalajara (Torre de Valdeal-mendras, junto a Sigüenza), se estableció en Zaragoza en 1908 para trabajar junto a Ignacio Coyne. Poco después, en 1910, se trasladó a Jaca para asociarse con la viuda del también fotógrafo Félix Preciado, y abrió ya en la década de los veinte su propio estudio. El nombre de De las Heras saldrá muy frecuentemente cuando se haga referencia a esta ciudad en las páginas de la revista *Aragón* y de otras publicaciones periódicas y no periódicas aragonesas. Es más, aparece su estudio publicitado en el citado número 117 (junio de 1935), ubicado en la calle Mayor, n.º 30, para «toda clase de trabajos fotográficos. Artísticas postales de vistas del País»,[103] y «varias ediciones en fotografía y fototipia, *San Juan de la Peña*, libro profusamente ilustrado con texto de Del Arco».

El libro mencionado se titulaba *La Covadonga de Aragón. El Real Monasterio de San Juan de la Peña. Monografía histórico-arqueológica, ilustrada con fotograbados, seguida de un apéndice sobre el Real Monasterio de Santa Cruz de la Serós*, y fue editado en 1919 a instancias del propio Francisco de las Heras e impreso y encuadernado por el taller del periódico *Heraldo de Aragón*. A este respecto, el célebre historiador Vicente Lampérez y Romea, en su reseña sobre la obra, decía que el trabajo aparecía ilustrado con «numerosas y notables fotografías del artista fotógrafo D. Francisco de las Heras, que es, además, mecenas de este libro, por lo que deben otorgársele todas las alabanzas». Para finalizar, de nuevo, con una «copiosa ilustración fotográfica de absoluta originalidad y de excepcionalísimo interés sobre la vieja iglesia[104] que guardó un día las cenizas de las hijas de Ramiro I: Doña Urraca, Doña Sancha y Doña Teresa».[105]

Este patrocinio,[106] junto con la colaboración efectiva en la publicación mediante la inclusión de cuarenta fotografías, hace que podamos considerar a De las Heras como un personal fotógrafo de arte, junto a los ya mencionados Mora Insa o Galiay, si bien es verdad que no hay que olvidar que también fue un interesante reportero gráfico que publicó muchos de sus trabajos en medios de prensa como *Heraldo de Aragón*, *El Pirineo Aragonés* o la propia revista *Aragón* del S.I.P.A (GAVASA, 2000: 7). El libro formó parte de toda una campaña de reivindicación del monumento pinatense desde la prensa, como ilustra el artículo del periodista aragonés Mariano de Cavia, que publicó en el diario madrileño *El Sol*, el 12 de septiembre de 1918, el artículo «Las dos Covadongas, la favorecida y la olvidada», de donde tomarían Del Arco y De las Heras la mención para el subtítulo de su libro.

Igualmente, desde la prensa local abundaban en este reconocimiento: el Deán de Zaragoza desde *El Noticiero*, con un texto aparecido en septiembre, y el propio Del Arco, en *Heraldo de Aragón*, en ese mismo mes, entre otras referencias que podríamos incluir (LACASA, 1993: 55-58). Todo esto dio su fruto de manera que San Juan de la Peña fue declarado Sitio Nacional en 1920 (GENERELO, 2023: 130), si bien ya en 1889 había sido distinguido con la condición de «Monumento Nacional». Pero, a pesar de este reconocimiento, el monumento languidecía, tal y se denunciaba desde la prensa generalista aragonesa, como demostraba el recién fundado *Heraldo de Aragón*, a comienzos de 1896. Y es que, como ha afirmado la profesora Hernández, «a finales del siglo XIX, la prensa aragonesa jugó un papel clave en la construcción de una identidad regional, que era francamente mucho más débil que la de otras regiones españolas».

En esas crónicas centradas en monumentos como San Juan de la Peña, el Palacio de la Aljafería o el Monasterio de Monteagudón, «la identificación con la cultura propia va teñida de un fuerte tono religioso y tradicionalista, de recuerdo de las glorias pasadas y anhelo de la vuelta a aquellos tiempos heroicos para Aragón» (HERNÁNDEZ, 2014: 386-387).

Retomando la campaña desplegada en el bienio 1918-1919, tomó parte también hasta el obispo de Jaca, don Manuel de Castro Alonso, a la sazón senador por el Arzobispado de Zaragoza, quien en esa institución pronunció las siguientes palabras que aparecen reproducidas en una «Nota al final» del libro de Del Arco. En este breve, pero decidido comentario, resulta interesante la mención que hizo el prelado de la posesión de fotografías que atestiguaban el delicado estado de conservación del claustro del monasterio:

> Hoy, al celebrarse ese Centenario,[107] ruego al Señor Ministro de Instrucción Pública que, de acuerdo con su compañero, el Sr. Ministro de Fomento, atienda a aquel monumento completamente abandonado. *Podría presentar, porque las tengo aquí, fotografías de aquel claustro, de aquellas iglesias, donde se pueden apreciar las verdaderas herejías artísticas que en ellos se ha cometido.*[108]

En las páginas interiores del libro, advertimos la inclusión de dos fotografías del claustro del monasterio viejo: una todavía con la presencia de puntales de madera para sujetar una de las maltrechas arquerías, la otra después de la intervención.[109] Imagen de encuadre amplio que acoge la perspectiva clásica de este elemento, y que está acompañada, en las otras páginas del libro, con detalles de algunos de los capiteles del mismo y de la cercana capilla de San Victorián, con el sepulcro del abad don Juan Marqués, religioso que vivió en el siglo XV. Igualmente disponemos de detalles de las lápidas del panteón románico de nobles aragoneses y, más allá de estas dependencias excavadas sobre la roca, correspondientes a estilos medievales, panorámicas y detalles del monasterio *nuevo*, barroco, con especial interés en su fachada torreada.

Esta no sería la única colaboración entre Del Arco y De las Heras por aquellos años (principios de la década de los veinte), porque coincidirían en otras publicaciones, aportando igualmente el primero el texto, de profundo enfoque histórico-artístico, y el segundo

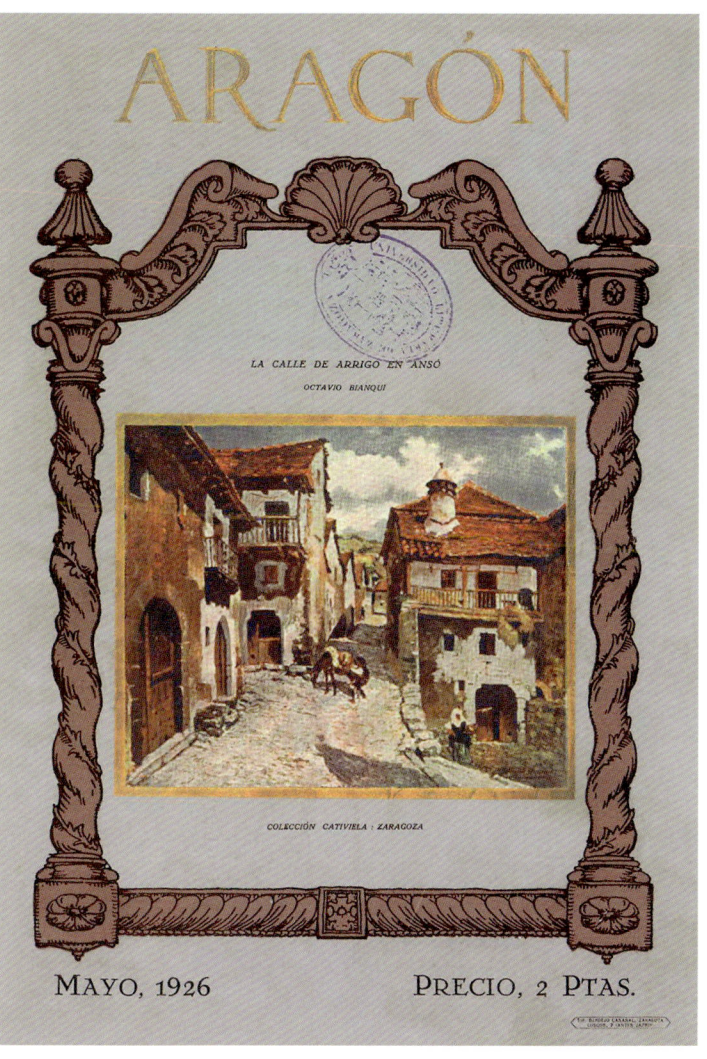

La calle de Arrigo en Ansó, Octavio Bianqui, *Aragón. Revista gráfica…* mayo de 1926.
Fuente: Sindicato de Iniciativa y Propaganda de Aragón.

las imágenes, asociadas convenientemente a la descripción analítica del erudito archivero y bibliotecario de Huesca.

Por ejemplo, en la mencionada revista *Arquitectura*, localizamos varios artículos firmados por Del Arco sobre temas aragoneses que presentan fotos de De las Heras: «Casas Consistoriales de Aragón (Notas de un excursionista)» (n.º 32, diciembre de 1920, pp. 333-339), al que acompañan también imágenes del propio Del Arco, del oscense Ildefonso San Agustín, y del Archivo Mas; «Los capiteles románicos de Aragón II» (n.º 42, octubre de 1922, pp. 353-357), junto a fotos de Miguel Supervía, Fidel Oltra y Juan Mora Insa; y, por último, «Los capiteles románicos de Aragón III» (n.º 43, noviembre de 1922, pp. 432-435), ilustrado por los mismos nombres más Ricardo Compairé. En todos los casos, se trata de fotografías que se adscriben a la sencillez y a la claridad expositiva, «con luces frontales, directas y envolventes, con intención de conseguir el máximo de detalles en cada imagen» (ABAURRE, 2006: 27).

En paralelo a este interés por documentar el patrimonio histórico-artístico de nuestra región, encontramos también tempranamente toda una serie de referencias a la fotografía de carácter etnográfico, que implica tanto a la arquitectura popular como a los denominados «tipos» humanos y las costumbres y modos de vida asociados a ellos. Una de las primeras demostraciones por este interés etnográfico presente en las páginas de *Aragón*, la encontramos en la pintura: como sucede con el comentario laudatorio que Mariano Barbasán Lucaferri hizo en honor de su padre, el pintor aragonés Mariano Barbasán Lagueruela, recientemente fallecido (1924). En su texto, decía que la «última ilusión» de su padre «fue vivir en una casa histórica aragonesa para revivir en ella la vida patriarcal de nuestros abuelos y tener la satisfacción de pintar cuadros de asuntos aragoneses».[110] O en la mención que Manuel Marín Sancho hizo del pintor de origen murciano, también de estética costumbrista, Octavio Bianqui, a partir de una obra suya sobre la calle Arrigo de Ansó, que fue utilizada para ilustrar la portada del número correspondiente a mayo de 1926.[111]

Como hemos explicado en páginas anteriores, la obra de José Ortiz Echagüe fue una de las principales divulgadoras de una imagen eterna de España, atemporal. Una visión que provenía, de forma paralela, de las guías de viajeros, en el campo literario, y de los pintores extranjeros (muchos de ellos franceses) que, movidos por el espíritu romántico, vinieron a nuestro país, desde el primer tercio del siglo XIX, en busca de pretendidas esencias muy diferentes a las realidades de sus propios países. Asimismo, a finales del citado siglo, inmersa la sociedad española en un replanteamiento de sus propios destinos, como consecuencia de la incidencia del regeneracionismo político, resurgieron posiciones de distinto signo que trataron de llegar a la raíz de esas esencias nacionales.

Estos replanteamientos tienen su expresión en los campos artístico y literario, de la mano de la denominada generación del 98. Ello se manifestó inequívocamente en el arte a través de la pintura regionalista-costumbrista y paisajística (PENA LÓPEZ, 1983), que, en el caso aragonés, tuvo a muchos y diversos cultivadores, desde la literatura, pasando por la pintura y, por supuesto, la fotografía (GARCÍA GUATAS, 1996: 115-151). Sin descuidar la atención prestada por la literatura costumbrista decimonónica, uno de cuyos ejemplos más paradigmáticos fue *Los españoles pintados por sí mismos*, editado entre 1843 y 1844. Una obra en la que participaron literatos como Bretón de los Herreros, Pedro de Madrazo, Navarro Villoslada o el Duque de Rivas, entre otros. En esta publicación se habla de personajes como *El Torero*, *La Gitana*, *El Usurero* o *El Pastor trashumante*.

En cuanto a la plástica, fueron numerosos los artistas que desarrollaron estos presupuestos, dándose principalmente una vertiente mayoritaria en cuanto a los protagonistas y ambientaciones geográficas de sus composiciones: la zona de interior, siendo Castilla y sus habitantes el referente absoluto, con las llanuras y páramos (Aureliano de Beruete, pintor con preocupaciones de trasfondo social (*El Manzanares*, *La Venta del Macho*) o Marceliano Santa María (*Ancha es Castilla*), pero, ante todo, la figura clave es el pintor Ignacio Zuloaga, quien aun siendo de origen vasco, ejemplificó a la perfección esta idealización de las sencillos personajes castellanos, ataviados con los trajes típicos, y ocupando casi todo el encuadre sobre un paisaje que presenta un horizonte bajo. Rasgos que contiene su famoso *Tipo segoviano* (1906). La época de mayor producción y reconocimiento de Zuloaga corresponde al período 1898 hasta 1920, justo en paralelo con florecimiento de esta temática costumbrista en la fotografía de la mano de artífices como Ortiz Echagüe, quien mantuvo una estrecha amistad (y afinidad estética) con el pintor vasco, como herederos que eran, a su vez, de la denominada *estética del 98*. De hecho, todavía en 1960, se vinculaba la obra fotográfica de Ortiz Echagüe con la pintura de Zuloaga, entre otros, considerándose un fiel exponente en imágenes de las posturas noventayochistas.[112]

Para el caso aragonés, tras un periodo de florecimiento, en la segunda mitad del siglo XIX, de la denominada pintura de historia, que no dejaba de entroncar con el costumbrismo (LORENTE y AZPEITIA, 1992), surgieron, entre otros, personalidades como Mariano Barbasán o Francisco Marín Bagüés, que, con cuadros como *El Pan Bendito* (1914), ejemplificaban la variante regionalista en nuestra tierra, con una indudable influencia de Ignacio Zuloaga, pintor que, por otra parte, mantuvo una particular vinculación con Aragón, como luego comentaremos.

Bajo una semejante motivación a la de los pintores y viajeros románticos decimonónicos de otras latitudes, llegaron fotógrafos como los franceses Jean Laurent, pero también, y ya en el siglo XX, el austríaco Adolf Zerkowitz o el alemán Kurt Hielscher (1881-1948), un maestro de escuela aficionado a la fotografía que durante los años de la Primera Guerra Mundial (1914-1918) se dedicó a viajar por España para componer su obra *La España Incógnita. Arquitectura, paisajes, vida popular,* cuya edición castellana data de 1921. Este libro fue objeto de una interesante reseña de la que entresacamos: «Su cámara fotográfica iba impresionando aquello que según su criterio merecía atención más detenida. Quizá su título, lo de incógnita, el curioso que contemple las admirables fotografías verá que la parte no son desconocidas; pero su elegancia en la edición, el prólogo conciso en el que explica su propósito, merece toda clase de aplausos».

De los años veinte y treinta, data la producción más importante de Ricardo Compairé, farmacéutico natural de Villanúa. Practicó todos los géneros, desde la fotografía de arquitectura y el paisaje, hasta la escena costumbrista, sin descuidar los retratos. Así, realizó varias series sobre el valle de Ansó, en las que predominan las vistas generales de las calles de la localidad sobre las que se despliegan algunos individuos vestidos con el traje característico. En ellas resulta evidente el posado de los personajes, que pierden naturalidad, a la que vez que se resiente su protagonismo en la composición, inmersos en un marco construido que les supera.

No obstante, son más interesantes los planos medios en que se centra en los personajes, con lo que nos permite apreciar mejor la belleza de sus trajes y vestidos, uno de los objetivos de este tipo de fotografía. Tenemos retratos de parejas (novios vestidos con trajes de ceremonia en el vestíbulo de la iglesia), grupos de hombres y mujeres saliendo del templo después de la boda, etc., pero en todos estos casos, además de que la composición no es siempre la más acertada, carecen de cercanía y de naturalidad: las poses resultan demasiado evidentes y forzadas; no son expresivos, lo que no obsta para destacar su gran interés antropológico. Como afirma Covadonga Martínez:

> Como un director teatral, compone cada escena en la que cuida la luz, y las poses de cada individuo, siempre con el deseo de mantenerse lo más fiel posible al momento visto. A pesar del gran número de personajes que hay en cada una, la tónica dominante es que todas resultan equilibradas. En todas las composiciones, cada individuo está preparado para representar una acción concreta, y como si de un cuadro costumbrista o una puesta en escena se tratara, realizan una actividad determinada: tejen o charlan y evitan mirar a cámara como si el fotógrafo no estuviera allí (Martínez Martínez, 2004: 287).

Esta ausencia de expresividad en la obra etnográfico/costumbrista de Compairé se da también en sus retratos individuales, masculinos y femeninos.

Todos ellos son retratos de busto y tienen como fondo un marco arquitectónico, una pared en la que apreciamos varias hiladas de sillares de piedra, en lo que parece ser el paramento de la iglesia. Pero difieren en el tratamiento, pues si a Compairé le preocupa, de nuevo, la fijación de un *tipo* determinado, en este caso, el traje de novio, sin ninguna clase de concreción en el aspecto psicológico (el modelo no mira a la cámara, sumándose a la tendencia de esta época, unido a la inexpresividad del rostro que no transmite ninguna clase de sentimiento o emoción), algo que tenían en común todos los cultivadores de esta fotografía del período clásico (Ortiz Echagüe, Julio García de la Puente, que localizó su obra en Cantabria, el Conde de la Ventosa, y, en Aragón, los hermanos Faci Abad, Eduardo Cativiela, el propio Ricardo Compairé, etc.).

Otros nombres aragoneses que fueron consumados practicantes de este género costumbrista fueron el fotógrafo jacetano Francisco de las Heras y el oscense Fidel Oltra, quien, en los años veinte y treinta, aplicó un mismo esquema compositivo: planos medios enmarcados por fondos arquitectónicos.

Fotografía y patrimonio. Hitos arquitectónicos para la definición de señas de identidad. El papel de las guías turísticas para la difusión

Como estamos comprobando, y tendremos la oportunidad de seguir haciéndolo en las páginas siguientes, el Monasterio de San Juan de la Peña, sobre todo, el *viejo*, fue un motivo recurrente en el objetivo de fotógrafos profesionales y amateurs desde el siglo XIX, partiendo del joven Santiago Ramón y Cajal, que, hacia 1878, fue uno de los primeros que lo hizo. La importancia histórica y artística, junto con la indudable *fotogenia* del paraje enclavado en la roca, sin olvidar las múltiples leyendas en torno a su fundación y momentos concretos de su historia, lo convirtieron en irresistible para muchos que se acercaron atraídos por sus destacados valores.[113] Como ha afirmado el profesor Ubieto: «En San Juan de la Peña, sin duda alguna, nos hallamos ante una de las raíces del Aragón histórico, por lo que no debe extrañar que cuanto concierne a su nacimiento se haya visto envuelto entre tradiciones y relatos legendarios» (UBIETO, 2000: 53).

Uno de los que se sintió atraído por el cenobio pinatense fue el Padre Félix Álvarez Puyol, profesor de Física en los Escolapios de Jaca, quien, a finales de 1891, se acercó al monasterio ya que, según sus palabras, «ansiaba visitar aquel lugar venerado, origen de nuestra grandeza, principio de nuestras glorias patrias, aurora de nuestra libertad e independencia, cuna y sepulcro, a la vez, de nuestros insignes reyes». Así, compuso un álbum compuesto por veinte imágenes acompañadas por breves textos descriptivos.

Once años después, en 1902, el propio Álvarez editaría una serie postales en fototipia con imágenes de ambos monasterios (HERNÁNDEZ LATAS, 2023: 40). De esta edición se hizo eco la *Revista de Aragón*, instándole a «continuar la colección iniciada para contribuir á despertar y á mantener viva lo admiración de tan ricos tesoros como en nuestra propia casa tenemos, sin que sepamos apreciar en lo mucho que valen».[114]

Unos pocos años antes, hacia 1896, y con motivo de la restauración que se efectuó del monasterio a cargo del arquitecto municipal de Zaragoza, Ricardo Magdalena, comisionado por el Ministerio de Fomento, tenemos más imágenes (cinco en total, principalmente del claustro) que servirían para la documentación del proyecto de restauración y que, según de nuevo Hernández Latas, deben atribuirse al propio arquitecto. Imágenes que posteriormente, hacia 1900, formarían parte de una edición de postales a cargo del ya mencionado Lucas Escolá.

Hay que tener en cuenta, siguiendo a Hernández Latas, que tanto Magdalena como Escolá eran docentes en la Escuela de Artes y

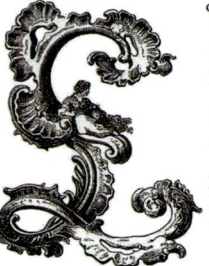

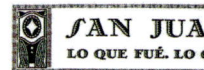
OS escritos que estos días aparecieron en la prensa zaragozana acerca del Cenobio Pinatense, me obligaron a romper la promesa que a mí mismo había hecho, de no volver a visitar aquello que fué testigo de la grandeza de Aregón, y que luego resultaba baldón nuestro. Y una mañana, acompañado de dos gos de Aragón» me lancé por un barranco pedregoso y polvoriento que lo llaman ra. De empresa heroica puede calificarse el turismo en la provincia de Zarago el estado de sus carreteras.

Y no debe de ser empresa tan difícil el conservarlas en buen estado, cuando a a la piedra divisoria de esta provincia con nuestra hermana Huesca, cambia radic la vía, que toma aspecto europeo; así resulta de delicioso el viajar por el Alto que además de contener los más bellos paisajes de España, nos proporciona con e de sus aguas, sabiamente encauzadas en portentosas obras, el venero de riqueza de fértiles tierras. Pasamos por la Violada; el canal ya terminado nos hace pensar en lo que serán las regiones ahora atormentadas por la sed, cuando el agua fecunde y vivifique las feraces entrañas de sus campos.

Huesca duerme plácidamente en la mediodiada a la sombra de su bella Catedral, y raudos nos encaminos por la inmejorable carretera de Jaca; airosos pueblecillos asentados al borde del camino, o dominando un altozano; presididos por sus iglesias de bellos ábsides románicos, ermitas de ese estilo por todas partes, y hombres y mujeres afanosamente labrando la tierra: ¡la Madre Tierra!

Al salir de Plasencia cambia el panorama; la naturaleza se muestra bravia, el Gállego se despeña o corre serpenteando entre las rocas; gentes del pueblo con los trajes de fiesta y rodeados de animales forman interminable caravana por la carretera, dirigiéndose a la feria de Ayerbe.

El señorial palacio que ocupa la plaza en donde se celebra el zoco, nos habla de lo mudable de las cosas humanas.

Los Mallos de Riglos se columbran en lontananza; a la derecha de la car etera, se alza la iglesia de Concilio, pequeño poblado al lado de soberbio pinar; aquella edificación es de lo más interesante que hemos visto desde el punto de vista arqueológico; si no es mozárabe, a juzgar por algunos restos, debe de ser de las construcciones religiosas más antiguas; el ábside es magnífico; sostienen el tejado canecillos con figuras, cariátides, peces, hojas, animales, etc.

Vísta exterior del Monasterio: cómo est

A poco de este lugar aparece un puente magnífico, el ingeniero que lo construyó es un artista, no puede darse cosa más bonita, y mejor demostración de que el sentido estético puede aplicarse a todo lo edificable.

En un alto, y como proa de bajel, se alza la iglesia de Murillo de Gállego, protegiendo al pueblo que se asienta a sus pies. Esta iglesia es magnífica, el ábside, muy parecido al de Loarre, es de lo más suntuoso y bello que hemos visto; por dentro la iglesia está muy bien conservada: en la planta inferior, formando cripta, hay dos capillas emocionantes; el párroco, persona cultísima, atiende con el mayor cuidado su iglesia, que puede mostrarla con orgullo y satisfacción.

Los Mallos nos acompañan siempre: al pasar junto a ellos nos detenemos a contemplarlos; la Naturaleza los ha colocado como Monumento de la Raza; altos, bravíos y fuertes, resistiendo impasibles todos los combates; así debieron ser nuestros antepasados, que con sus virtudes y su valor salieron de los riscos pirenaicos para crear aquel Aragón tan grande.

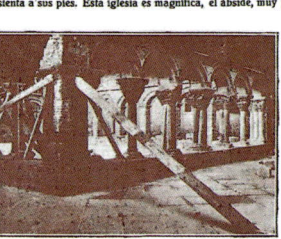

El Claustro en, ruinas ante de la restauración.

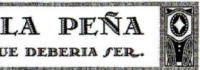

El pueblo de Riglos parece que va a caer aplastado por los gigantes. Anzánigo, La Peña, Santa María, el ingenio del hombre aprovechando la riqueza natural que la providencia prodigó en estos parajes. ¡¡El Pantano!! es emocionante; debíamos venir en peregrinación a visitar estas obras y a enaltecer a los hombres que supieron ...airio. Los ingenieros españoles han escrito en estas rocas una epopeya, y han realizado ...presa que los pone en las cumbres de la inmortalidad. Saludémoslos a todos cuantos ...ervenido en estas obras.

... que habitamos en la tierra llana ansiamos llegar a las montañas y nos emocionamos ... alturas.

... un alto, una placa nos indica que aquí se dividen las cuencas del Aragón y el Gállego, ...estamos a 1.070 metros sobre el nivel del mar.

...s de inverosímiles revueltas defendidas por la ingente Peña de Oruel, distinguimos Jaca.

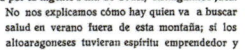

No nos explicamos cómo hay quien va a buscar salud en verano fuera de esta montaña; si los altoaragoneses tuvieran espíritu emprendedor y

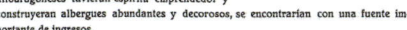

Uno de los Capiteles que han sufrido restauración.

construyeran albergues abundantes y decorosos, se encontrarían con una fuente importante de ingresos.

Jaca es una de las poblaciones más atractivas que hemos visitado; el día que Canfranc funcione será Jacá lo que debe ser; pero lo que más sugestiona al turista, es el carácter de estos altoaragoneses, hidalgos de natura y de hechos; efectivamente, aquí no escucharéis los gritos estridentes, ni las destemplanzas de la *matraquería*, exageradas intencionadamente entre la gente inculta, merced a *la culta labor de algunos de nuestros costumbristas regionales.*

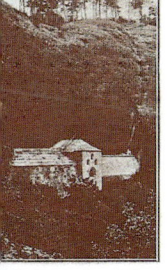

...ar las obras y cómo ha quedado después

Corto, pero sembrado de bellezas, es el camino que conduce a San Juan de la Peña; una estrecha carretera conduce a Santa Cruz de la Serós en donde se deja el carruaje. Santa Cruz es un pueblo pequeñito, pero lindo, digna antesala de San Juan; las edificaciones se agrupan al lado de lo que fué convento de las Sorores Benedictinas, bella edificación románica, muy semejante en esbeltez y método a Loarre y Murillo, sobre todo el ábside, de gran altura. Actualmente está la iglesia abierta al culto; en el altar mayor un retablo de pintura del siglo xv, en las capillas otros barrocos muy feos. Como hemos dicho la edificación es muy esbelta, las columnas muy altas, exornadas con capiteles de la época románica por los frisos, y en los arcos el ajedrezado que tanto se repite en la montaña.

En Santa Cruz tomamos las caballerías que nos conducen al Cenobio; el guía, Joaquín Toya, es una excelente persona y además, cosa rara, no explota a los viajeros: montados en rozagantes mulos y un compañero de expedición, *legionario*, en pacífica jumenta, emprendemos la subida. El camino pedregoso es corto, y con escaso gasto podría arreglarse para que las caballerías pasasen con seguridad, pero lo malo termina pronto y comienza un camino forestal construido por los ingenieros de Montes con el mejor gusto.

Sin darnos cuenta nos hemos separado del objeto de estas cuartillas.

¿Qué fué San Juan de la Peña?

El historiador del siglo xvi, Briz Martínez, dice del Monasterio que estaba «pendiente como un rico joyel de su redonda cadena». El Cenobio Pinatense fué desde su fundación un lugar en donde se materializó la fé en los primeros siglos de la Reconquista aragonesa, que se eligió para sepulcro de los reyes de Aragón, que éstos le engrandecieron y le donaron tal número de mercedes que San Juan de La Peña tenía tierras y cobraba diezmos por todo Aragón.

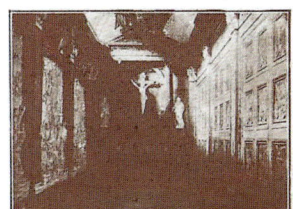

El Panteón de reyes, construido en la época de Carlos III.

Varias imágenes del monasterio de San Juan de la Peña, autor desconocido, *Aragón. Revista gráfica…*, octubre de 1925.
Fuente: Sindicato de Iniciativa y Propaganda de Aragón.

Oficios de Zaragoza, circunstancia que permite pensar en un posible asesoramiento en cuestiones técnicas del segundo hacia el primero; en última instancia, habría sido el arquitecto el autor de las imágenes, a juzgar por una «cierta impericia» a la hora de ejecutar la toma de «Vista general del Claustro» (HERNÁNDEZ LATAS, 2023: 44-47).

Durante el primer tercio del siglo XX, se pueden relatar decenas y decenas de excursiones que, a caballo entre el interés deportivo, paisajístico e histórico-artístico, tomaron este monumento como punto de consideración. Sería prolijo e innecesario hablar aquí de todas ellas, en todo caso, nos ocuparemos de algunas que ya fueron realizadas en el contexto del SIPA,[115] toda vez que este organismo hizo suya la «iniciativa de convertir San Juan de la Peña, tumba de los reyes de Aragón […], en santuario de aragonesismo» (MAINER BAQUÉ, 1974: 14).

Partiendo del primer número de *Aragón*, en que el archivero y bibliotecario Manuel Abizanda y Broto, en su artículo «San Juan de la Peña. Lo que fue. Lo que es. Lo que debería ser»,[116] venía a abundar en la necesidad de intervenir en las dependencias medievales, cuyo estado, a su juicio, era «una vergüenza nacional». Llama la atención el profundo desprecio con que valoraba el monasterio *nuevo*, de estilo barroco: «aquí se volcó el mal gusto de una época y esto se conoce que ha servido de excusa para dejarlo hundir, y conservarlos (destruyéndose), como está actualmente; y bien hundido estará». El texto aparece ilustrado con varias fotografías, de la que destaca especialmente una del claustro con puntales de madera antes de las restauraciones llevadas a cabo por Francisco Lamolla, en el mismo año de 1925, y que bien podría pertenecer a otro ilustre amateur zaragozano, Joaquín Gil Marraco, que transitó muy a menudo, sobre todo en sus años de juventud, por aquellas tierras altoaragonesas (HERNÁNDEZ MARTÍNEZ, 2023: 62).

Igualmente, desde la misma revista, algunos nombres destacados de las letras aragonesas, como el escritor y periodista Fernando Castán Palomar, rememoraban aquellos años de reivindicaciones de los que hablábamos más arriba, y mencionaba a Cavia, Del Arco y hasta al obispo de Jaca, don Manuel de Castro, etc. Pues bien, aparte de la distinción como «Sitio Nacional» en 1920, se consiguió el trazado de una carretera que condujese más cómodamente al monasterio, tramo cuya inauguración se dio el 12 de julio de 1931, como está perfectamente documentado con imágenes de Abelardo de la Barrera, destacado fotorreportero del periódico *La Voz de Aragón*, en un artículo aparecido en el número 71 (agosto de ese año) de la revista del SIPA.

Por otra parte, Castán convenía en la necesidad de habilitar nuevas instalaciones, como una hospedería y sanatorio, sin olvidar que «deben ser vigiladas celosamente las piedras milenarias del Monasterio, en evitación de nuevos desmoronamientos».[117] Parece que estos últimos ruegos no fueron desatendidos porque pocos años después, antes del estallido de la Guerra Civil, entre 1934 y 1935, intervino en el cenobio pinatense Francisco Íñiguez Almech, actuaciones que volverían a repetirse posteriormente, en plena postguerra, 1940-1941.

El año anterior, en julio de 1933, la implicación del SIPA en defensa de San Juan de la Peña, se hacía más evidente, cuando su presidente, Eduardo Cativiela, con motivo de la celebración del tercer día de Aragón, reclamaba la atención del Estado para «enmendar los yerros cometidos, [...] (y) emprender activa campaña en pro del monumento que se arruina», [...] «sagrada fragua donde nuestros antepasados modelaron y templaron sus almas fuertes y fundieron todas en una sola voluntad en el ardiente crisol de sus almas, para dar días de gloria a nuestro querido Aragón».

Todas las actividades de esa jornada conmemorativa, presididas por diversas autoridades de carácter político y académico, fueron detalladamente descritas por un anónimo redactor, probablemente, el propio Cativiela. Quizás entre lo más destacado, el discurso pronunciado por Ricardo del Arco, algunos de cuyos párrafos fueron extractados en el número siguiente de la revista *Aragón*. Sus primeras palabras estaban imbuidas de una de las constantes simbólicas asociadas desde siempre al conjunto monástico, su relevancia vinculada a la Reconquista: «Este lugar de evocación y de ensueño producto

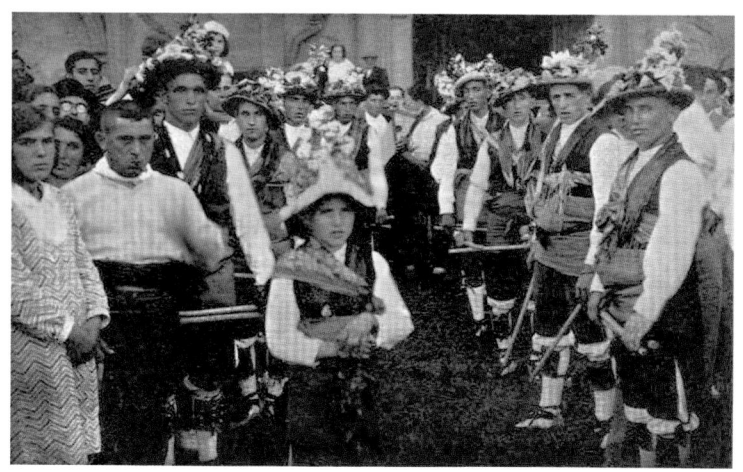

Danzantes de Yebra de Basa en el III Día de Aragón, Francisco de las Heras, *Aragón. Revista gráfica…*, agosto de 1933. Fuente: Sindicato de Iniciativa y Propaganda de Aragón.

de la corriente espiritual que de norte a sur invadió la península, es único por su emplazamiento y por su significación y en estos tiempos revive al soplo de esta entidad entusiasta que hoy organiza esta fiesta y se denomina Sindicato de Iniciativa y Propaganda de Aragón». Este discurso fue pronunciado tras la celebración de la Misa a cargo del canónigo penitenciario de la Catedral de Jaca, en el Monasterio Alto, y un dance ejecutado por el grupo de Yebra de Basa y de Huesca, del que se dice también que «se impresionó una película cinematográfica». Todos los actos fueron seguidos por multitud de personas, cerca de tres mil según el narrador, y recogidos gráficamente por la cámara de Francisco de las Heras, como así aparece citado al final del artículo.[118]

En este sentido, el fotógrafo jacetano asumía una interesante labor de fotorreportero de la actualidad social y política de nuestra región. Resulta muy conveniente detenerse un momento para reflexionar sobre cómo estas celebraciones del Día de Aragón, organizadas

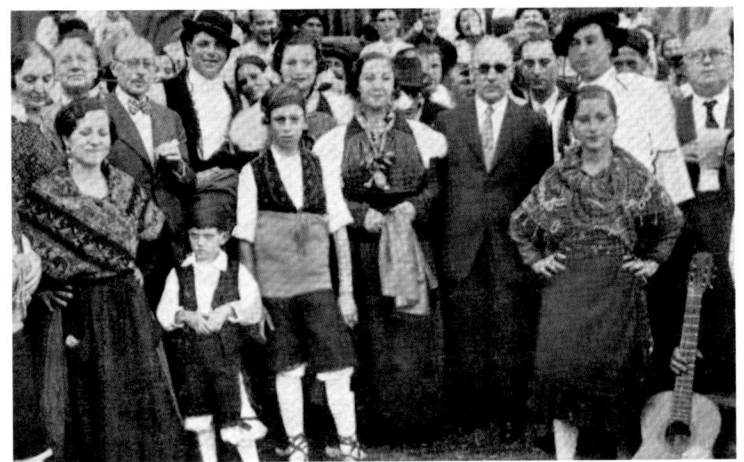

«El Excmo. Sr. Ministro de Hacienda, don Manuel Marraco», foto de Francisco de las Heras, *Aragón. Revista gráfica…*, agosto de 1934. Fuente: Sindicato de Iniciativa y Propaganda de Aragón.

por el SIPA, se convirtieron en un auténtico foco de reivindicación para la recuperación del monumento pinatense. Así, en la segunda edición, julio de 1932, de nuevo los directivos del Sindicato, como Eduardo Cativiela, elevaron la voz para exigir «la constitución de un Patronato que salve a San Juan de la Peña del estado de ruina y abandono en que se encuentra, pidiendo a todos su colaboración más entusiasta para lograr se salven los sagrados restos de la cuna de todas nuestras grandezas».[119]

Labor que se reeditaría en el año siguiente, en el que se dieron cita un mayor número de personalidades del mundo de la política y de la cultura, si bien es cierto, sobre todo de procedencia aragonesa, empezando por el ministro de Hacienda, el zaragozano Manuel Marraco. El acto central en cuanto a intervenciones corrió a cargo en esta ocasión del catedrático Eduardo Ibarra, que hizo una exposición sobre los vínculos históricos en Aragón y España, cuyo texto apareció reproducido en la crónica de *Aragón*. El orador fue fotografiado por Mariano Rubio Vergara (1897-1981), natural de Calatayud, mientras que De las Heras se ocupó de recoger la muchedumbre en el baile «después de las emociones de la mañana» y el izado de la bandera de San Jorge, además de una toma más cercana, de grupo, donde aparece el citado ministro Marraco junto a una serie de intervinientes en la denominada «Noche jacetana», una exhibición de trajes y costumbres, organizada por el Sindicato.[120]

Ya que hemos mencionado al fotógrafo bilbilitano Mariano Rubio Vergara, merece la pena hablar de su labor y de su presencia en la revista del SIPA, lo cual ya se había dado en números precedentes (y continuaría en posteriores), como enseguida comentaremos. Fotógrafo profesional, especialmente dada su condición de corresponsal gráfico, realizó multitud de postales de los principales monumentos de Calatayud, no siendo el único en esta localidad en tales menesteres desde principios del siglo XX, pues hemos de tener en cuenta otros nombres como Eduardo Vidal, M. Ramos Cobos, etc. (SERRANO PARDO, 2004). Asimismo, Rubio Vergara también practicó la fotografía con un interés meramente estticista, al igual que el dibujo y la pintura; de la primera disciplina fue profesor en el Instituto de Enseñanza Media y de la Escuela del Trabajo de su ciudad, aparte de regentar su propia academia privada y gabinete. En 1956, ingresó en la Academia de Nobles y Bellas Artes de San Luis de Zaragoza, y fue autor también de numerosos textos relacionados siempre con Calatayud, por ejemplo: *Calatayud. Historia, arte, costumbres*, aparecido en 1952. En el aspecto personal, sería el padre de otro ilustre creador, el escultor, dibujante y grabador Mariano Rubio Martínez (1926-2019).

La relación de Rubio Vergara con la revista *Aragón* data, al menos, de agosto de 1932, número 83, monográfico dedicado a la capital del Jalón, cuyas imágenes que ilustraron los diferentes textos que lo integran prácticamente le pertenecen a él. Empezando por la toma de la Virgen de la Peña, talla medieval que sería destruida en un incendio intencionado poco más de un año después. De ahí el valor

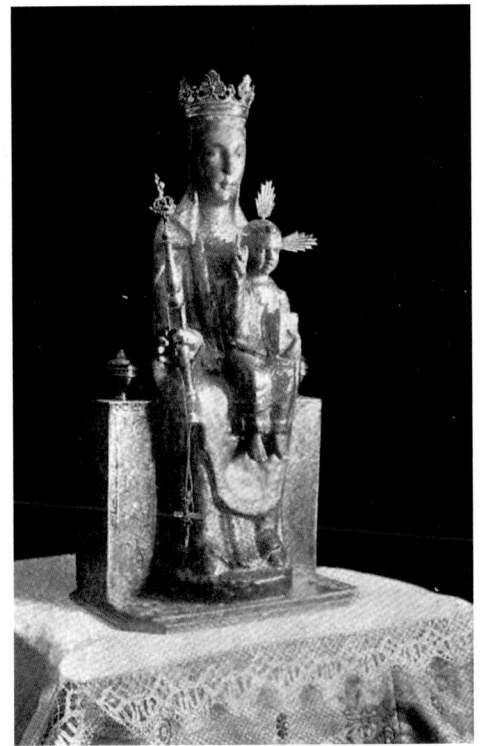

Virgen de la Peña
de Calatayud,
Mariano Rubio, *Aragón.*
Revista gráfica…,
agosto de 1932.
Fuente: Sindicato de Iniciativa
y Propaganda de Aragón.

documental que tiene esta instantánea, de la que seguro se servirían posteriormente sus restauradores, los hermanos Albareda. Esta fotografía acompañaba a un texto firmado por Justo Navarro Melero, director de *El Regional*, periódico local, que en una breve jaculatoria se refiere a la devoción en torno a esta imagen sagrada.

A continuación, sigue un nuevo texto, firmado por otro ilustre bilbilitano, José María López Landa, historiador sobre todo de temas locales, como cronista que fue de la ciudad; temas referidos a la historia y a la literatura. El texto que nos ocupa está ilustrado con una evocadora imagen de Rubio. A este respecto, en más de una ocasión veremos a ambos nombres —Rubio y López— asociados en algunas de las publicaciones del segundo como, por ejemplo, la *Guía de Calatayud y su comarca*, con textos (y edición tipográfica) a cargo de José María Rubio Vergara, pintor, periodista y escritor, hermano de Mariano, del propio López Landa y de Manuel Carlés, ingeniero agrónomo también bilbilitano. Un trabajo que apareció reeditado en 1935, debido a que la primera edición, de 1934, se agotó prontamente. Sobre esta, el vicepresidente del SIPA Francisco de Cidón afirmaba que «llena una gran necesidad y de un éxito rotundo por lo que le felicitamos (al editor) sinceramente».

La edición de 1935 presentaba unas pocas fotos de Mariano Rubio, desde una «Vista general de Calatayud», que tiene el interés de registrar gráficamente por última vez el Convento de la Merced, llamado popularmente «El Fuerte», porque sería derribado poco después debido a su estado ruinoso. La fotografía se convertía, una vez más, en cronista del patrimonio en trance de desaparecer. La última imagen corresponde al interior de la Iglesia de Santa Justa y Rufina de Maluenda.

El texto de la revista del SIPA al que antes aludíamos lleva por título «Calatayud, centro de turismo»,[121] el cual no solo se centra en la cabecera comarcal, sino que también se refiere a otras localidades del entorno a partir de los principales atractivos paisajísticos y monumentales que presentan para el visitante. Entre lo segundo, el autor destaca las iglesias «gótico-mudéjares»[122] de localidades como Maluenda, Torralba de Ribota, Tobed, Morata de Jiloca, etc., «de elegante construcción y rico ornato». El breve texto va acompañado de una foto que presenta como pie de imagen «Una calle del Calatayud viejo», y que, en efecto, es un contrastado contraluz de una calle, con una marcada composición en profundidad, cuyo punto de fuga se ubica en la torre de la iglesia de San Andrés.

El tratamiento es del todo de reminiscencias pictorialistas, no solo por el tipo de composición escogido sino por el trabajo del

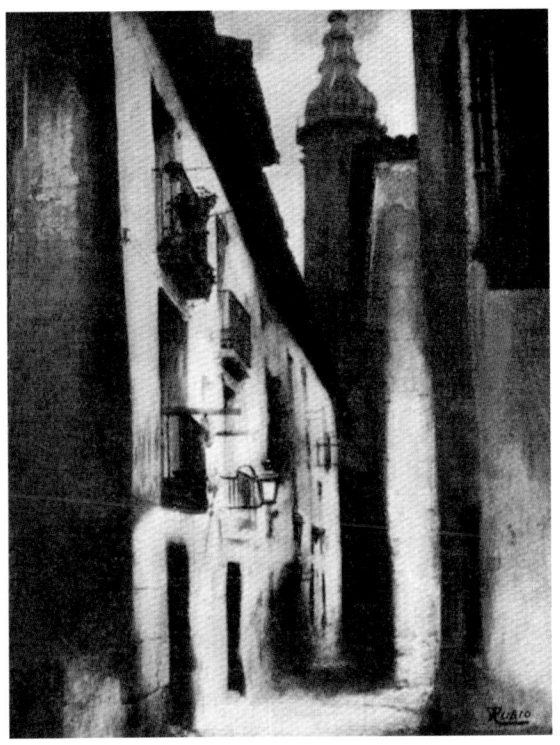

Una calle del Calatayud viejo, Mariano Rubio, *Aragón. Revista gráfica…*,
agosto de 1932. Fuente: Sindicato de Iniciativa y Propaganda de Aragón.

negativo/positivo, claramente reelaborado a partir de complejos re-
toques en laboratorio de los materiales fotográficos, tal y como aún
seguían practicando nombres destacados de esta estética como el
citado José Ortiz Echagüe.

Un carácter más expositivo, en el sentido de informativo, y por
lo tanto menos sugerente tienen las imágenes, también de Rubio,
que presentan gráficamente la Biblioteca «Gracián»,[123] aludiendo

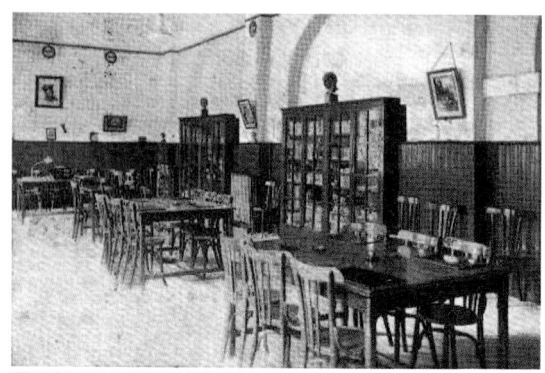

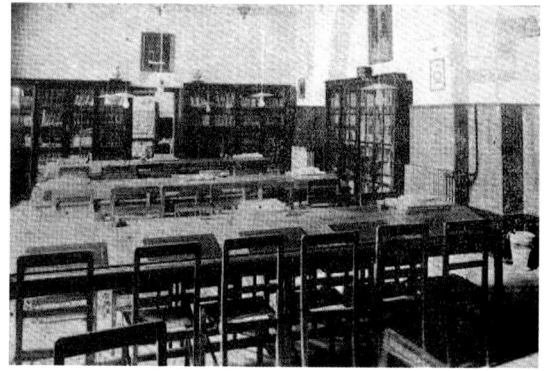

Estancias de la Biblioteca Baltasar Gracián de Calatayud,
Mariano Rubio, *Aragón. Revista gráfica…*, agosto de 1932.
Fuente: Sindicato de Iniciativa y Propaganda de Aragón.

en la denominación a uno de los más ilustres hijos de esta tierra
de Calatayud, el escritor y religioso Baltasar Gracián (1601-1658).
Creada en octubre de 1926 a instancias de la Diputación Provincial
de Zaragoza (abierta para el servicio público un año después),[124] se
puso al frente de la misma al propio José María López Landa, «al cual
se dio el encargo de formar la biblioteca, señalando los volúmenes
que habrían de adquirirse y redactando un reglamento con arreglo

al cual funcionase». En el apartado gráfico, disponemos de tres fotografías: una exterior que muestra al acceso, más dos de interiores con el Salón de Conferencias y el Salón de lectura, respectivamente. Como dato interesante, este centro disponía, de manera pionera, de un proyector de diapositivas que era utilizado en las conferencias y cursos sobre arte que se impartían en sus instalaciones, y era, además, la sede de la Sociedad de Excursiones, también bajo el liderazgo de López Landa, un aspecto al que le dedicó igualmente varias publicaciones.

La evocación y el tratamiento plástico de la imagen fotográfica vuelven a darse en el siguiente artículo: «Viejas calles del Calatayud antiguo»,[125] firmado por Luis Martín Ballesteros, igualmente de origen bilbilitano, que años después sería prestigioso jurista, catedrático y, pasada la Guerra Civil, Gobernador Civil de Logroño y Álava en distintos momentos. El texto va en consonancia con las imágenes, por lo tanto, queda impregnado de una pretendida poesía, aliándose para potenciar una especie de renovado pintoresquismo esteticista que aspira, ulteriormente, a mostrar un hálito de belleza. Lo podemos comprobar en este párrafo:

> Y es entonces, por la noche, cuando las viejas calles bilbilitanas atraen con misterioso influjo... Es entonces, cuando la torre, apoyada en tierra lo justo para remontarse al cielo, vela constante el sueño de la calleja, alumbrada tenuemente por la luz incierta de un farol mohoso y desencajado...

A esta línea estética se acomodan perfectamente las cuatro fotografías de Rubio, a base de contraluces, como si se tratase de auténticos cuadros costumbristas de resonancias atemporales y, una vez más, pictorialistas.

Esta orientación de Rubio fue claramente percibida por el anónimo autor de una breve reseña sobre el propio fotógrafo,[126] que aparece junto con otra del destacado escultor bilbilitano Pablo Remacha[127] (1904-1964), firmada por «Zeuxis» (el pintor, dibujante y crítico de arte Francisco de Cidón). En esas pocas líneas sobre

E<small>N</small> toda vieja ciudad, en la que buscamos las huellas de tiempos pasados impresas por las generaciones que nos precedieron, no es difícil encontrar, al lado de históricos edificios y artísticos monumentos, analizados cada vez con más mimo por los críticos del arte, otra faceta distinta, peramente tradicional y típica y exenta si se quiere de todo mérito, pero evocadora como ninguna de una época lejana y de una fuerza emotiva por su ingenuidad, tal vez superior a la despertada por la contemplación de la obra de un artífice glorioso o el joyel de piedra de una portada gótica.

Es ella, lo que pudiéramos llamar la parte pintoresca del pueblo, la formada por su barrio viejo, de calles estrechas y empinadas, que retorcidas extraña y desigualmente, forman en nuestra ciudad la complicada red del Calatayud antiguo.

Barrios de la parte norte, semi ocultos entre los cerros del castillo y *reloj tonto*, enclavados bajo las carcomidas montañas de estratos informes, que los cobijan dándoles un tono sombrío, y formados por una serie no interrumpida de callejas y plazuelas mezcladas de la forma más confusa y en las cuales, las casas de todas las formas y tamaños, testigos mudos de desfile monótono de los años, yacen como rendidas con sus aleros deshechos, sus ventanas reformadas y sus muros encorvados hacia afuera, como si sintieran sobre sus piedras la pesadez y el cansancio de los siglos.

Sus habitantes: hombres del campo curtidos por la fuerza del sol; viejas, pequeñas y enlutadas formando corro ante el portal, con alguna moza de ojos negros, fijos en la blanca costura; mujeres en cuyos rostros el trabajo marcó sus huellas, marchitando una belleza que todavía conservan en parte; y chicos, muchos chicos sucios y semidesnudos, de grandes ojos negros y viva mirada, que recorriendo la calle en

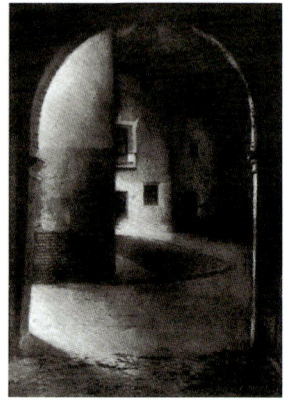

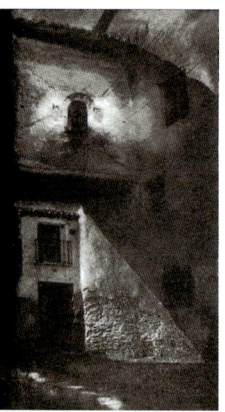

todas direcciones, la animan con sus gritos, la alegran con sus risas y dan color y vida a las plazuelas, con sus juegos ingenuos y chillones, interrumpidos de pronto por el gimoteo de una caída y acabados bruscamente por la aparición de una madre que hablando fuerte, recoge a sus hijos del suelo, mientras desespera viendo sus cuerpos impregnados de polvo y sus ropas rasgadas y sucias y casi desvestidas sus carnes morenas...

Cuadro típico, pletórico de vida y de luz, que desvaneciéndose al extinguirse ésta, lentamente va muriendo hasta convertirse en mudo y desierto, para adquirir, una vez puesto el sol, todo su encanto especial e indefinible.

Y es entonces, por la noche, cuando las viejas calles bilbilitanas atraen con misterioso influjo... Es entonces, cuando la torre, apoyada en tierra lo justo para remontarse al cielo, vela constante el sueño de la calleja, alumbrada tenuemente por la luz incierta de un farol mohoso y desencajado... Cuando las piedras desnudas y los portales desiertos, se bañan en gemas extrañas, dando a un motivo cualquiera, la belleza de líneas y los tonos pardos de color precisos... Cuando la sombra fugaz de una vieja, al cruzar la calle a su luz escasa muy tapujado el rostro, adquiere forma de bruja, que se aleja medrosa hasta desvanecerse allá lejos como visión medioeval y quimérica... Cuando bajo el amplio portalón que duerme, con las manos enlazadas, respondiendo a la muda pregunta de los ojos, se escuchan muy tenues promesas firmes de unos labios rojos, que muy quedos, como sí no estuvieran de ellas muy seguros, murmuran palabras que el viento ha de llevar...

Resuenan entonces los pasos dilatándose el eco por las encrucijadas desiertas y oscuras, cesando junto al portal noble sobre el que campea a modo de guardia, un escudo

«Viejas calles del Calatayud antiguo», foto de Mariano Rubio, *Aragón. Revista gráfica…*, agosto de 1932. Fuente: Sindicato de Iniciativa y Propaganda de Aragón.

Rubio, se dice: «Enamorado del alma de la vieja ciudad bilbilitana ha sabido interpretar con certera visión los arcaicos rincones emotivos y sugeridores de los tiempos pasados». Además, se alude al trabajo que le ocupaba en aquellos momentos: una serie de «vistas de Calatayud, seleccionadas y realizadas con el mayor cariño para poder ofrecer un álbum que sea para el turista un artístico recuerdo de la vieja ciudad». Se refiere, sin duda, a postales, un formato muy prolífico en la trayectoria de Mariano Rubio Vergara.

Por otra parte, además de estas imágenes de claro sentido evocador y poético, hemos también de referir la elaboración, por parte de Rubio, de una serie de reportajes ambientados igualmente en Calatayud, entre los años veinte y treinta del pasado siglo. Casi todas sus obras están centradas en los distintos pasos que componían la procesión del Santo Entierro: la Crucifixión, la Coronación de espinas, la Entrada de Cristo en Jerusalén, el Azotamiento, la Dolorosa, el Cenáculo, el Prendimiento, la Oración en el Huerto, así como en algunos de los personajes bíblicos que acompañaban la celebración.[128] Ello no nos ha de extrañar, en la medida que este aspecto se convierte en el más importante, por encima de la acción de los tambores. En este sentido, podemos considerar que dicho reportaje tiene más similitudes, por la incidencia temática, con la fotografía de otras procesiones españolas, sobre todo, las andaluzas o castellanas, en que es ponderable el valor histórico-artístico de las tallas que salen en procesión.

Asimismo, Rubio Vergara recogió algunos personajes bíblicos, y otros que no lo son, que desempeñan una labor decisiva en las procesiones de su ciudad: Patriarcas, Reyes y Profetas, Niños cantando la Pasión, Maceros con campanas, etc. Elemento que lo relaciona con los reportajes elaborados en épocas más recientes con el también bilbilitano José Verón Gormaz (1946-2021).

Después de este excurso centrado en el trabajo de Mariano Rubio Vergara y su producción localizada en la importante ciudad bilbilitana, volvemos a ocuparnos del señero monumento de San Juan de la Peña y su presencia y tratamiento fotográficos en las páginas de

Aragón. Las referencias que encontramos hacen, las más de las veces, alusión a aspectos vinculados con el fenómeno excursionista, de tal manera que patrimonio y paisaje van simbióticamente aparejados. Así lo podemos comprobar en una fecha ya bastante avanzada, que trasciende el marco temporal objeto de nuestro estudio, como es 1948, en que el SIPA editó una guía sobre San Juan de la Peña, escrita por Enrique Celma Alcaine, que formaba parte de la serie que el Sindicato sacó por aquellas fechas sobre distintos parajes aragoneses, sobre todo pirenaicos.

El autor, natural de Borja, vivió sus años de juventud en Barcelona, donde fue presidente del Centro Aragonés hacia 1933. A su vuelta a Zaragoza, ya después de la Guerra Civil, fue Secretario General del SIPA, y de la Federación Española de Sindicatos de Iniciativa y Turismo (FESIT), coincidiendo con la presidencia de Eduardo Cativiela. Publicó varios de estos trabajos a modo de guías que llevaban como encabezamiento la mención de «Excursiones» (anteriormente publicó otros trabajos como *Ruta del Pirineo español*, 1942; *Al valle de Ansó*, aparecido en el mismo año 1948, y otros posteriores al que nos ocupa, como *Jaca-Canfranc-Candanchú*, publicado en 1949) y también numerosos artículos en la revista del SIPA con su nombre o con seudónimo de «Engel».[129] En todo caso, se trata de trabajos ricamente ilustrados, con fotografías de destacados profesionales y amateurs de la región.

En el libro dedicado a San Juan de la Peña, participaron nombres como Eduardo Cativiela, el arquitecto Francisco Íñiguez Almech (con imágenes ya comentadas producto de sus trabajos de restauración del cenobio), Juan Mora Insa, José Escudero, este último muy vinculado con la asociación «Montañeros de Aragón», el jacetano Francisco de las Heras, el zaragozano Manuel Rodríguez Aramendía, muy activo en la revista *Aragón* y miembro de la Sociedad Fotográfica de Zaragoza, etc.

Además de las fotografías, la parte gráfica se completaba con dibujos del pintor aragonés Ángel Lalinde. Los editores, es decir, el Sindicato, dejaban claro desde el principio la orientación y la finalidad eminentemente prácticas de este trabajo: «La razón de este librito que, con frase sencilla y amena, sin erudiciones fatigosas para el lector que desea "ver y saber" pero no "investigar", con lenguaje rico en datos que completan fotos bellísimas aportadas por firmas magistrales, viene a relatar una excursión a San Juan de la Peña, ofreciendo las orientaciones necesarias para hacer provechosa y grata la jornada al visitante…».

Sobre este particular del papel desempeñado por los componentes gráficos en la promoción turística de un determinado territorio, disponemos de un precioso testimonio, del propio Enrique Celma, que, en calidad de Secretario del Sindicato, presentó una ponencia en el bloque dedicado al turismo, bajo el título «Factores básicos para la organización y desenvolvimiento del turismo en Aragón», en el contexto de la Primera Conferencia Económica Aragonesa, organizada por la Sociedad Económica Aragonesa de Amigos del País, y desarrollada en Zaragoza entre el 15 y el 22 de octubre de 1933. Entre otras cosas, afirmó:

En la proposición correspondiente, me ocupo de los medios complementarios de difusión que convendría poner en práctica, para incrementar el conocimiento de lo más destacado que Aragón puede ofrecer en el terreno del turismo. Si la propaganda manual y mural son los infantes de ese moderno ejército que lucha por la conquista del viajero, los Museos y Exposiciones, podríamos afirmar son los cuerpos técnicos que, como la artillería, alcanzan efectos más intensos y amplios. *Los Museos y Exposiciones, al presentar gráfica y plásticamente la vida de la región desde el punto de vista del turismo, con sus tipos y costumbres, villas y pueblos, montes y valles, impresionan en forma más eficaz y honda el pensamiento y la imaginación del hombre, determinando sensaciones y recuerdos, que mañana se traducen en el afán de visitar y recorrer aquellos lugares cuyas indubitables bellezas acreditó una fotografía muchas veces contemplada, y cuyas particularidades, despertando nuestra admiración, llegan a excitar el sentimiento de curiosidad, y con la curiosidad, el deseo de vivir unas horas en aquel ambiente realzado por la mano de un artista.* Estimular las apetencias de los viajes por medio de la realidad trasplantada al lienzo, a la cartulina o a la película; afirmarlas por la fuerza persuasiva de la palabra en las charlas y conferencias públicas, y afianzarlas con las frías pero expresivas indicaciones de un gráfico o de unos guarismos, puede obtenerse en las salas de una Exposición o de un Museo, donde el ambiente predispone al futuro turista, y donde su espíritu se forma fácilmente en el amor al viaje y el culto al excursionismo.[130]

Esta proposición se concretó en la medida específica de definir circuitos turísticos y proyectos de excursiones por Aragón, que «deberían ser anunciados por medios de folletos claros, concisos, de tamaño manejable…», recurriendo para ello a «fotograbados de lo más destacado del circuito; texto y ediciones en varios idiomas».

Por otro lado, Celma abogaba por la creación de un espacio permanente, un Museo, «en el que aparezcan cuantas fotografías, ampliaciones, maquetas, croquis, mapas, etc., se refieran a panoramas, ciudades, tipos, trajes, costumbres, fiestas, monumentos y datos estadísticos que reflejen el haber de la tierra aragonesa en orden a su pasado y su presente».[131]

Otro hito arquitectónico a considerar, de abundantes referencias en las páginas de la revista del SIPA y en otras publicaciones regionales y del resto del Estado, desde épocas muy tempranas, fue la catedral de Jaca. Y ya no solo el monumento en sí, sino prácticamente toda la ciudad debido a los múltiples atractivos turísticos en forma de patrimonio y de espacios naturales que atesora la localidad altoaragonesa. Es más, en este sentido, se convertirá tempranamente en un referente para el turismo aragonés como certifica la celebración de numerosas reuniones del propio Sindicato. Como la que tuvo lugar en mayo de 1931, donde también concurrieron el de Valencia, el de Palma de Mallorca, el del Alto Aragón (Huesca) y el de Jaca, que se había fundado dos años antes, en 1929.[132]

Esa reunión puede ser considerada como preparatoria de la FESIT (Federación Española de Sindicatos de Iniciativa y Turismo), que se acabaría constituyendo en la siguiente convocatoria, en Valencia, en febrero de 1932[133] (Luque, 2015: 67-69). Un protagonismo de la ciudad jaquesa en materia turística, que quedaría corroborado ya en plena dictadura franquista, en la década asociada por excelencia al turismo, los sesenta, y de acuerdo a una nueva *orientación* de la oferta hacia otros ámbitos que hasta entonces no habían sido tan frecuentados, como los deportes invernales, con nuevas reuniones que trataron de definir cómo abordar las estrategias para atraer a potenciales visitantes.

Así, en marzo de 1965, se organizó en la ciudad altoaragonesa la I Asamblea Turística del Pirineo, a donde asistió Manuel Fraga, entonces ministro de Información de Turismo, quien en su discurso de clausura afirmó:

> Es evidente que las explotaciones turísticas invernales están ahora en un momento prácticamente de inicio en España, pues ya han pasado los momentos de los gloriosos pioneros, para centrarse ya en el momento de las inversiones, del desarrollo coordinado y tienen en el Pirineo su oportunidad óptima.[134]

Retomando este periodo que abarcaría los años finales de la Dictadura de Miguel Primo de Rivera y el lustro de la Segunda República Española, hay que señalar que sería muy productivo para las iniciativas en torno al turismo y su promoción. En el caso aragonés, como hemos comprobado, la ciudad de Jaca se convirtió en un centro neurálgico a nivel de organización de eventos, sobre todo de la mano de los Sindicatos de Iniciativa, que regulasen normativas y medidas precisas para encauzar el fenómeno sociológico y actividad económica en que paulatinamente se estaba convirtiendo.

El Sindicato local, fundado en 1929,[135] fue un activo agente a partir de diferentes eventos y publicaciones, como sendas *Guías Oficiales* que sintetizaron en pocas páginas los principales atractivos patrimoniales y naturales que ofrecía la localidad y su región. Se trataba de breves publicaciones de fácil manejo en los que destacaba el componente gráfico, y que no hacían sino materializar «una de las principales competencias de los Sindicatos de Iniciativa», contenidas en las conclusiones del I Congreso Internacional de Turismo celebrado en Zaragoza en 1908, sobre la difusión a través de la «publicación anual de guías descriptivas de las ciudades y comarcas que pertenecieran a sus radios de acción» (ESPÁ LASAOSA, 2000: 211).

De manera más específica, esta reunión pionera acordó que cada Sindicato de Iniciativa editase una guía descriptiva anual de propaganda de su ciudad o comarca y trabajar para tratar de abaratar el coste de la propaganda publicada en prensa[136] (PELLEJERO Y LUQUE, 2018: 515). Años después, en el segundo número de la revista *Aragón*, Eduardo Cativiela, vicepresidente del SIPA, defendía la labor de este tipo de entidades por medio de la promoción de un determinado territorio:

> Los Sindicatos son organismos que voluntariamente se imponen la misión de dar a conocer a los extranjeros y a los naturales del país las maravillas de la región, facilitando datos para su visita y procurando hacer la estancia al forastero lo más grata posible. Confeccionan itinerarios de viajes con indicaciones. Informan de los precios de alojamiento. *Hacen una intensa propaganda por medio de guías ilustradas, periódicos, revistas, folletos y cuantas formas de publicidad están a su alcance.*[136]

Esta labor de propaganda mediante la edición impresa de tales formatos citados por Cativiela fue ejercida por el SIPA prácticamente desde el inicio de su existencia. Tal y como se informa desde la propia entidad en la *Memoria de los trabajos realizados por el Sindicato durante el año 1926*, aprobada en la Junta General ordinaria celebrada el 30 de enero de 1927. Datos precisos sobre las ediciones de carteles, tarjetas postales y guías ilustradas todo lo cual quedaba recogido en el intercambio de artículos y fotografías con otras revistas y periódicos, nacionales y extranjeros. Entre los primeros: *Aire Libre*, *El peregrino y el turista*, *Mundo ilustrado*, *Los viajes prácticos*, *Éxito*, *España automovilista*, *Heraldo de Madrid*, etc., mientras que entre los foráneos: *Europa auf Reisen*, *Stanjen's Reisebüro*, de Alemania, y *Comediae*, *Je sais tout*, *Le grand tourisme*, *Le sud-ouest economique*, de Francia. En cuanto a las cifras, la crónica destaca la cantidad de 70.000 «impresos de propaganda», algunos de ellos realizados con la técnica del huecograbado, obra del taller de Santiago Mumbrú de Barcelona.

Además de los folletos, tarjetas postales, hojas plegables etc., se hace mención explícita de la revista *Aragón*, de la que se remitían ya en aquella época 600 ejemplares a todo el mundo, siendo objeto de recepción de esta publicación y de los citados materiales impresos Cámaras de Comercio, Consulados españoles, hoteles, agencias de viajes, firmas editoras y Rotary Clubs de Europa y América. Esta orientación internacional en el terreno de la propaganda, como estamos viendo, ya se estaba dando de manera pionera en el Sindicato, antes incluso de que el Patronato Nacional de Turismo iniciase sus actividades.

Así, a lo que hemos dicho en cuanto a difusión de folletos, tarjetas postales, hojas plegables y de la propia revista *Aragón*, hemos de sumar el envío, a lo largo de 1927, de otra serie de materiales fotográficos a entidades públicas y privadas, así como a particulares establecidos fuera de nuestras fronteras, como la oficina de información de la Compañía Telefónica Internacional en Nueva York, a Ricardo Aznar Casanova, profesor de español en Bruselas y Gante, que solicitó fotografías sobre cuadros de Goya para ilustrar conferencias sobre el pintor aragonés,[138] etc. O ya en 1929, un año especialmente importante para el conocimiento internacional de la realidad española en sus más diversas facetas gracias a la organización de las Exposiciones Internacionales de Barcelona y de Sevilla, hubo más contactos con nuevas entidades y colectivos, como la Cámara de Comercio Española en Burdeos, para, mediante el envío de fotografías y carteles de Zaragoza, presentar en una exposición los atractivos culturales de nuestra ciudad de manera permanente, por no decir de similares materiales para revistas de gran tirada y prestigio, como *La Ilustración Francesa*, etc.[139]

Para estos años finales de la década de los veinte, las previsiones seguían siendo de elevadas cifras a la hora de proyectar nuevas ediciones para publicitar las tres capitales de provincia, más otras localidades importantes de la región como Jaca, Calatayud, Tarazona, Cariñena, Daroca, Barbastro, Borja, Alcañiz, Caspe, o sobre los parajes de Villanúa, concretamente sus grutas, y los valles de Benasque y Ordesa.

La aspiración de difusión internacionalista quedaba corroborada por la traducción de algunos de estos trabajos al inglés y al francés.

Por último, cabe destacar el recurso a otro medio de reciente aplicación para la promoción turística como era el cine, pues se apuntaba la intención de adquirir «un aparato cinematográfico, impresionador (sic) de películas, auxiliar indispensable de la propaganda, que ha de llevarse a cabo de las bellezas y monumentos que existen en Aragón».[140] Como veremos más adelante, se llegaron a filmar, efectivamente, algunas películas ambientadas en Aragón, de diversas temáticas y aspectos, con una voluntad claramente publicitaria.

Pero más allá de estos medios modernos, la guía turística seguía siendo un recurso importantísimo a la hora de promocionar una determinada ciudad o territorio, es más, se va a convertir en una herramienta imprescindible en «la organización del viaje y también en la conformación de los estereotipos, sobre sus páginas se construye el mundo que se desea construir y que se impone al viajero, como si una fuerza superior, la que deriva del conocimiento, fuera diciendo a cada paso dónde reside lo auténtico» (DE DIEGO, 2014: 60).

Así, la primera guía editada por el SIPA fue en 1926, y llevaba el subtítulo o lema de *Zaragoza. Ciudad heroica. Arte-Devoción*, que será repetido en las guías posteriores. En ella, el componente gráfico fue muy resaltable y así se afirmaba desde sus páginas a partir de un nombre propio: «Unas (imágenes) galantemente cedidas, aprovechadas otras de las ya divulgadas. La enorme labor llevada a cabo por don Juan Mora, principalmente, y los demás afortunados colaboradores,[141] ha conseguido animar y prestar singular agrado a esta ingrata labor de orientación».

Ciertamente, muchas de las imágenes publicadas en esta guía ya habían aparecido previamente en algunos números de la revista *Aragón*. Esta publicación, que apenas tenía precedentes salvo el *Álbum-Guía* de Zaragoza editado en 1904, el cual «presumía de contener más clichés fotográficos que ninguna otra hasta el momento» (Parra, 2004: 18), además de servir para promocionar a la ciudad también lo hizo con la entidad que la editaba, cuya obra era «desinteresada y patriótica», como así se encabezaba el texto de la presentación que enumeraba cada una de las acciones emprendidas.

Este trabajo venía a complementar otra serie de folletos ilustrados con aspectos de la ciudad, que incluían breves comentarios y descripciones de algunos edificios históricos o artísticos. Desde la propia revista *Aragón*, en agosto de 1926, se anunciaba la inminente aparición de la guía de la temporada 1926-1927, la cual no habría sido posible sin «el apoyo de la publicidad[142] para poder llegar a dar una edición lujosa que reúne un considerable número de clichés fotográficos».[143] Esta profusión de imágenes fue generalmente alabada por la «belleza de las reproducciones y la concisión e interés del texto», por la cantidad de ejemplares (16.500) y por la triple edición española, inglesa y alemana.[144]

El éxito de esta primera guía hizo que el año siguiente tuviera también su correspondiente. Aparece encabezada igualmente por las acciones llevadas a cabo y las aspiraciones a cumplir a lo largo del curso 1927-1928. Entre las primeras, en estrecha colaboración con otras instituciones, políticas y académicas, el «acondicionamiento» del monasterio de San Juan de la Peña, que hemos comprobado que se consiguió, y la insistencia en la edición de impresos de propaganda, según los datos aportados, más de 70.000. Entre estos impresos, sin duda, la *joya de la Corona* seguía siendo la revista *Aragón*, que era enviada a Cámaras de Comercio, Consulados españoles, hoteles, agencias de viaje y casas editoras.

Entre las aspiraciones a materializar, entre las que vamos a ver que el mantenimiento del patrimonio histórico-artístico y del paisaje aragonés son los objetivos de partida, se hablaba de las gestiones para el acondicionamiento de las «Salas Reales del Castillo de la Aljafería» o la declaración como Parque Nacional el entorno del Moncayo, entre otros aspectos. Asimismo, uno de los planteamientos a inmediato futuro que se proponía era «la adecuada celebración del Centenario de Goya».

En cuanto a los colaboradores gráficos, son los mismos que en la anterior más los nombres de Miguel Marín Chivite, un destacado fotoperiodista, habitual de *Heraldo de Aragón*, que lo fue también de la revista del Sindicato, e Ismael Palacio, otro profesional de este ramo, en plantilla de *El Noticiero*. Pero, de entre todos los nombres, vuelve a destacarse el de Mora Insa empleando los mismos términos que en la precedente. Más nombres que buscaban «mejorar la parte gráfica».[145]

Durante el curso 1928-1929 vería la luz una nueva Guía, con la información de los datos sobre las publicaciones del Sindicato, entre las que destacaba la tercera edición del folleto *Saragosse, la ville heroique*, del profesor Louis Bertrand, cien colecciones de doce fotografías de la ciudad, etc., la mención de excursiones realizadas y a realizar, y el énfasis halagador sobre la revista *Aragón*, sobre todo el número del mes de junio, «con una mayor tirada que la ordinaria», y que permitió estrechar los lazos con Francia.

En las páginas interiores, además de las habituales referencias a los monumentos, y espacios locales más característicos e interesantes para el potencial turista, hubo un capítulo centrado en la joven Sección etnográfica del entonces Museo Comercial, que formaba parte, a su vez, del Museo de Bellas Artes y de Arqueología de Zaragoza; se trataba de la Casa Ansotana, inaugurada en 1924, que fue conseguida gracias, en buena medida, a los desvelos de la familia Cativiela (Pedro Cativiela, padre de Eduardo, tuvo mucho que ver), oriunda de Ansó. Esta casa reproducía con toda fidelidad objetos, trajes (maniquíes vestidos a la usanza tradicional) y espacios típicos de las viviendas propias de este valle, y se cumplía así una de las aspiraciones clave del SIPA, como era la puesta en valor de las tradiciones y costumbres autóctonas de la región aragonesa, con una clara predilección, por qué no decirlo, por las de los valles pirenaicos.

ZARAGOZA

CIUDAD HEROICA

ARTE

DEVOCIÓN

~∽~

GUIA OFICIAL

EDITADA POR EL

SINDICATO DE INICIATIVA

Y PROPAGANDA

DE

ARAGON

✽

1930 = 1931

✽ ✽

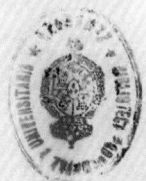

Oficina de información:

PLAZA DE SAS, núm. 7

Abierto de 10 a 13

y

de 16 a 20

Cerrado domingos y días festivos

Página 1

Portada de *Zaragoza, ciudad heroica. Arte Devoción. Guía oficial*, 1930-1931.
Fuente: Sindicato de Iniciativa y Propaganda de Aragón.

La Casa Ansotana permaneció en esas céntricas dependencias hasta que, en 1956, pasó a ocupar unos terrenos en el entonces Parque de Primo de Rivera.[146]

En cuanto a la Guía del curso 1930-1931, siguió la tendencia de las precedentes, es decir, la puntual información sobre las iniciativas del Sindicato en forma de publicaciones, excursiones y contactos con instancias nacionales y extranjeras, la mención a monumentos y espacios más interesantes para el visitante, junto a aquellos usos y costumbres más peculiares y definitorios de la identidad de la ciudad, y, por último, la mención de «diversiones públicas», en que apreciamos, por primera vez, la alusión a los cines locales y su emplazamiento: el Salón Doré, el Cinema Alhambra y Cinema Aragón, en los porches del paseo de la Independencia, el Cinema España, en la Avenida de Madrid, el Salón Fuenclara, y el Cinematógrafo Ena Victoria, «el salón más antiguo de los existentes en la Ciudad».

En esta línea, podemos hablar de una primera guía editada por el Sindicato de Jaca, aparecida en 1930, cuya primera imagen interior es una panorámica desde la Ciudadela, mostrando el edificio modernista conocido como «Casa la Rubia» en plano intermedio y la Peña Oroel al fondo, obra de Francisco de las Heras, quien va a ser el fotógrafo más representado numéricamente a lo largo de estas páginas, con imágenes del interior de la catedral, mostrando las tres naves y el ábside, o con detalles puntuales del templo, como la Capilla de la Trinidad y su retablo. Otros monumentos históricos señeros registrados por su objetivo fueron la Torre del Reloj o Torre de la Cárcel, las dependencias de la Ciudadela, sin olvidar parajes naturales como las Grutas de Villanúa, recientemente inauguradas para la visita del público, como atestiguaba Jorge de Siresa[147] en un artículo, aparecido en agosto de 1929, que subtitulaba «Una fecha memorable para el turismo aragonés».[148]

De las Heras también estuvo presente para registrar la actualidad de ese momento mediante instantáneas de la llegada de los excursionistas procedentes de Zaragoza, Huesca, Jaca y otras pobla-

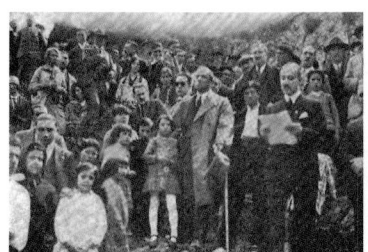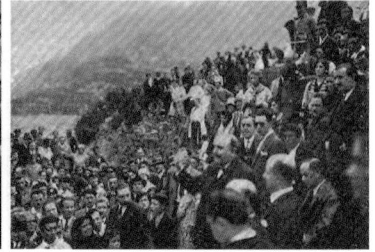

Autoridades ante los excursionistas, Francisco de las Heras, *Aragón. Revista gráfica…*, mayo de 1929. Fuente: Sindicato de Iniciativa y Propaganda de Aragón.

ciones altoaragonesas, además de un grupo de la ciudad francesa de Pau,[149] y para mostrar los actos oficiales en forma de discursos pronunciados por las autoridades, como el alcalde de Zaragoza, Miguel Allué Salvador, o el vicepresidente del SIPA, Eduardo Cativiela. Todavía habría espacio para una última imagen, perteneciente a Juan Mora Insa, y centrada en la iglesia del poblado de Arañones (posteriormente demolida), que se construyó junto a la estación ferroviaria de Canfranc para albergar a los trabajadores. La fotografía es muy similar de composición a otra, de De las Heras, que apareció, con fecha de 24 de julio de 1928, en la madrileña *Estampa. Revista Gráfica y Literaria de la Actualidad Española y Mundial*, en cuyo pie de foto se decía que había sido consagrada recientemente.

Sin dejar la *Guía* de Jaca de 1930, no solo encontramos muchas de las imágenes pertenecientes a De las Heras, pues también se insertó publicidad del fotógrafo que ofrecía al potencial cliente «toda clase de trabajos fotográficos», sobre todo «un inmenso surtido en postales del país», entre las cuales, vistas de los monumentos jacetanos, de la estación de Canfranc, del Valle del Roncal, de Ansó y de la Foz de Biniés, de San Juan de la Peña, de la capital provincial, y de las cuevas de Villanúa.

El segundo fotógrafo más representado por número de imágenes incluidas en este breve y sintético trabajo fue el citado Juan

Mora Insa. Así, hallamos tomas de San Juan de la Peña, detalles del claustro y de algunos de sus capiteles (concretamente, uno de los más reproducidos en diferentes medios impresos, que muestra el pasaje de la Última Cena), el Panteón Real, la portada de la capilla de San Victorián y el Monasterio *nuevo*, Pero, igualmente, hay una interesante vista general de Siresa, con la rotunda presencia volumétrica del monasterio de San Pedro.

Otros nombres que prestaron sus imágenes para esta guía jacetana fueron insignes miembros del SIPA, como Eduardo Cativiela, con una vista de la Plazuela de las Monjas, una sugerente vista enmarcada por arco de Santa Cruz de la Serós, intuyéndose al fondo la iglesia de Santa María, o una panorámica del Monasterio *viejo* de San Juan de la Peña, desde un cerro elevado que permite apreciar su emplazamiento excavado en la roca. Por no hablar de una imagen de paisaje, muy pictorialista, que recoge la Foz de Biniés, cerca de Ansó, y que nos recuerda en gran medida al conocido cuadro del pintor de origen belga afincado en España, Carlos de Haes, que tiene como motivo los Picos de Europa, concretamente *La canal de Mancorbo* (1876), conservado en el Museo del Prado.

Esta misma imagen, nos referimos a la fotográfica, antes de publicarse en la *Guía* de Jaca, había servido ya de portada para el número 10 (julio de 1926) de la revista *Aragón*. Pero, en este caso, había sido *iluminada*, para lo cual habría contado con la participación de Juan Mora Insa, de ahí que aparezca su nombre junto al de Cativiela. Esa coloración le aportaba un cariz todavía más pictórico a la fotografía, recurriendo a un procedimiento decimonónico, el cual había conocido un cierto auge y desarrollo aplicado al retrato; era lo que se conocía como *retrato fotográfico iluminado*, con importante implantación entre las clases acomodadas de mediados del siglo XIX, sus habituales clientes. En este caso, se aplicó al paisaje, y ello le sirvió a Manuel Marín Sancho para reivindicar el paisajismo pictórico como género centrado en nuestros espacios naturales, que, a su parecer, era más bien escaso y en el cual sobre todo se habían fijado los fotógrafos:

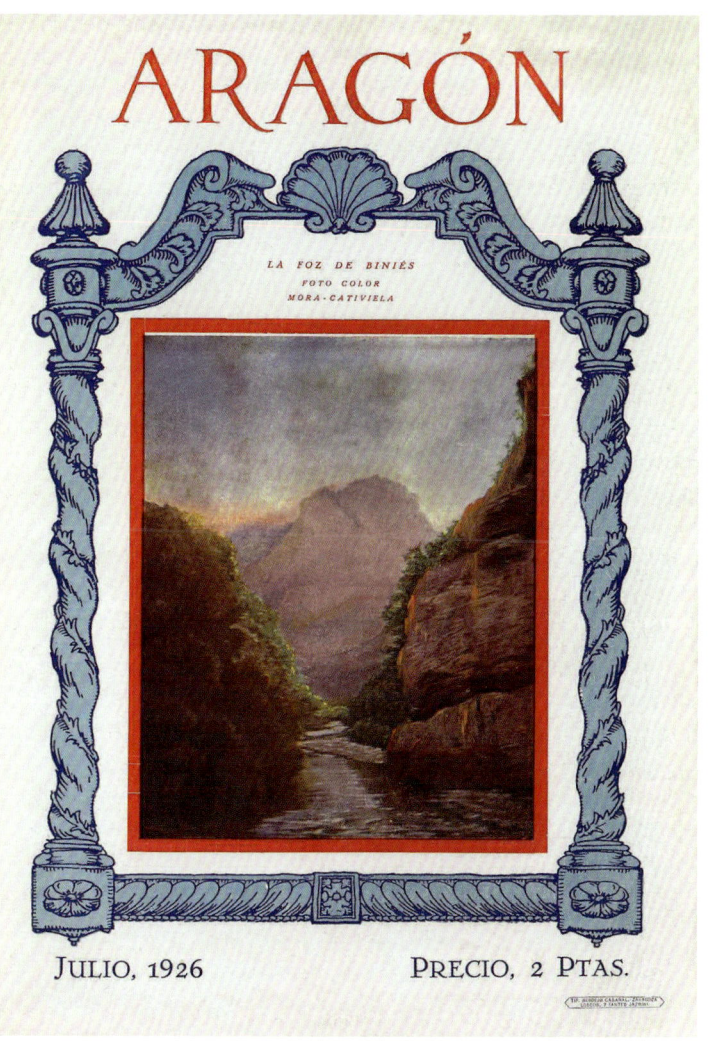

La Foz de Biniés, Juan Mora Insa y Eduardo Cativiela, *Aragón. Revista gráfica…* julio de 1926. Fuente: Sindicato de Iniciativa y Propaganda de Aragón.

Las bellezas de nuestro Aragón las conocemos por este arte nuevo, que tanto se ha despreciado, de la fotografía. Sin ella, la mayoría de los rincones hermosísimos del país continuarían desconocidos. Aficionados y profesionales fotógrafos, han rivalizado noblemente, consiguiendo verdaderas maravillas.[150]

Junto a De las Heras, Mora Insa y Cativiela, tenemos a Lorenzo Almarza, con fotografías a caballo entre el costumbrismo y el paisaje, a juzgar por sus tomas del valle de Hecho, o Joaquín Gil Marraco, del que se incluyó una imagen del Tozal de Mallo, es decir, el valle de Ordesa en su más grande expresión de magnificencia natural.

Un aspecto que nos llama la atención es que todas estas fotografías no se corresponden con los comentarios escritos que acompañan, de tal manera que podemos apuntar una cierta desconexión, cuando no directamente arbitrariedad, a la hora de componer imagen y texto, con lo que no se cumpliría totalmente una de las máximas de este tipo de guías en que se buscaba informar sumariamente a partir de la asociación estrecha entre ambos elementos (fotografía y comentario escrito) sobre los principales elementos de interés, en lo patrimonial y paisajístico, de los lugares de referencia.

Un poco antes del estallido de la Guerra Civil, constatamos la edición de otra *Guía Oficial de Jaca y su región* a cargo del Sindicato de esta ciudad. Se corresponde con el bienio 1934-1935, y presenta la particularidad de que Francisco de las Heras ocupaba por aquel entonces una de las vocalías de la entidad. Precisamente de este es la primera imagen que inaugura el apartado gráfico de las páginas interiores, la misma que mencionamos para la anterior Guía: una vista general de la ciudad con «Casa la Rubia» en plano intermedio y la Peña Oroel al fondo.

En este sentido, los motivos recogidos son similares a la publicación precedente, con los detalles parciales y vistas más generales de los monumentos históricos más identificativos de la localidad. También es verdad que encontramos tomas de otros edificios más cercanos en el tiempo y que los textos se encargan de enfatizar: la

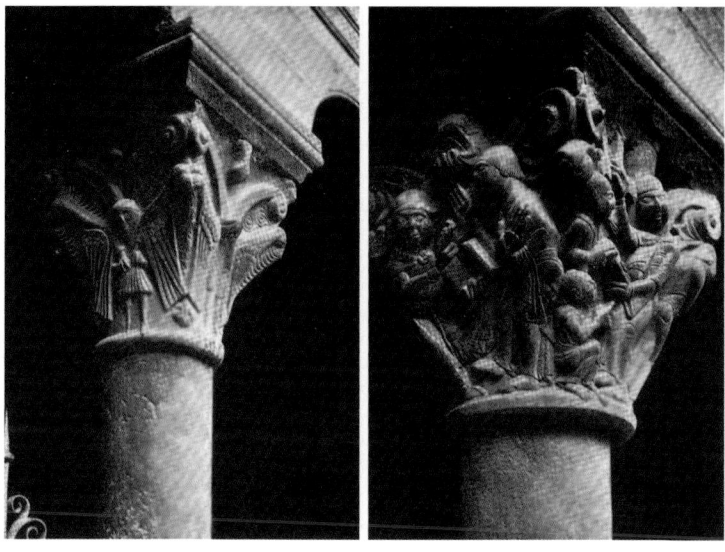

Capiteles de la catedral de Jaca, Francisco de las Heras, *Aragón. Revista gráfica…*,
noviembre de 1931. Fuente: Sindicato de Iniciativa y Propaganda de Aragón.

Universidad de Verano, adscrita a la Universidad de Zaragoza, o la
Estación internacional de Canfranc.

Más allá del interesantísimo formato de la Guía turística, y re-
dirigiendo nuestra atención de nuevo a la revista *Aragón*, localizamos
un notable estudio de un joven historiador en ciernes, Luis Monreal y
Tejada, que años después se afincaría en Barcelona y ejercería labores
docentes en esa capital. El artículo se centraba en otra cuestión muy
discutida sobre la catedral jaquesa (vinculada con su origen incierto),
como era la existencia de un claustro en la época de su construcción.
Dejando a un lado las valoraciones histórico-artísticas, lo más relevante para nuestro objeto de estudio es que el texto aparece acompañado por dos magníficas fotografías de dos capiteles del pórtico del
monumento de Francisco de las Heras.[151]

Queda corroborada de este modo la práctica monopolización de las realizaciones fotográficas referidas a Jaca a cargo de este reputado profesional, muy abundantes en las páginas de la revista del Sindicato, como ya comprobamos desde la portada del número 16 (enero de 1927), con un detalle recortado en ingeniosa composición del Portal de las Monjas, que parte, sin lugar a dudas, de una de sus postales. Una circunstancia, el hecho de reproducir un ambiente nevado y de presidir la portada de *Aragón*, que se volverá a dar justo en el último número (27) de ese mismo año de 1927. La imagen lleva el evocador título «Sinfonía de nieve».

Parecido sentido evocador tenían también las imágenes tomadas muchos años atrás por De las Heras, igualmente en Jaca, aparecidas en la interesante revista *La vida en el campo*, y que materializan, asimismo, una nota de actualidad por tratarse de «las últimas nieves en Jaca», como reza el pie de foto.[152] Esta interesante publicación periódica aragonesa, editada desde marzo de 1909, se proponía desde ese primer número contar con un destacado apartado gráfico, animando a los lectores a enviar sus fotografías, convencidos los editores de que «la publicación de sus clichés por el fotograbado puede servirles de estímulo muy provechoso. Los paisajes de excepcional belleza, las escenas del campo, los tipos populares, los incidentes de caza, abren ancho camino a las aptitudes de los fotógrafos amateurs».[153]

Igualmente, tres años después la revista se reafirmaba en su compromiso con los aspectos gráficos, reafirmación que se convertía en propósito para el año 1913: «La parte gráfica, irreprochable, ha llegado a igualar a las revistas extranjeras de igual género. Debemos gratitud a los notables artistas que nos ayudan a despertar la afición al campo, a avivar el amor a la tierra, a vulgarizar la vida agrícola con las bellas escenas sorprendidas por su objetivo. Aquellos escritores y estos fotógrafos, auxiliados por el arte gráfico en la forma espléndida de que es testimonio de este número, nos permiten la satisfacción de contribuir al desarrollo y prosperidad de la agricultura española con

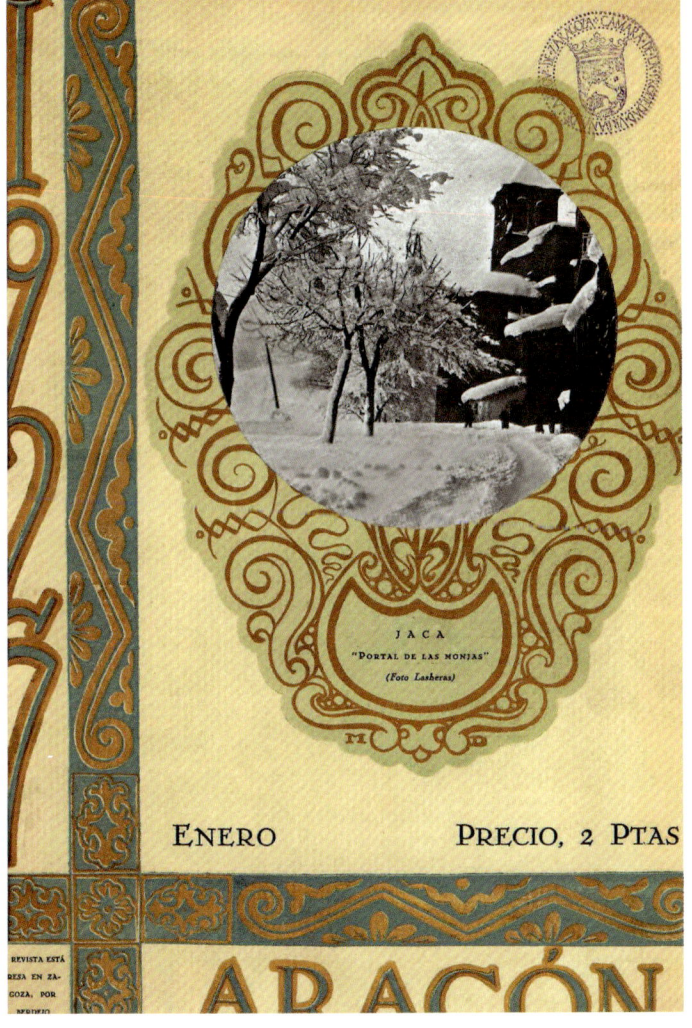

Jaca. *Portal de las monjas*, foto de Francisco de las Heras, *Aragón. Revista gráfica…*, enero de 1927. Fuente: Sindicato de Iniciativa y Propaganda de Aragón.

146

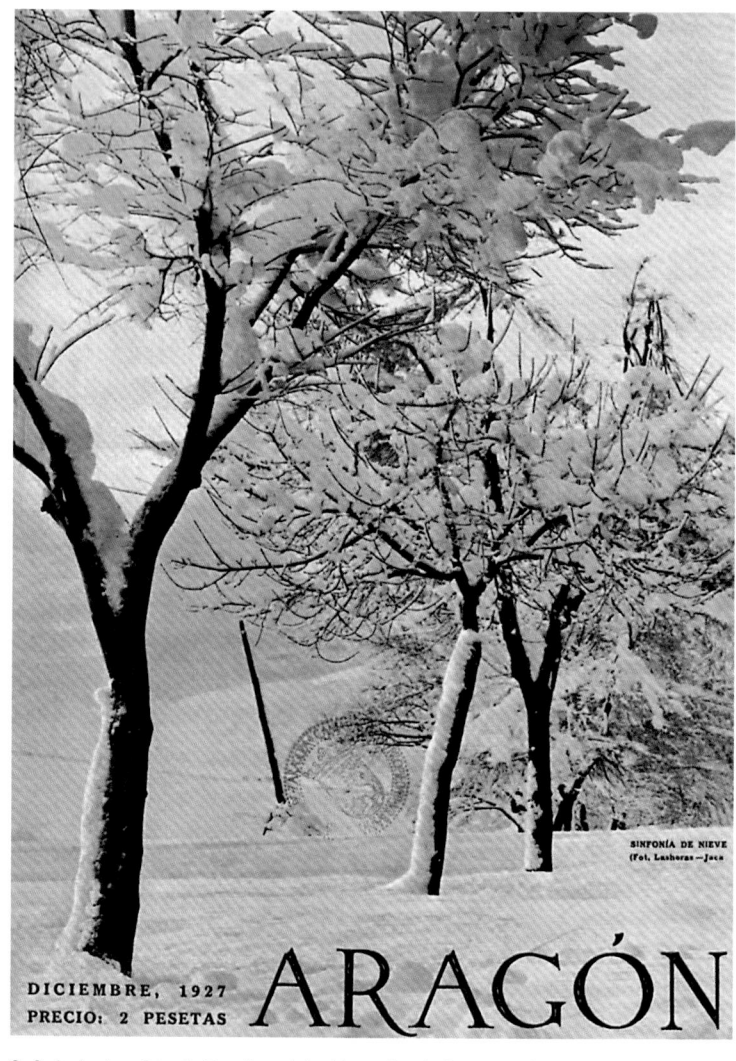

SINFONÍA DE NIEVE
(Fot. Lasheras—Jaca)

DICIEMBRE, 1927
PRECIO: 2 PESETAS

ARAGÓN

Sinfonía de nieve, foto de Francisco de las Heras, *Aragón. Revista gráfica…*, diciembre de 1927.
Fuente: Sindicato de Iniciativa y Propaganda de Aragón.

un órgano de cultura y vulgarización como *LA VIDA EN EL CAMPO*, único en nuestra Patria».[154]

Y no solo aficionados, puesto que también reconocemos entre sus habituales colaboradores a profesionales, como el propio De las Heras, al malogrado Lucas Cepero Bordetas (1881-1924), al citado Aurelio Grasa (1893-1972), y, sobre todo, el alemán afincado en Zaragoza, Gustavo Freudenthal (1869-1948), especializado en retratos de los miembros de la alta burguesía zaragozana[155] ambientados en los salones de sus propios domicilios. Y es que, más que una estancia concreta, «el salón se convirtió en una forma de sociabilidad abierta solo a los miembros de la élite social […] Cumplía así una función esencial en la reproducción social de las familias de la élite» (BUENO MADURGA, 2000: 135).

Dejamos ahí el comentario sobre *La vida en el campo*, que merecería un mayor desarrollo, pero no queremos hacerlo sin dejar de hablar brevemente de dos reportajes gráficos de actualidad, obra de De las Heras, los cuales certifican su actividad como fotorreportero: el primero de ellos estuvo dedicado a registrar las obras del Pantano de la Peña, aparecido en el número 31 (septiembre de 1911), que por aquella época se encontraba en las últimas fases de su construcción,[156] y el otro se ocupó del vuelo efectuado por el aviador francés Jules Védrines sobre la ciudad de Huesca (interesante la imagen en que este planea sobre la catedral), el cual se hizo famoso por ser el primero en volar a una velocidad de más de cien millas por hora. Las dos fotografías, sin texto, solo los pies de foto, que formaron parte del breve reportaje sirvieron para ilustrar la sección «De Sport» (n.º 42, agosto de 1912), en una época en que la aeronáutica todavía era considerada casi más una actividad deportiva, sin vislumbrarse del todo sus posibles usos para el transporte de mercancías o de personas, si bien ya se había aplicado con fines militares, algo que tendrá su plena y lamentable expansión, como es sabido, durante la Primera Guerra Mundial (1914-1918).

Otro tipo de aplicaciones, mucho más benignas, tuvo la fotografía aérea en una época, finales de los años veinte y principios de

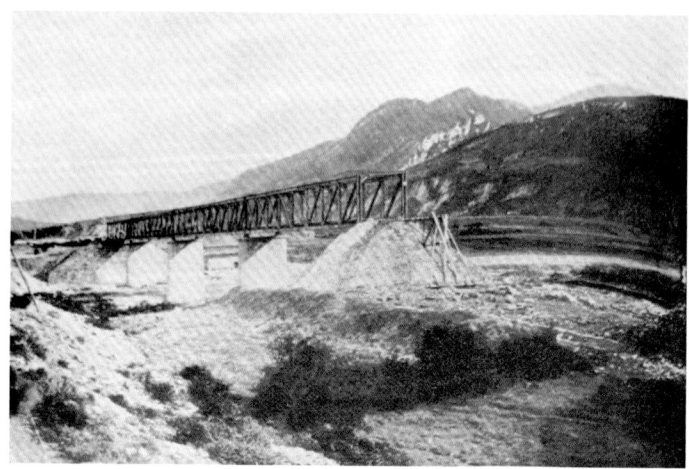

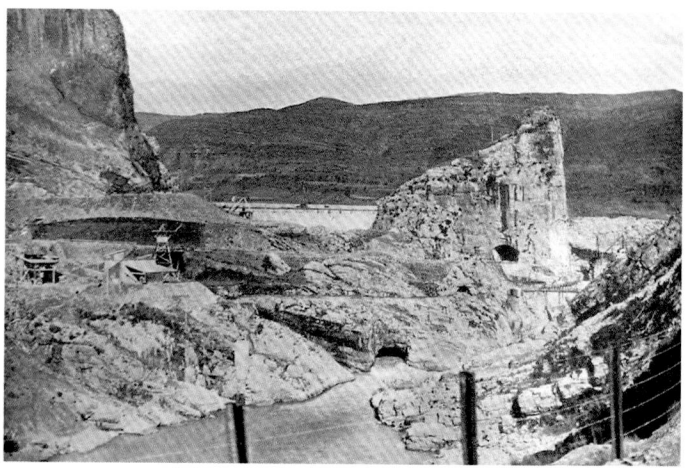

Obras en el Pantano de la Peña, fotos de Francisco de las Heras, *La vida en el campo*, septiembre de 1911. Fuente: Biblioteca de la Facultad de Veterinaria de la Universidad de Zaragoza.

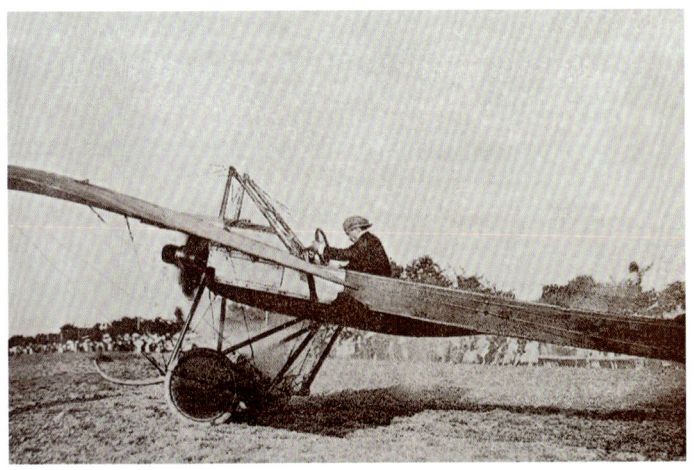

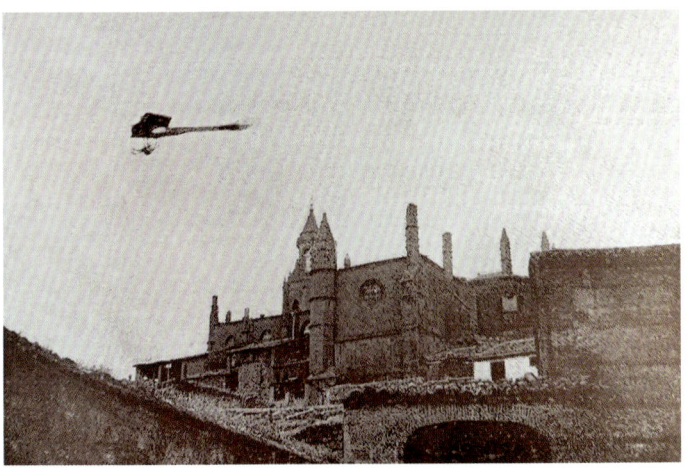

«De Sport. Vedrines en Huesca», fotos de Francisco de las Heras, *La vida en el campo*, agosto de 1912. Fuente: Biblioteca de la Facultad de Veterinaria de la Universidad de Zaragoza.

los treinta, en que la aeronáutica estaba mucho más avanzada. Lo podemos apreciar en el número 97 (octubre de 1933) de la revista *Aragón*, cuya portada es una impresionante imagen aérea del centro de la ciudad. Con los ríos Huerva y Ebro enmarcando el encuadre, y el Paseo de la Independencia como principal eje vertebrador, expresión inequívoca del ensanche decimonónico. Destaca, al fondo, la escasa urbanización de la margen izquierda del Ebro, con los barrios del Arrabal y de Jesús como única presencia construida.

Esta gran panorámica se erige en un documento insustituible para conocer el desarrollo urbanístico de la ciudad antes del gran crecimiento que experimentó Zaragoza en la década de los sesenta. Igualmente aportan tanta o más información, con un innegable carácter documental, las imágenes aéreas (un total de ocho, del entorno del Ebro y de la Basílica del Pilar, más del Paseo de la Independencia), también de Marín Chivite, que ilustran el artículo «La Zaragoza actual. Tradición y modernidad», firmado por Francisco de Cidón,[157] también incluido en este mismo número. El autor reconocía la valía de estas imágenes aéreas: «Las fotografías que publicamos darán a nuestros lectores idea más exacta del desarrollo de la ciudad, que todo lo que nosotros pudiéramos decir».

Estas imágenes aéreas no serían las primeras aparecidas en la revista del SIPA, puesto que ya en la segunda mitad de 1930 encontramos una foto aérea del casco histórico de Zaragoza y del curso del Ebro, con motivo de un monográfico (número 60) dedicado a la inauguración del aeródromo Palomar de la capital aragonesa (localizado junto a la carretera de Huesca), en paralelo a la fundación del Aero-Club de Zaragoza.[158] Esta nueva agrupación ocuparía la misma sede que el SIPA, la SFZ y el «Club Montañeros de Aragón».

La primera imagen a la que aludíamos, se dice explícitamente, fue «obtenida por el servicio de la Confederación del Ebro», no en vano, esta institución fue pionera en la utilización de la fotografía aérea para medir terrenos; un procedimiento de reciente implantación por aquellas fechas y que recibe el nombre de aerofotogrametría. La

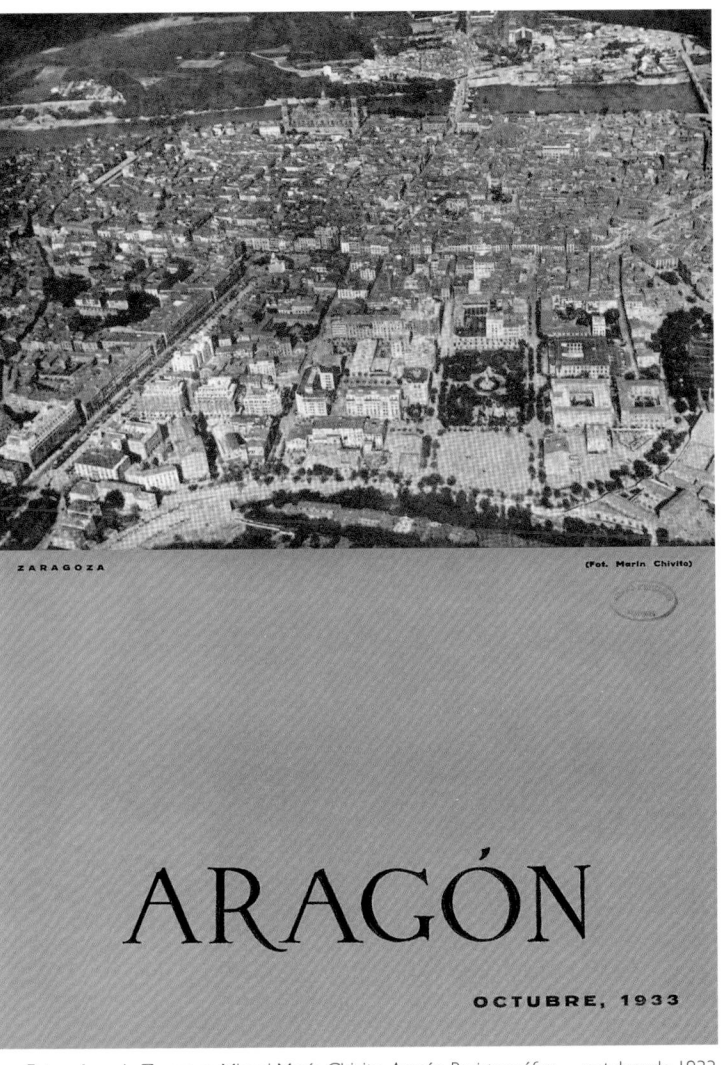

ZARAGOZA (Fot. Marín Chivite)

ARAGÓN

OCTUBRE, 1933

Foto aérea de Zaragoza, Miguel Marín Chivite, *Aragón. Revista gráfica...*, octubre de 1933.
Fuente: Sindicato de Iniciativa y Propaganda de Aragón.

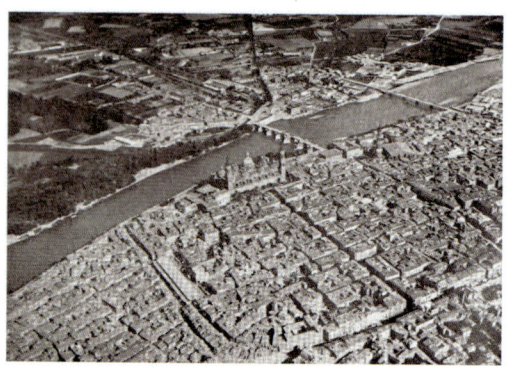

La   Zaragoza   actual

Tradición y modernidad

EN los últimos años del siglo pasado la ciudad, con pequeños ensayos de ensanche, permanecía en un estado de quietud que poco la diferenciaba de la tradicional Zaragoza, célebre por la heroica defensa que de su independencia, que es decir la independencia de España, hizo para asombro del mundo.

El engrandecimiento de la ciudad, su aspecto moderno, el confort público, puede decirse que ha sido tan extenso y tan rápido que los que no nos han visitado en un periodo de diez o doce años se muestran maravillados a la vista de esta Zaragoza actual.

Zaragoza era un pueblo grande por su aspecto, no estaba pavimentada, el polvo en verano y el barro en invierno eran su característica; alumbrado deficientísimo; sin jardines; con la ribera del Ebro abandonada, en estado deplorable...

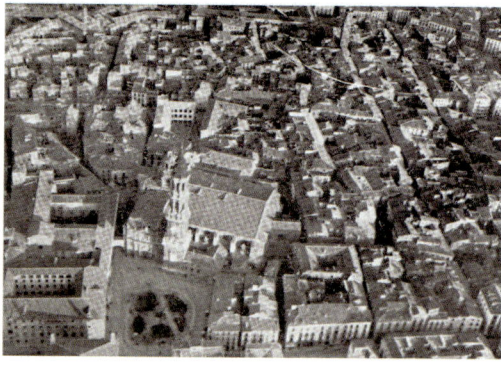

«La Zaragoza actual. Tradición y modernidad», con fotos de Miguel Marín Chivite, *Aragón. Revista gráfica…*, octubre de 1933. Fuente: Sindicato de Iniciativa y Propaganda de Aragón.

propia revista de la Confederación Hidrográfica del Ebro explicaba su funcionamiento y sus aplicaciones de manera muy precisa ya desde su primer número, en julio de 1927:

> Para los casos en que no se necesite la representación del relieve del terreno, por ser el objeto del trabajo el levantamiento de las parcelas, con miras a la tributación por riegos, expropiación por obras, etc., se pensó utilizar la aerofotogrametría, ya que este procedimiento de confección de planos tiene en los parcelarios su principal aplicación y da resultados que son más que suficientemente exactos y proporcionan muy notoria economía de tiempo y dinero, en comparación con los procedimientos clásicos de topografía.

Para llevar a cabo estas tareas de medición, la Confederación recurrió a los servicios de una empresa recién fundada y especializada en ellos: la Compañía Española de Trabajos Fotogramétricos Aéreos (CETFA). Al frente de la misma estaba un experimentado aviador, el Capitán Julio Ruiz de Alda. Con esta empresa se contrataron trabajos como el parcelario de todos los regadíos del río Aragón, desde el Pantano de Yesa hasta su desembocadura en el Ebro, así como los parcelarios de otras cuencas fluviales dependientes de la Confederación.[159]

Manuel Lorenzo Pardo, primer presidente de la SFZ, lo fue también de la Confederación Hidrográfica del Ebro —director técnico— (1926-1931), y, como es lógico, su nombre aparecerá frecuentemente en las páginas de la revista que la entidad publicaba mensualmente. Pero no solo referido a cuestiones técnicas, a puesta en marcha de proyectos, etc., sino también por la faceta estrictamente creativa de su afición fotográfica, de modo que no son pocos los paisajes cercanos al río Ebro, tratados de acuerdo a una estética innegablemente pictorialista, que se nos ofrecen desde los primeros números. La sección, llamada «Paisajes del Ebro» consta de una sola fotografía a página entera con el pie de foto para el título y el nombre del autor: por ejemplo, *El nacimiento del Ebro, en Fontibre*,[160] *El valle de Zamanza (Provincia de Burgos). Uno de los tramos más pintorescos del curso superior del Ebro*,[161] o *Puente sobre el Ebro, en la villa de Frías (Burgos)*.[162]

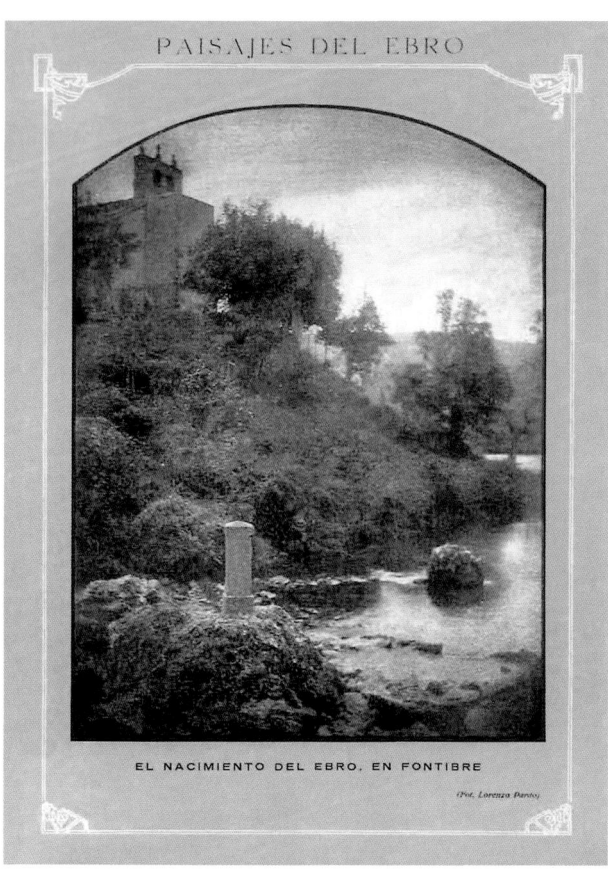

El nacimiento del Ebro, Manuel Lorenzo Pardo, *Confederación Sindical Hidrográfica del Ebro*, agosto de 1927. Fuente: www.chebro.es.

Otro aspecto importante, entre otros muchos que podríamos destacar de las vinculaciones entre la Sociedad Fotográfica y la Confederación Hidrográfica, y de la importancia implícita que el medio fotográfico va a desempeñar en la segunda, gracias a la figura de

Manuel Lorenzo Pardo, es el hecho de que al poco de celebrarse el II Salón Internacional de Fotografía, en noviembre de 1926, Lorenzo Pardo trabó amistad con Juan Mora Insa y le contrató para que trabajase en la organización y dirección de un archivo fotográfico (MARCUELLO, 1990: 128), si bien debe ser reconocido como el primer fotógrafo profesional de la Confederación, Alejandro Otegui Vicandi (PELÁEZ VILLAR y PERLA MATEO, 2023: 259-271).

Retomando la labor del Sindicato de Jaca, aparte de la edición de Guías turísticas, esta entidad también recurrió a la organización de concursos de fotografías para la promoción de su territorio, como el que se convocó en agosto de 1933 para aficionados. En las bases quedaba contemplado que «los asuntos de las fotografías deberán ser forzosamente de Jaca y sus valles del Pirineo». Todas las obras recibidas serían expuestas en uno de los locales del Casino de Jaca, y las premiadas quedarían en propiedad del Sindicato «que podrá reproducirlas como crea conveniente».[163] No tenemos más datos acerca del tipo de obra que se presentó, pero, gracias de nuevo a la prensa periódica, conocemos de manera muy general la temática mayoritaria, el paisaje, y los nombres de los premiados: 1.er Premio: Antonio Tramullas;[164] 2.º Antolín Nuviala; 3.º Javier Zabalza; 4º: Francisco Dumas Sichar y Accésit para Fernando Bretos.[165]

Otra iniciativa con finalidades promocionales de Jaca y de su comarca que lideró el Sindicato local, en colaboración con el SIPA, fue la inauguración del Museo Románico, en la segunda mitad del año 1934. Muchos años antes de la puesta en marcha del Museo Diocesano de Jaca, que acogería buena parte de los restos artísticos de este estilo medieval, además de los de otras épocas, el espacio escogido fue el Monasterio de las Benedictinas, y tuvo como pieza *estrella* el sarcófago de Doña Sancha (finales del siglo XI), hija de primer rey de Aragón, Ramiro I. Patrimonio y noticia de actualidad se dan la mano y todo ello fue documentado, una vez más, por Francisco de las Heras, con imágenes de capiteles y de algunas escenas que componen el sarcófago mencionado.[166]

y Cataluña hasta Módena y Bari y Cremona y Pavía, en Italia, y por Francia extendían su influencia hasta Barfreston en Inglaterra, hasta Bolton en Escocia, y hasta algunas sepulturas y templos de Dalmacia, Alemania y Suecia. Y este sarcófago estaba en la clausura de unas monjitas, tan pobres como fueron antaño ricas, que consigo lo trajeron de su primitivo monasterio al actual cenobio, cuando se tras-

por la rica decoración de su cara delantera. Por fin, la última sala del Museo, la cámara funeraria, digámoslo así, de Doña Sancha de Aragón, en cuyo centro se levanta sobre seis columnitas el magno y discutido sepulcro. Si, como todos los arqueólogos dan por descontado, este sarcófago se hizo a raíz de la muerte de la real señora, éste es un monumento fechado: es de 1095. Este año fué sepultada Doña Sancha

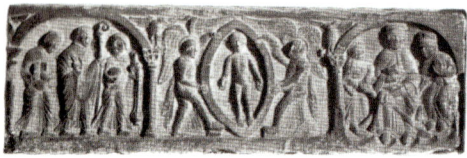

Sepulcro de Doña Sancha (lado derecho)

ladaron en el siglo XVI. Ellas salvaron el tesoro escultural románico que hay derramado por las cuatro caras del sarcófago; ellas han conservado, y ellas, las pobrecitas benedictinas de Jaca, libertan de la secular clausura la distinguida joya, y la exponen al público para su contemplación y estudio.

La portería o compás del Monasterio se ha trocado en Museo románico. En tres ambientadas estancias sustraídas también al convento, se ha instalado un rincón artístico, un remanso histórico-arqueológico, donde, en plena paz monacal, se puede ya gozar el sarcófago de Doña Sancha. Para disponer el espíritu, el compás de las monjas se ha enjoyado con una bella taza de pila bautismal, gótica, y un crismón románico que inician la naciente colección de piezas arqueo-

en el Monasterio de Santa Cruz de la Serós, al pie de San Juan de la Peña, donde estuvo hasta el siglo XVI. Aquí lo miramos ahora casi intacto, patinado con esos tonos de marfil antiguo, de ágata a trechos, que toman las piedras milenarias. El alma de la venerable muerta la llevan dos ángeles al cielo, mientras, a un lado, el clero hace el oficio de difuntos, y al otro, Doña Sancha ora entre sus dos hermanas. ¿No será que la Abadesa y su comunidad oran por Doña Sancha? Por la otra cara, Sansón desquijando un león, y dos guerreros a caballo pelean con escudos y lanzas.

Al histórico monumento le hacen guardia de honor cuatro imágenes medievales colocadas sobre repisas de piedra en los muros. El hieratismo de estas esculturas les presta carácter para velar el regio sarcófago. Las monjitas han pues-

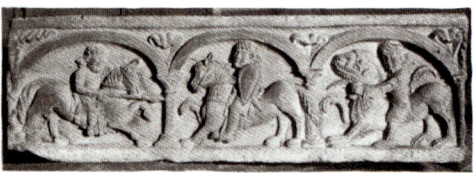

Sepulcro de Doña Sancha (lado izquierdo)

lógicas, llamada a enriquecerse progresivamente con depósitos, hallazgos y adquisiciones. La pila bautismal es ya depósito de una generosa dama jaquesa, que la tenía en su jardín. A su ejemplo, hay varios ofrecimientos de capiteles románicos. Vendrán, de seguro, tantos y tantos restos venerandos, como habrá esparcidos por toda la región de la vieja diócesis aragonesa.

Entramos en el Museo propiamente dicho. Más capiteles románicos, basas, dinteles esculpidos, un bello sarcófago gótico de niño, tal vez de algún infantuelo o hijo de prócer,

to una ilustración anecdótica en el cuadro: un maniquí con el hábito benedictino reza a los pies de la estancia y enseña a los visitantes, cómo fué vestida a la tumba Doña Sancha y cómo visten las damas que fueron sus últimas compañeras en este mundo.

Un pequeño museo. Una joya, que envidian los mayores museos. Una contribución más a la cultura, que acaban de hacer unas monjas de las más necesitadas de España.

(Fotos de las Heras) M. HERRERO GARCÍA.

Sepulcro de Doña Sancha, Francisco de las Heras, *Aragón. Revista gráfica…*, septiembre de 1934. Fuente: Sindicato de Iniciativa y Propaganda de Aragón.

Notas de este capítulo

70   Soldevila Faro, J., «El archivo fotográfico Mora Insa», *El Ebro. Revista aragonesista*, n.° 147, agosto de 1929, p. 4.

71   En *Aragón. Revista gráfica…*, n.° 60, septiembre de 1930, p. 135.

72   Denominación anterior a la actual de Plaza de los Sitios.

73   Marín Sancho, M., «Visitas al Museo Provincial de Aragón. I Meditaciones», *Aragón. Revista gráfica…*, n.° 25, octubre de 1927, pp. 199-200.

74   Anónimo, «Labor del Sindicato», *Aragón. Revista gráfica…*, n.° 2, noviembre de 1925, p. 29.

75   Edujoa, «Centenario de Goya», *Aragón. Revista gráfica…*, n.° 15, diciembre de 1926, p. 261. Según Virginia Espá, detrás del seudónimo «Edujoa» se encontraban Eduardo Cativiela y Joaquín Gil Marraco, firmando conjuntamente. (Espá Lasaosa, 2000: 228).

76   Citado en Anónimo, «Crónica del Museo de Zaragoza», *Boletín del Museo Provincial de Bellas Artes*, n.° 2, 1918, pp. 26-28. En el número precedente de esta revista se publicó el Reglamento de reorganización de los Museos provinciales y municipales de Bellas Artes, aprobado por Real Decreto de 24 de julio de 1913, en el cual se incluían referencias a la presencia de la fotografía en estos espacios culturales: Art. 16: «[…] Igualmente procurará formar álbumes y colecciones fotográficas de las obras existentes en el Museo, con arreglo a las condiciones indicadas para los Catálogos y a fin de que sirvan de eficaz propaganda para el conocimiento de las obras recogidas. En *Boletín…*, n.° 1, enero de 1917, pp. 1-17.

77   Un académico (sic), «El VIII Congreso Nacional de Arquitectos», *Boletín del Museo Provincial de Bellas Artes*, n.° 3, enero de 1918,

p. 35. Nota del Autor: Esta es la cronología que consta en la portada del número consultado, pero obedece, claro está a una errata. Pueden consultarse todos los números digitalizados de la revista del Museo en http://www.museodezaragoza.es/publicaciones/boletin-del-museo-de-zaragoza/. Véase otra descripción más somera de la exposición en P., «Crónica del Museo», *Boletín del Museo Provincial de Bellas Artes*, ibídem, p. 39.

78 *Ibídem.*

79 Véase al respecto, Anónimo, «El Congreso de Arquitectos», *Heraldo de Aragón*, 4 de octubre de 1919, p. 2.

80 Tomado de la reseña sobre el Congreso hecha por un autor anónimo en la revista *Arquitectura y Construcción. Resumen anual de Arquitectura, Bellas Artes, Ingeniería, Decoración e Industrias constructivas, así en España como en el extranjero*, año de 1919, p. 244. Puede consultarse íntegramente el texto facsímil de las ponencias, en Laborda, 2006 (dos tomos).

81 Anónimo, *Arquitectura y Construcción...*, ibídem, pp. 250-251. Véase también al respecto la reseña publicada en *Heraldo de Aragón*, 6 de octubre de 1919, p. 1.

82 Anónimo, «El Octavo Congreso Nacional de Arquitectos. Solemne sesión de apertura», *Heraldo de Aragón*, 2 de octubre de 1919, p. 2.

83 Por otro lado, sabemos que el año precedente, 1924, se habían producido trabajos de consolidación de esta misma torre, a cargo del arquitecto madrileño Ricardo García Guereta, autor de obras neomudéjares como el Seminario Conciliar de Madrid, inaugurado en 1906. Él mismo firmaría un artículo titulado «Las torres de Teruel», aparecido en el número 73 (mayo de 1925) de la revista *Arquitectura. Revista mensual-órgano oficial de la Sociedad Central de Arquitectos*, con fotografías de Luis Lladó y Fábregas, fotógrafo oficial de la Escuela Superior de Arquitectura de Madrid desde 1920. (Lázaro, 2017: 437). Precisamente este artículo de García Guereta sería reseñado por el también arquitecto, el zaragozano Luis de la Figuera y Lezcano, en las páginas de *Aragón*, bajo el homónimo título de «Las torres de Teruel», en el número 7, correspondiente a abril de 1926, pp. 99-100.

84 Anónimo, «Labor del Sindicato», *Aragón. Revista gráfica…*, n.º 8, mayo de 1926, p. 116.

85 ANÓNIMO, «Labor del Sindicato», *Aragón. Revista gráfica…*, n.º 9, junio de 1926, p. 165.

86 Datos extraídos de ANÓNIMO, «Labor del Sindicato», *Aragón. Revista gráfica…*, n.º 27, diciembre de 1927, p. 253.

87 Según se refiere en ANÓNIMO, «Memoria correspondiente al año 1927, leída ante la Junta General Ordinaria que se celebró el 22 de enero de 1928», *Aragón. Revista gráfica…*, n.º 29, febrero de 1928, pp. 22-23.

88 Archivo General de la Administración: (03) 049. 002. Caja 11857. Top. 22/44.203-52.704.

89 Por ejemplo, localizamos imágenes suyas para ilustrar un artículo propio titulado «Interés histórico y arqueológico del Alto Aragón», *Aragón. revista gráfica…*, n.º 49, octubre de 1929, pp. 188-191. Entre las localidades que aparecen mencionadas, Alquézar, Aínsa y Agüero, con la iglesia de Santiago de esta última. Se muestran detalles puntuales de capiteles, columnas y portadas con un interés estrictamente ilustrativo para acompañar un texto analítico y descriptivo.

90 En su artículo «El excursionismo en el Alto Aragón», *Boletín de la Sociedad Española de Excursiones: arte arqueología, historia*, n.º 44, 1936-1940, pp. 169-174.

91 Tomado de «El Archivo de Navarra homenajea al tudelano José Ramón Castro Álava»: https://www.tudelahoy.com/articulo/cultura-ocio/archivo-navarra-homenajea-tudelano-jose/20210113141237015800.html (consultado en 30 de septiembre de 2024). En este recurso *web* se afirma también que, siendo director del Archivo Real y General de Navarra, Castro Álava puso en marcha, ya en la década de los cincuenta, el Servicio Fotográfico y de Microfilmación y el Laboratorio de Restauración.

92 Obispo de Tarazona, «Del Prelado al Sindicato de Iniciativa y Turismo», *Aragón. Revista gráfica…*, n.º 41, febrero de 1929, pp. 27-28.

93 ANÓNIMO, «Nuestra portada», *Aragón. Revista gráfica…*, n.º 59, agosto de 1930, p. 141.

94 Destacan, en este sentido, abundantes reproducciones de obras de Francisco de Goya, como las aparecidas en su *Catálogo de* *los retratos que se venden de J. Laurent, fotógrafo de S.M. la Reina*, fechado en 1861.

95 ÍÑIGUEZ ALMECH, F., «Influencias en la Arquitectura Aragonesa», *Aragón. Revista gráfica…*, n.º 82, julio de 1932, pp. 123-126.

96 ÍÑIGUEZ ALMECH, F., «Influencias de la Arquitectura Aragonesa», *Aragón. Revista gráfica…*, n.º 88, enero de 1933, pp. 2-5.

97 El propio Íñiguez Almech dedicaría un estudio monográfico a estas torres, en «Torres mudéjares aragonesas. Notas de sus estructuras primitivas y su evolución», *Archivo Español de Arte y Arqueología*, tomo 13, n.º 39, 1937, pp. 173-190. Texto ilustrado con dibujos y fotografías, estas últimas —las pertenecientes a la iglesia de Alfajarín y San Gil de Zaragoza— obra de Mora Insa. Ya previamente, algunas de estas mismas fotografías de Mora Insa sirvieron para ilustrar otro artículo de ÍÑIGUEZ ALMECH: «Notas para la geografía de la arquitectura mudéjar en Aragón», en *Boletín de la Sociedad Geográfica Nacional*, tomo LXXIV, n.º 6, junio de 1934, pp. 306-328.

98 Se trata de la misma imagen que apareció previamente publicada en su artículo «Arquitectura mudéjar aragonesa. Iglesia parroquial de Santa Tecla, de Cervera de la Cañada», *Archivo Español de Arte y Arqueología*, tomo 6, n.º 16, 1930, pp. 57-65. Muchos de estos artículos, relevantes para la historiografía sobre el mudéjar aragonés, fueron compilados y estudiados por BORRÁS GUALIS, 2002.

99 ÍÑIGUEZ ALMECH, F. y SÁNCHEZ VENTURA, R., «Un grupo de iglesias del Alto Aragón, *Archivo Español de Arte y Arqueología*, tomo 9, n.º 27, diciembre de 1933, pp. 215-236.

100 Fotografías que fueron vueltas a publicar muchos años después junto con las del fotógrafo zaragozano José Antonio Duce, en un interesante experimento que buscaba comparar la evolución de los monumentos en sí (tras intervenciones restauradoras, el inevitable paso del tiempo, etc.) y del entorno natural que los acoge. Téngase en cuenta también los textos que preceden a las imágenes, en GARCÉS ROMEO, J. y DUCE GRACIA, J. A. (coords.), *Las iglesias de Serrablo*, Huesca, Amigos de Serrablo, 2007. Este libro contiene también muy interesantes dibujos de Julio Gavín Moya, fundador y presidente durante muchos años de la Asociación Amigos de Serrablo.

101   Íñiguez Almech, F., «La restauración de la catedral de Jaca», *Aragón. revista gráfica…*, n.º 117, junio de 1935, pp. 99-101.

102   Comenge, C., «El Sindicato de Iniciativa y Propaganda de Aragón ante el IX Centenario de la Catedral de Jaca», *Aragón. Revista gráfica…*, n.º 268, julio-agosto-septiembre de 1963, p. 2. Otros textos en este mismo número relativos al templo: Gascón de Gotor Giménez, A., «Jaca y su Catedral», *ibídem*, pp. 4 y 6. Camón Aznar, J., «Significado de la Catedral de Jaca», *ibídem*, pp. 5-6. Y Durán Gudiol, A., «La Catedral de Jaca en las memorias de Pero Villacampa», *ibídem*, pp. 9 y 16.

103   Muchas de estas imágenes corresponden al valle de Ansó. Sobre esta faceta de De las Heras, véase Serrano, 2000: 9-11.

104   Se refiere a la iglesia de Santa María de la localidad de Santa Cruz de la Serós.

105   Lampérez y Romea, V., «La Covadonga de Aragón. El Real Monasterio de San Juan de la Peña», *Boletín de la Real Academia de la Historia*, tomo 76, enero de 1920, p. 28.

106   Que el propio Ricardo del Arco agradecía de esta manera en la Introducción: «No terminaré sin realzar, como es debido, el proceder del Sr. D. Francisco de las Heras, reputado artista fotógrafo de Jaca, gran amante de la arqueología, y en especial del Monasterio de San Juan de la Peña; quien no contento con haber editado una colección de veinte selectas tarjetas postales de aquél y de Santa Cruz de la Serós para divulgar el conocimiento de entrambos monumentos, publica hoy el presente libro, con un desprendimiento y un amor patrio raros ciertamente, y ejemplares y confortantes en los decantados tiempos que vivimos». En *La Covadonga de Aragón. El Real Monasterio de San Juan de la Peña…*, p. 2.

107   De la reconquista cristiana de la ciudad de Zaragoza, en 1118, encabezada por el rey Alfonso I «El Batallador».

108   En *La Covadonga de Aragón. El Real Monasterio de San Juan de la Peña…*, s/p. Según consta, el texto fue reproducido partiendo del periódico *El Noticiero* (Zaragoza, 17 de febrero de 1919), y este, a su vez, del Diario de Sesiones del Senado. El subrayado es nuestro. No solo aparece publicado en el libro de Del Arco y De las Heras este texto del obispo de Jaca, también se incluye el referido artículo de prensa de Cavia y de

otros autores que exigieron el reconocimiento institucional del Monasterio de San Juan de la Peña.

109 Estas mismas imágenes de Francisco de las Heras aparecerían años después en el artículo de Leopoldo TORRES BALBÁS titulado «La arquitectura románica aragonesa. La restauración del claustro de San Juan de la Peña», revista *Arquitectura. Órgano oficial de la Sociedad Central de Arquitectos*, n.º 88, agosto de 1926, pp. 303-308. Estas imágenes no son las únicas, puesto que aparecen otras correspondientes a monumentos desaparecidos: iglesia de Santiago de Daroca, claustro del Convento de Santa Fe de Zaragoza, o la ya citada fotografía de la Torre Nueva, de Jean Laurent. No consta la autoría de las anteriores. Estas fotografías sirvieron al arquitecto para hacer un auténtico alegato en favor de criterios modernos y científicos a la hora de acometer las restauraciones de los edificios históricos, y, a la vez, reivindicar la importante labor desempeñada por los arquitectos restauradores: «En España se cree que cualquier arquitecto, por el hecho de serlo, está capacitado para intervenir en la conservación y restauración de monumentos. Cualquiera, sin conocimiento alguno de arqueología monumental, ignorando los métodos modernos que se emplean en la reparación de aquéllos, sin práctica alguna de tales cuestiones ni haberse planteado jamás problema tan complejo y debatido, se encarga de la restauración de un monumento antiguo como descanso a fatigosos trabajos de arquitectura contemporánea». *Ibídem*, p. 308.

110 BARBASÁN LUCAFERRI, M., «Pintores aragoneses», *Aragón. Revista gráfica…*, n.º 2, noviembre de 1925, p. 25.

111 MARÍN SANCHO, M., «La Calle de Arrigo en Ansó. Octavio Bianqui (colección Cativiela-Zaragoza)», *Aragón. Revista gráfica…*, n.º 8, mayo de 1926, p. 116.

112 Como así lo refería el corresponsal del periódico *La Vanguardia Española* en Nueva York, Ángel Zúñiga, en su crónica sobre una exposición suya —titulada *España espectacular*— en el Museo Metropolitano: «Ortiz Echagüe recogió, como nadie lo ha hecho antes ni después, el alma española, en su aspecto más vario y dramático. Sus libros, antes que otra cosa alguna, pusieron a los españoles en contacto con esa realidad profunda que había ya determinado todo un movimiento literario. Las fotografías de Ortiz-Echagüe son, diríamos, una consecuencia de la generación del 98». En «La exposición fotográfica de José Ortiz Echagüe», *La Vanguardia Española*, 14 de febrero de 1960, p. 16.

113 Los nombres que aquí consignamos son unos pocos de los numerosos fotógrafos y artistas plásticos, nacionales y extranjeros, que viajaron a este rincón del Alto Aragón a lo largo ya del siglo XIX. Para más información, véase el libro coordinado por GENERELO, 2023.

114 J. A. S. P., «San Juan de la Peña», *Revista de Aragón*, n.º marzo de 1902, p. 230.

115 Sobre la implicación del Sindicato y el monasterio oscense, véase la conferencia del Presidente de Honor del SIPA, Miguel Caballú Albiac resumida en «San Juan de la Peña en el ADN del SIPA»: https://hdadsanjuandelapenya.com/san-juan-de-la-pena-en-el-adn-del-sipa/.

116 ABIZANDA Y BROTO, M., «San Juan de la Peña. Lo que fue. Lo que es. Lo que debería ser», *Aragón. Revista gráfica…*, n.º 1, octubre de 1925, pp. 8-10.

117 CASTÁN PALOMAR, F., «Al inaugurarse la carretera a San Juan de la Peña», *Aragón. Revista gráfica…*, n.º 70, julio de 1931, p. 117.

118 X.X.X. (sic), «III Día de Aragón en San Juan de la Peña. 23 de julio de 1933», *Aragón. Revista gráfica…*, n.º 95, agosto de 1933, pp. 137-140. El siguiente texto aparecido en este número, titulado «¿Cuándo nos enmendaremos?», fue el discurso mandado por el catedrático Domingo Miral, leído por José Albareda también en San Juan de la Peña después de la intervención de Del Arco, aparece ilustrado con una foto de los danzantes de Yebra de Basa, igualmente tomada por DE LAS HERAS. *Ibídem*, pp. 140-142.

119 ANÓNIMO, «Se ha celebrado el II Día de Aragón», *La Voz de Aragón. Diario gráfico independiente*, 12 de julio de 1932, p. 2.

120 ABIZANDA BALLABRIGA, J. M., «IV Día de Aragón en San Juan de la Peña», *Aragón. Revista gráfica…*, n.º 107, agosto de 1934, pp. 134-139.

121 LÓPEZ LANDA, J. M., «Calatayud, centro de turismo», *Aragón. revista gráfica…*, n.º 83, agosto de 1932, pp. 143-144.

122 López Landa dedicó un breve estudio a este conjunto de iglesias bajo el título «Iglesias góticomudéjares del Arcedianado de Calatayud»; texto que fue publicado en la revista *Arquitectura*.

Órgano Oficial de la Sociedad Central de Arquitectos de Madrid, en su número 49, correspondiente a mayo de 1923, pp. 125-135. Posteriormente se hizo una edición en separata, por Gráficas Reunidas, Madrid, 1923. El trabajo aparece profusamente ilustrado con fotografías del propio López Landa, centradas en los exteriores, para tratar cuestiones ornamentales sobre la utilización del ladrillo y la cerámica en fachadas, y en interiores, referidos más los comentarios a cuestiones estructurales. Considérese también de López Landa el estudio sobre *El Monasterio de Nuestra Señora de Rueda*, que en origen fue presentado como ponencia en el II Congreso de Historia de la Corona de Aragón, celebrado en Huesca en abril 1920, y que fue publicado por la Imprenta Ruiz y Gracia, de Calatayud, en 1922. El estudio está ilustrado con fotografías (púlpito del refectorio, sala capitular, claustro, etc.) del propio López Landa, junto a otras de Leopoldo Torres Balbás (interior de la sala capitular).

123 Marco, Á., «La Biblioteca «Gracián»», *Aragón. Revista gráfica…*, n.º 83, agosto de 1932, pp. 144-146.

124 Actualmente, y tras diversas reubicaciones, sigue abierta como Biblioteca Pública Municipal en dependencias del antiguo Real Seminario de Nobles, en la calle Blas y Melendo de Calatayud.

125 Martín Ballesteros, L., «Viejas calles del Calatayud antiguo», *Aragón. Revista gráfica…*, *ibídem*, pp. 147-148.

126 Anónimo, «Artistas bilbilitanos: Mariano Rubio», *Aragón. Revista gráfica…*, *ibídem*, p. 150.

127 *Ibídem*, pp. 149-150.

128 Algunas de estas imágenes pueden contemplarse en Rubio Vergara, 1995.

129 Datos tomados de https://cesbor.blogspot.com/2023/10/otra-obra-de-enrique-celma-alcaine.html (consultado en 5 de noviembre de 2024).

130 Celma Alcaine, E., «Primera Conferencia Económica Aragonesa», *Aragón. Revista gráfica…*, n.º 100, enero de 1934, p. 8. Los subrayados son nuestros. Este texto, junto con el resto de intervenciones, trabajos desarrollados y conclusiones de la citada Primera Conferencia Económica Aragonesa, fueron publicados en dos volúmenes.

131 Párrafos tomados del *Resumen de Actos, sesiones y trabajos realizados* en la Primera Conferencia Económica Aragonesa, Zaragoza, 1933, pp. 155-156. En este volumen, también se recoge la intervención de Eduardo Cativiela, presidente del SIPA, que glosó la historia y la labor de las entidades oficiales españolas a favor del turismo, con especial interés en los Sindicatos de Iniciativa. Y la de José Galiay, de cuya breve intervención parece desprenderse, extrañamente, que no le dio demasiada importancia al papel de la fotografía a la hora de la promoción y propaganda de los atractivos turísticos locales: «Tan conveniente como lo apuntado serían unas pequeñas guías de los monumentos más importantes, en cuatro páginas, con un plano del monumento, acompañado de alguna fotografía de conjunto y con ellos las noticias históricas y de arte necesarias para ilustrar al visitante; cuyas guías podían expenderse o adquirirse allí mismo en el acto de la visita». *Ibídem*, p. 185.

132 Mismo año en que se fundó el Sindicato de Iniciativa de Barbastro, como se recoge en la crónica en *Aragón. Revista gráfica…*, n.° 44, mayo de 1929, pp. 87-88. Con fotos de Eduardo Cativiela, que asistió a la primera reunión, celebrada el 7 de abril de ese año, en representación del SIPA.

133 Dos años después se celebraría, durante el mes de marzo, la III Asamblea en la sede del SIPA. Véase la extensa reseña de la misma firmada por De Cidón, Francisco, «III Asamblea de la FESIT», *Aragón. Revista gráfica…*, n.° 103-104, abril-mayo de 1934, pp. 68-70. Con dos fotos de Miguel Marín Chivite y Abelardo de la Barrera.

134 Anónimo, «I Asamblea Turística del Pirineo», *Aragón. Revista gráfica…*, n.° 275, abril-mayo-junio de 1965, p. 8.

135 A la altura de 1933, el entonces presidente del Sindicato jaqués explicaba el origen del mismo: «Percatados los jaqueses de la importancia y trascendencia del verano procuraron agruparse, constituyendo una Sociedad que, sin fin alguno económico, pero sí llevados de un vehemente amor a la patria chica, satisficiera sus anhelantes deseos de procurar una agradable permanencia a nuestros veraneantes, al propio tiempo que les proporcionara orientación real y perfecto conocimiento de Jaca y sus alrededores». Tajajuerce, J., «Jaca y el turismo», *La Voz de Aragón. Diario gráfico independiente*, 12 de julio de 1933, p. 9.

136 En el V Congreso Internacional de Turismo, celebrado en Madrid, en octubre de 1912, se seguía insistiendo en la necesidad de editar «guías monumentales» como «manera de difundir el conocimiento de las bellezas arquitectónicas». Así fue descrito en las ponencias que se debatirían dentro de la IV Sección: La Arquitectura y el Turismo. Asimismo, se habló sobre la utilidad de celebrar «concursos de fotografías de edificios históricos, de ruinas monumentales, de paisajes, de tipos populares de las diversas regiones del Pirineo francés, España y Portugal, de fiestas regionales». Todo ello referido en ANÓNIMO, Información sobre el V Congreso Internacional del Turismo, *Aragón. revista semanal*, n.º 33, 25 de agosto de 1912, pp. 259-260.

137 CATIVIELA, E., «¿Qué son Sindicatos de Iniciativa y Propaganda?», *Aragón. Revista gráfica…*, n.º 2, noviembre de 1925, p. 18. El subrayado es nuestro.

138 Recogido en ANÓNIMO, «Labor del Sindicato», *Aragón. Revista gráfica…*, n.º 30, marzo de 1928, s/p. Ese mismo año la dirección de la revista hizo un llamamiento en relación al uso indebido de textos e imágenes sin el correspondiente permiso de la revista: «Con excesiva frecuencia venimos observando, que con el mayor descaro se reproducen artículos y grabados publicados en esta Revista sin autorización debida y sin tener la delicadeza mínima de anotar la procedencia, llegando en ocasiones hasta silenciar el nombre de los firmantes, y aunque esto sea la demostración del interés y valía de nuestros colaboradores, como constituye un delito perfectamente definido en la Ley de propiedad intelectual, advertimos a quienes cometan tales infracciones para que en adelante se abstengan, ofreciendo, no obstante, cuando se solicite debidamente, gestionar la correspondiente autorización». «Nota de la dirección», *Aragón. Revista gráfica…*, n.º 38, noviembre de 1928, p. 305.

139 ANÓNIMO, «Labor del Sindicato»; *Aragón. Revista gráfica…*, n.º 47, agosto de 1929, s/p.

140 ANÓNIMO, «Labor del Sindicato. Memoria de los trabajos…», *Aragón. Revista gráfica…*, n.º 17, febrero de 1927, pp. 37-38. En el número anterior, ya se anunciaba el proyecto de comprar este «aparato cinematográfico impresionador de películas» […], «que destinaría a lograr testimonios de la actualidad ciudadana y de las excursiones que se llevan a cabo. En consonancia «... con la vida moderna, el cinematógrafo llena las condiciones exigibles a una propaganda ideal de las bellezas inéditas de todos los países». Citas textuales tomadas de ANÓNIMO, «Labor del Sindicato», *Aragón. Revista gráfica...*, n.º 16, enero de 1927, p. 17.

141 Se refiere a Thomas, Roisin, Bernal y Martí.

142 Uno de estos anunciantes fue la Casa Tramullas, que ofrecía sus productos: Cinematógrafos, cámaras y material fotográfico, etc.

143 ANÓNIMO, «Labor del Sindicato», *Aragón. Revista gráfica...*, n.º 11, agosto de 1926, p. 180.

144 ANÓNIMO, «Labor del Sindicato», *Aragón. Revista gráfica...*, n.º 12, septiembre de 1926, p. 196.

145 ANÓNIMO, «Labor del Sindicato», *Aragón. Revista gráfica...*, n.º 23, agosto de 1927, p. 173.

146 Más información, en https://culturadearagon.es/museos/museo-de-zaragoza-etnologia/. Considérense también los detalles aportados por MARÍN SANCHO, en «Etnografía aragonesa», *Aragón. Revista gráfica...*, n.º 8, mayo de 1926, pp. 128-131. Ilustrado con fotografías de Mora Insa y Eduardo Cativiela. En el apartado gráfico, también sabemos que Ortiz Echagüe donó a la Casa ansotana varias imágenes de esta temática, con las que había concurrido al II Salón Internacional. Referido por MARÍN SANCHO, «El II Salón Internacional de Fotografía», *Aragón. Revista gráfica...*, n.º 14, noviembre de 1926, p. 244.

147 Según Manuel Pérez-Lizano Forns, se trata de Manuel Marín Sancho, y sería el nombre simbólico utilizado por este al ingresar en la masonería el año 1932. En PÉREZ-LIZANO FORNS, 2012: 22. No obstante, como veremos, ya firmaba con este seudónimo años antes de esta incorporación.

148 DE SIRESA, J., «Inauguración de las grutas de Villanúa. Una fecha memorable para el turismo aragonés», *Aragón. Revista gráfica...*, n.º 44, mayo de 1929, pp. 85-87. Un par de años antes, se informaba del «convenio entre el SIPA y el Ayuntamiento de Villanúa para la explotación de las mismas por un periodo de 20 años, que empezarían a regir desde el 1 de enero de 1928». El artículo donde se reseña esta circunstancia fue escrito e ilustrado con fotografías por «Edujoa», es decir Eduardo

Cativiela y Joaquín Gil Marraco: «Las cuevas de Villanúa», *Aragón. Revista gráfica…*, n.º 24, septiembre de 1927, pp. 179-181. Fotos de las que no se menciona el autor, lapsus que fue corregido en el número siguiente de la revista: «… nos fueron facilitadas por nuestro colaborador D. Joaquín Gil Marraco, bien conocido de los lectores de Aragón por las numerosas fotografías que de él hemos publicado». MARÍN SANCHO, «Notas de arte», *Aragón. Revista gráfica…*, n.º 25, octubre de 1927, p. 210.

149 Los contactos con esta ciudad francesa fueron habituales por parte del SIPA y otras entidades para la promoción del turismo aragonés, como certifica la exposición en la Galería Jové de fotografías de diversas localidades y monumentos aragoneses: Monasterio de Piedra, Monasterio de Rueda, Sos del Rey Católico, Valderrobres, Sádaba, La Fresneda, Daroca, y Zaragoza. Además, se mandaron carteles del Sindicato, programas y folletos en varios idiomas sobre Zaragoza, Fuendetodos, Jaca y el Pirineo aragonés. Citado por ANÓNIMO, «Labor del Sindicato», *Aragón. Revista gráfica…*, n.º 38, noviembre de 1928, p. 287.

150 MARÍN SANCHO, M., «La Foz de Biniés», *Aragón. Revista gráfica…*, n.º 10, julio de 1926, p. 164.

151 MONREAL Y TEJADA, L., «El claustro primitivo de la Catedral de Jaca», *Aragón. Revista gráfica…*, n.º 74, noviembre de 1931, pp. 219-220.

152 *La vida en el campo. Órgano de la Federación Agraria Aragonesa*, n.º 25, marzo de 1911, s/p.

153 ANÓNIMO, *La vida en el campo. Órgano de la Federación Agraria Aragonesa*, n.º 1, marzo de 1909, s/p.

154 En ANÓNIMO, «La vida en el campo», *La vida en el campo…*, n.º 46, diciembre de 1912, s/p.

155 Como bien ejemplifican sus reportajes de los interiores de casas de estas familias, muchas de ellas de origen nobiliario: como los Barones de Benasque, en el artículo de ESPINOSA DE LOS MONTEROS, J. M., «Los Salones de Zaragoza I», *Lealtad. Semanario ilustrado*, n.º 1, 26 de febrero de 1911, pp. 8-10. O de personalidades del mundo de la política y de la sociedad en general: ESPINOSA DE LOS MONTEROS, J. M., «Los Salones de Zaragoza II», *Lealtad. Semanario ilustrado*, n.º 2, 5 de marzo de

1911, pp. 8-10. Sobre la Capitanía General. Palabras del autor: «Los artísticos trabajos fotográficos del maestro Freudenthal que acompañan á estos mis apuntes, en fácil prosa escritos, dan una idea, mejor que cuanto yo pudiera decir, de las bellas estancias que son residencia oficial de nuestra primera, dignísima autoridad militar». Etc.

156 De estos trabajos también se ocupó Freudenthal en varias ocasiones, como ilustra la portada del número 26, abril de 1911, y en páginas interiores de este mismo número: «Estas soberbias fotografías de Freudenthal acreditan la inteligencia y el brío con que se va ultimando el Pantano que será modelo de la ingeniería moderna». Véase igualmente sobre una fase anterior en el estado de las obras el reportaje publicado por el fotógrafo alemán en el número 1 (marzo de 1909).

157 DE CIDÓN, Francisco, «La Zaragoza actual. Tradición y modernidad», *Aragón. Revista gráfica…*, n.º 97, octubre de 1933, pp. 178-181.

158 *Aragón. Revista gráfica…*, n.º 60, septiembre de 1930. Hay más fotos de los aviones que participaron en el II Challenge Internacional. Las tomas son de Marín Chivite, de De la Barrera y de Palacio.

159 SADA, M., «La topografía terrestre y aérea en la Confederación», *Confederación Sindical Hidrográfica del Ebro*, n.º 1, julio de 1927, s/p. El texto se caracteriza por su marcado cariz técnico. Está ilustrado con tomas obtenidas con este procedimiento. Sobre este tema, más información en FERNÁNDEZ GARCÍA, 1998: 117-130. Véase también sobre esta técnica, PÉREZ, D., «La Confederación en Madrid. El procedimiento fotogramétrico-aéreo», *Confederación Sindical…*, n.º 4, octubre de 1927, pp. 1-2.

160 *Confederación Sindical…*, n.º 2, agosto de 1927, s/p.

161 *Confederación Sindical…*, n.º 3, septiembre de 1927, s/p.

162 *Confederación Sindical…*, n.º 4, octubre de 1927, s/p.

163 Estas bases fueron publicadas, entre otros medios, en el periódico zaragozano *El Noticiero*, 1 de agosto de 1933, p. 8. Dos días antes aparecieron en *Heraldo de Aragón*, 30 de julio de 1933, p. 6.

164 Con casi toda seguridad se trata de Antonio Tramullas Beltrán (1902-1985), hijo de Antonio de Padua Tramullas Perales (1879-1961), pionero del cine en Aragón y en el conjunto del Estado.

165 Tomado de DUMAS, «Noticias de Jaca», *La Voz de Aragón. Diario gráfico independiente*, 8 de septiembre de 1933, p. 14. Los premiados fueron fotografiados por De las Heras y su retrato grupal fue publicado en *Aragón. Revista gráfica…*, n.º 97, octubre de 1933, p. 189.

166 HERRERO GARCÍA, M., «Inauguración del Museo Románico en Jaca», *Aragón. Revista gráfica…* n.º 108, septiembre de 1934, pp. 153-156.

Como recurso para registrar los paisajes naturales de la región: montañismo/excursionismo

Entre la cultura popular, la identidad y el excursionismo. El papel de la *Revista de Aragón* en colaboración con el Ateneo de Zaragoza

En los años veinte y treinta del pasado siglo, la publicación *Aragón*, podemos afirmar, tomó el testigo de otras como la *Revista de Aragón*[167] (1900-1905) y, fuera de nuestra región, el *Boletín del Centro Excursionista de Cataluña*, o el veterano *Boletín de la Sociedad Española de Excursiones*,[168] por no hablar de otras especializadas en el mundo del montañismo como *Peñalara. Revista mensual de alpinismo*, editada por la Real Sociedad de Alpinismo Peñalara de Madrid, en la interesantísima y productiva dualidad fotografía-excursionismo. Así, percibimos tal interés a través de la convocatoria de concursos fotográficos, especificándose en cuanto a las temáticas que deberán ceñirse a «asuntos exclusivamente de Aragón, paisajes, tipos populares, monumentos, curiosidades, etc.», cuando no por medio de artículos en donde se defiende la necesidad de captar con la cámara las riquezas naturales y artísticas de Aragón. Como ya proponía, muchos años atrás, desde las páginas de la *Revista de Aragón*, el eminente entomólogo Longinos Navás: [...] «Excursiones artísticas. Con la obligada cámara de Daguerre en la mano fijaríamos en el papel los más caprichosos paisajes de nuestra querida patria, los cuadros de costumbres populares más típicos, los monumentos artísticos más célebres».[169]

Un texto pionero que sería reproducido literalmente años después en la revista del SIPA, con el mismo título que en la publicación precedente «Excursiones que pudieran hacerse por Aragón.

Excursiones artísticas» (número 67, abril de 1931, pp. 75-76). Desde la misma *Revista de Aragón*, al poco de comenzar el nuevo siglo, un tal Dr. Cliché (algunos estudiosos afirman que pudiera tratarse del médico y fotógrafo aficionado aragonés José Galiay), decía, entre otras cosas: «Supongamos que algún aficionado á la fotografía se decidiese por el paisaje; ¿qué de elementos pictóricos, á propósito para cuadritos de la tierra, no podrían proporcionar á nuestros pintores, ya se tratara de los lindos bosquecillos de la ribera del Ebro, ya de las áridas llanuras de Huesca, ó los pintorescos y accidentados valles de la cordillera pirenáica?»[170]

Dentro de los precedentes, aún podríamos ir mucho más atrás en el tiempo, recurriendo a una publicación de la que la *Revista de Aragón* se preció de ser su *hija*: la también llamada *Revista de Aragón*, que se completaba con el subtítulo *Semanario de Ciencias, Literatura y Artes* (1878-1880) (MAINER BAQUÉ, 1993: 131-176). En la sección «Miscelánea», un anónimo redactor reivindicaba la labor de las «asociaciones formadas para hacer excursiones», que, especialmente en Francia, crecían de manera exponencial. En su nota hablaba también de la reciente creación de la primera agrupación de esta naturaleza en España, que no aparece mencionada explícitamente, pero suponemos que se trata de la Asociación de Excursiones Catalana, aparecida en 1878 a raíz de una escisión de la Asociación Catalanista de Excursiones Científicas, que se había fundado como tal dos años antes. Finalmente, se preguntaba:

172

> ¿Cuándo se formará una sociedad de esta índole en Aragón, cuyas pintorescas montañas septentrionales ofrecen tantos variados y seductores aspectos, lo mismo para el amante de la naturaleza, que para el amigo de los estudios históricos y de esas características costumbres provinciales que poco á poco se van borrando para no volver más? Pregunta es la que hacemos que probablemente quedará sin respuesta satisfactoria durante mucho tiempo.[171]

Ambas entidades volverían a fusionarse en 1891 para formar el Centro Excursionista de Cataluña (que dispondría de una activa sección fotográfica desde 1905), entidad que mantuvo frecuentes contactos desde el principio con el territorio aragonés,[172] sobre todo pirenaico, por el que transitaron numerosos miembros de la entidad catalana, siendo quizás el más habitual Juli Soler i Santaló (1865-1914) (Roma, 1998: 85-111). Esta presencia es confirmada por Ricardo del Arco, que, hacia 1912, insistía en su artículo «El turismo y el arte del Alto-Aragón», aparecido en *Aragón. Revista semanal*, sobre el desconocimiento de las bellezas naturales y artísticas del Pirineo aragonés por la falta de divulgación, salvo «honrosas excepciones» como la del francés Lucien Briet (1860-1921) o la labor de Juli Soler i Santaló. En su texto, Del Arco abogaba, además, por la necesidad de la edición de guías en español y en francés, «donde en cuatro palabras, se resuma lo más esencial de cada monumento, sin alardes de erudición ni de crítica, acompañando abundantes fotograbados. Esta tarea de divulgación será eficaz, positiva».[173]

Dos años después, en 1914, se constituía la Asociación «Amigos de Aragón», cuyo reglamento observaba en su primer artículo:

> Organizar, fomentar y cooperar a la realización de excursiones para conocer y estudiar las cosas más importantes dentro del campo de la Naturaleza, de las Bellas Artes, de la Arqueología, de la Historia, de la Literatura, de la Industria y de cuanto pueda ser elemento de estudio y observación para conocer el presente y desentrañar el pasado de la región aragonesa.

Los artífices de esta iniciativa, que obedeció más a voluntades personales que a un respaldo institucional, fueron el farmacéutico y químico Hilarión Gimeno Fernández-Vizarra, presidente, el ya citado José Galiay, encargado de las excursiones, o el escritor y periodista José García Mercadal, que ejercía de secretario, hermano mayor del arquitecto Fernando García Mercadal.[174]

En otro orden de cosas, y entrando ya con iniciativas concretas, cabe decir que esta revista (*Revista de Aragón*), que desde su nacimiento aunó los intereses universitarios con los regionalistas, ocupando éstos un segundo plano, en «un intento de afianzar la conciencia natural regional —excursionismo, arte, literatura "baturra"— (sic) […] desde unos presupuestos manifiestamente regeneracionistas» (MAINER BA-QUÉ, 1982: 63), tuvo una estrecha relación con el Ateneo zaragozano.

Esta entidad, por su parte, desarrolló una importante actividad relacionada con la fotografía, mediante la formación de una sección, en diciembre de 1900, presidida por el turolense (de Híjar) José Antonio Dosset, farmacéutico de profesión. En sus estatutos, constaba: «se propone realizar excursiones y formar un álbum fotográfico de Aragón, donde se vayan reuniendo fotografías de tipos y escenas de nuestra vida y costumbres regionales y de los restos arqueológicos de más importancia que subsistan». Loable intención que no tenemos constancia en la actualidad de que se llegase a materializar (SORIA, 1993: 189) y que estaba motivada por el afán recopilatorio, teñido de un enfoque evidentemente positivista (y regionalista), de acumular una serie de imágenes sobre este patrimonio material e inmaterial aragonés. En todo caso, estas obras artísticas, así como las costumbres y escenas populares, sin olvidar los tipos y los paisajes propios de la tierra, podrían servir de inspiración «á los pintores y escultores y aun á los literatos y sociólogos».[175]

Desde el principio, se mencionaba la iniciativa del citado doctor. Cliché y la *Revista de Aragón* que, a juzgar por el anónimo autor de la breve noticia en que se informaba de la fundación de esta sección fotográfica del Ateneo, habrían sido los iniciadores de esta idea.[176] Los miembros de esta entidad cultural, fundada en 1864, procedían de la clase acomodada local, generalmente de profesiones liberales (profesores, juristas, médicos, periodistas, etc.), muchos de ellos con aficiones fotográficas, con lo que no es nada extraño considerar esta íntima asociación entre fotografía y excursiones, o «expediciones», como a veces se las denominaba. Así, tenemos constancia de que tales expediciones eran un «mandato reglamentario» que quedó regulado a partir de 1898, con dos tipos de excursiones: «unas para la pintura en el campo y otras histórico-artísticas para visitar los lugares y monumentos de mérito».

Estas excursiones fueron convenientemente publicitadas desde los periódicos locales y desde la *Revista de Aragón* (SORIA, 1993: 172). Uno de sus principales propagandistas fue el jurista y catedrático Juan Moneva y Puyol, que dio cuenta en varias ocasiones en sus artículos «Excursiones por Aragón». En sus crónicas, aparte de describir cómo se desarrollaron esas salidas, siempre hablaba de la presencia de «aficionados fotógrafos» como Juan Valdivia o Pepe Gascón, que participaron en la excursión a Caspe, a finales de 1901,[177] o a Alcañiz, poco después, donde concurrieron José Antonio Dosset, Juan Valdivia, Emilio Ucelay, Manuel Méndez, Luis Pérez y Serrano y Martín Bel.[178]

Los temas objeto de interés para ser captados por la cámara por parte de los excursionistas eran, como decimos, el patrimonio histórico-artístico, el paisaje y las costumbres de la región, pero no se desdeñaba ninguna clase de materiales de archivo, libros, etc., custodiados en bibliotecas de instituciones y particulares, locales y de fuera, todo con el fin de definir un auténtico corpus lo más completo posible de la historia de Aragón. Esto se corrobora, por ejemplo, en la mención que aparece en la transcripción del documento titulado «Donación de unas casas en Huesca, hecha por Pedro I á Sancho Garcés», procedente del Archivo de la Corona de Aragón, ubicado en Barcelona; transcripción realizada por el citado Eduardo Ibarra, el cual consignaba en nota al pie que «la lectura de este documento está hecha sobre una magnífica copia fotográfica que el distinguido aficionado aragonés Sr (Macario) Fau[179] ha mandado al Ateneo de Zaragoza. Esta en unión de otras fotografías obtuvo premio en el último certamen fotográfico convocado por dicho centro».[180]

O, poco después, vemos de nuevo esta aplicación de la fotografía en los archivos catedralicios y municipales de Tarazona y Tudela, aprovechando sendas excursiones a ambas localidades. En la primera, se fotografiaron un albarán de don Diego de Yepes, confesor de Santa Teresa y obispo de Tarazona, y una carta del secretario de don Pedro Cerbuna, el cual también ostentaría esa dignidad episcopal en la ciudad del Queiles. Por su parte, en la ciudad navarra, también se obtuvieron fotografías de documentos escritos en árabe del siglo XII, sin concretar más, que aparecen transcritos en las páginas siguientes del número de la *Revista de Aragón* donde se da cuenta de esta actividad.[181]

Asimismo, en paralelo a las excursiones, hemos de considerar la organización de concursos fotográficos a partir de 1901 a cargo del Ateneo. Una de las crónicas, escrita por el crítico e historiador del arte José Valenzuela la Rosa, incidía ya tempranamente en la «monotonía» en los temas presentados y en la forma de componerlos:

> En los fotógrafos que presentan monumentos regionales, se advierte cierta monotonía, coincidiendo muchos en el asunto reproducido. He visto una infinidad de claustros de San Juan de la Peña, «enfocados» todos, desde el mismo sitio. Nunca se predicará bastante cuánto conviene huir de la rutina en estas cuestiones: existen multitud de monumentos, ruinas, cuadros y esculturas en los rincones de Aragón, que esperan ansiosos la visita de la máquina fotográfica. Convendría también, cuando el conjunto de un monumento es muy conocido, fijarse en los detalles que no son fáciles de apreciar á simple vista, siempre que esos detalles lo merezcan….[182]

El propio Valenzuela, en 1905, dejaba atrás esas críticas y apoyaba el aumento de ese «álbum» teniendo como horizontes temporales dos citas a celebrar en 1908: el I Congreso de Historia de la Corona de Aragón a celebrar en Barcelona, y una exposición de «arte retrospectivo» enmarcada en la que sería la Exposición Hispano-Francesa de la capital aragonesa.[183] En ambos casos, el crítico valoraba la capacidad de este catálogo para «despertar muchos entusiasmos dormidos, muchas iniciativas muertas».[184]

Además de estos concursos, el Ateneo organizó periódicamente una serie de «Conversaciones científicas», algunas de las cuales versaron sobre tema fotográfico. Sin ir más lejos, el doctor Patricio Borobio Díaz, que, entre otros cargos, ostentó la presidencia del Ateneo en los primeros años de la pasada centuria, habló en febrero de 1901 sobre aplicaciones científicas de la fotografía; o, al mes siguiente, los socios y fotógrafos aficionados Manuel Méndez[185] y Juan Valdivia explicaron

Núm. 11   Noviembre de 1901   Año II

Revista de Aragón

RECUERDOS DE MI VIDA

ADVERTENCIA AL LECTOR

Escribo mi autobiografía en una edad (1) en que los hombres no juzgan
acabada su carrera, ni creen haber entrado en la respetable cuanto temida
edad de los recuerdos. De buen grado aguardaría yo también para escribir
mis memorias á la época de la fría é impasible senectud, si de la esperanza
de alcanzarla no me privara la persuasión íntima de la decadencia de mis
fuerzas, las cuales han luchado en la diaria batalla de la vida harto más de
lo que su flaqueza consentía; y si no me asaltara además el temor de que el
ocaso de la existencia sea para mí, como para tantos otros, la señal del ocaso
de la razón y de la voluntad, es decir, la retrogradación al estado de larva
humana, nuestro primer *avatar* en el mundo.

Este apresuramiento en escribir una vida todavía incompleta tiene ventajas é inconvenientes. Es ventajoso, porque la frescura de los recuerdos da
vigor y verdad á la narración; y lo es también, porque se escribe en esa edad
tan alabada de nuestro Huarte, en que no se ha iniciado ese sombrío pesi-
mismo con que el viejo, dolorido por los achaques y solitario por sus gustos
é ideas, contempla lo presente. La aversión á lo nuevo y la ponderación excesiva de las cosas de su juventud, defectos que ya reprendió Horacio (2),

---

(1)   A los 49 años.
(2)   Difficilis, querulus, laudator temporis acti
        Se puero, censor, castigatorque minorum.
                         Ars poet. v. 173-4.

algunas técnicas fotográficas. El propio Méndez, a finales de 1903, daría cuenta a los socios del Ateneo de las placas autocromas recientemente patentadas por los hermanos Lumière (Soria, 1993: 197-198).

Para cerrar este paréntesis que hemos hecho centrándonos en la *Revista de Aragón* y la estrecha conexión que esta publicación tuvo con el Ateneo, institución que, a su vez, promovió en múltiples ocasiones y a través de diferentes formas al medio fotográfico, hemos de destacar la edición en varias entregas de parte de las memorias del científico Santiago Ramón y Cajal, como es sabido, destacado fotógrafo aficionado, en que habla cómo ya en su niñez descubrió el funcionamiento de la cámara oscura. Estos fragmentos llevaban por título «Recuerdos de mi vida», y empezaron a aparecer en el número 11, correspondiente a noviembre de 1901. En este sentido, resultan especialmente interesantes las palabras que dedicó al descubrimiento del procedimiento de la cámara oscura, casi casual, siendo muy niño, cuando fue castigado por una de sus travesuras:

> En la escuela, mis caricaturas, alborotos y chocarrerías volvían loco al maestro, quien, más de una vez, recurrió, para intimidarme, á la pena del calabozo, es decir, al encierro en un cuarto obscuro, plagado de ratones, por el que los chicos sentían supersticioso temor y yo miraba como un lugar de recreo y esparcimiento, pues en él hallaba la calma y recogimiento necesarios para meditar mis travesuras del día siguiente. Allí, en las negruras de la cárcel escolar, sin más luz que la penosamente filtrada á través de los agujeros de un ventano desvencijado, tuve la suerte de hacer un descubrimiento físico estupendo, que yo, en mi candorosa ignorancia, creía completamente nuevo. Aludo á la cámara obscura, mal llamada de Porta, toda vez que su descubridor fué Leonardo de Vinci.[186]

No era la primera vez en que el científico daba a conocer sus memorias, pues ya lo había hecho desde la prensa madrileña. Desde muy joven se mostró interesado en el medio fotográfico, tanto por sus aplicaciones científicas como por una innegable voluntad estética, desde el punto de vista práctico y también teórico-técnico, publicando, como es conocido, numerosos artículos sobre temas fotográficos en revistas especializadas y todo un tratado sobre la *Fotografía de los colores. Bases científicas y reglas prácticas*, aparecido en 1912 (ROMERO, 2002: 121-123). El propio Ramón y Cajal publicaría en primicia la introducción de su libro, bajo el título «Los encantos de la fotografía», la cual comenzaba así: «La fotografía común y, sobre todo, la fotografía en color, constituyen distracción incomparable para el trabajador intelectual. En los prosaísmos y miserias de la lucha profesional ó de la vida oficinesca, pone un poco de poesía y algo de emoción imprevista. Sus placeres, eminentemente higiénicos y educadores, carecen de la tediosa monotonía del billar ó de la ruda y peligrosa fatiga de la caza».[187]

El excursionismo como una actividad para el conocimiento del territorio. Las iniciativas de la Sociedad Turismo del Alto Aragón y el recurso al medio fotográfico

Además del Ateneo zaragozano y de la agrupación «Montañeros de Aragón», otra entidad asociativa aragonesa de orientación cultural, en este caso, oscense, promovió en gran medida el excursionismo con una vocación cientifista a partir, de nuevo, de dos vectores principales: el paisaje y el patrimonio cultural aragonés. Se trata de la Sociedad Turismo del Alto Aragón, creada en Huesca en 1912. Esta entidad aparece mencionada habitualmente en la revista del SIPA, así como en las páginas de *El Ebro. Revista aragonesista*, editada esta última desde Barcelona.

En este sentido, los comentarios aparecidos se van a centrar en valorar positivamente las diferentes iniciativas pensadas para el fomento económico de esta región altoaragonesa, y, entre ellas, lógicamente las vinculadas con el turismo, un aspecto este que importó a muchos de los gestores de estas publicaciones, como estamos viendo. Asistimos, pues, a una comunión de intereses que se pone de manifiesto en actividades conjuntas, como las propias excursiones, como la que tuvo lugar a finales de 1927 para visitar la «Exposición regional de Fotografía», de la que no tenemos más datos, pero que es probable que se trate del I Salón anual de Fotografía, que acaeció en este mismo periodo en el Círculo Oscense, del cual hablaremos más adelante.

Además de la visita a la muestra fotográfica, de la que no se dan más detalles en la reseña de la revista *Aragón*, fueron vistos los principales monumentos de la capital oscense: la Catedral, el Palacio episcopal, la iglesia de San Pedro «el Viejo» y el moderno teatro Olimpia. Estos contactos buscaban establecer una buena sintonía entre ambas entidades, como se afirmaba en la reseña: «este viaje fue un motivo para un cambio de impresiones con los dirigentes de la Asociación oscense, del que ha surgido ya una fuerte compenetración de ideales, y esperamos el futuro desarrollo de proyectos beneficiosos para Aragón».[188]

Pero este espíritu de camaradería no ocultó diversas fricciones, sobre todo en lo relativo a las estrechas relaciones entre Aragón y la región francesa del Bearne, al otro lado de los Pirineos; una aspiración planteada desde hacía mucho tiempo y que no hacía sino corroborar los vínculos económicos, históricos y culturales que desde siglos habían unido a ambos territorios. Será durante la segunda mitad de la década de los veinte (principalmente, entre 1927 y 1928), en que el SIPA tome la iniciativa por medio de contactos con las autoridades francesas en forma de visitas y, una vez más, excursiones[189] (FERNÁNDEZ CLEMENTE, 1997: 314). Asimismo, al año siguiente, los franceses devolvieron la visita de los aragoneses y recalaron en Zaragoza durante tres jornadas en septiembre de 1928. Entre las actividades celebradas, una «Exposición de Turismo», instalada en el Círculo Mercantil, que «mostraba los asuntos de mayor interés para ser incentivo del turista. Paisajes, tipos, costumbres, arqueología de Aragón y Bearn, hallaron representación precisa, pudiendo admirarse las bellezas que ambos países encierran», y una proyección cinematográfica («de turismo aragonés») en el Salón Alhambra.[190]

La entidad altoaragonesa, que sería el «germen» de la futura Peña Guara, surgida esta como sección de montañismo en 1932, tuvo como objetivo principal: «divulgar las bellezas naturales y arqueológicas del Alto Aragón, facilitar su conocimiento así como el de sus atrevidas obras de ingeniería y para encauzar y aumentar la corriente excursionista, poniendo a disposición de los turistas los medios disponibles en aquel momento», según palabras de Enrique Chabier Compairé,[191] nieto de Ricardo Compairé, uno de los presidentes de la Sociedad, entre 1934 y 1935, un poco antes de su desaparición con el estallido de la Guerra Civil en 1936.

En líneas generales, podemos afirmar que esta práctica excursionista (más un movimiento social y cultural) propia de las clases medias y altas, va a permitir conocer desde distintas perspectivas el territorio, y, con especial atención, el pirenaico, sobre el que pronto se centran las miradas. Así, según afirman Virginia Espá y Hélène Saule, «las excursiones fueron entendidas como medio para conocer distintos aspectos de la realidad oscense: su pasado y el peso de la tradición en múltiples manifestaciones, como el habla, la música, la vestimenta, las costumbres autóctonas, su riqueza histórica y patrimonial y su paisaje natural» (ESPÁ Y SAULE, 2007: 73).

En efecto, desde sus inicios, los integrantes de esta entidad formaron parte, desde el punto de vista socioeconómico, de la pequeña y mediana burguesía local, y, entre ellos, las máximas autoridades políticas, como fue el caso de Máximo Escuer Velasco, alcalde de Huesca entre 1909 y 1913, y primer presidente de la Sociedad. Podemos comprobar, pues, cómo hay estrechas concomitancias con el SIPA a partir de esta condición social, y no solo eso, en las propias intenciones de promocionar el conocimiento de los atractivos paisajísticos y patrimoniales de la región, en este caso, altoaragonesa. Dentro de esta primera Junta Directiva, formó parte de ella como vocal, el fotógrafo oscense aficionado Nicolás Viñuales, cuya temprana muerte, con apenas 45 años, truncó unas búsquedas estéticas orientadas a encontrar detalles en el paisaje desapercibidos para la mayoría (GÓMEZ LANUZA, 2016: 61).

Otros nombres destacados de este medio, miembros en una época u otra de la Sociedad, fueron el citado Ricardo Compairé,

Ildefonso San Agustín, Feliciano Llanas (farmacéutico de profesión como Compairé), o, dentro del campo profesional Fidel Oltra, Adolfo Motta, o Rodolfo Albasini, que actuaba de Secretario de la entidad a principios de los años veinte. Estas presencias son lo suficientemente esclarecedoras como para certificar que el componente fotográfico desempeñó un papel clave en esta entidad, hasta el punto de que tempranamente se creó una sección fotográfica.

Después de los años de la conflagración mundial, por tanto, con la década de los veinte, es cuando arranca de manera decidida la actividad de la Sociedad, siendo las excursiones y las exposiciones fotográficas dos de las principales actuaciones a tener en cuenta, como, por ejemplo, dentro de esta última faceta, el I Salón anual de Fotografía, celebrado en el Círculo Oscense a finales de noviembre de 1927.

Pero antes de hablar de esta muestra y de otras que le sucedieron, conviene detenernos en las excursiones, que fueron numerosas, y en las que, por lo general, siempre estaba presente la cámara fotográfica, amén de otras actividades que, en el fondo, trataban de fomentar este excursionismo y, por ende, el conocimiento de la realidad paisajística y cultural del Alto Aragón. Así, sabemos que gracias a la Sociedad Turismo del Alto Aragón, a lo largo de la primera mitad de esta prolífica década de los veinte, se estuvo presente en la inauguración del Parque Nacional de Ordesa, representando a la entidad Ricardo del Arco, otro célebre miembro de la misma,[192] y se realizó un homenaje al conocido pirineísta, fotógrafo y etnógrafo francés Lucien Briet, fallecido el 4 de agosto de 1921, para el cual la entidad propuso la colocación de una placa en el valle de Ordesa, sufragada por suscripción pública,[193] como así finalmente se hizo.

Este fotógrafo que, «siempre regresaba a su casa, después de algunos meses de convivencia con los honrados montañeses, con varios abultados cuadernos de notas y la cartera de fotógrafo repleta de negativos», según se describe en las páginas de *El Ebro*, fue habitualmente mencionado en estos años en diferentes publicaciones periódicas aragonesas, como la ya citada *Aragón. Revista Semanal* (1912-1918), dirigida por el periodista y escritor José García Mercadal, activo partícipe en diversos medios de prensa y revistas ilustradas. Pues bien, sabemos que desde esta revista se dio publicidad, ya en febrero de 1912, a la venta de la serie de postales titulada *Alto-Aragón Pintoresco*, obra de Briet. Concretamente, se informaba explícitamente sobre el establecimiento en el que se podían adquirir, la librería/imprenta de Justo Martínez, en el Coso bajo, número 4, de la capital oscense.[194]

Otras iniciativas en que tuvo mucho que ver la Sociedad Turismo del Alto Aragón, todo con la intención de fomentar el excursionismo y, ulteriormente, el conocimiento de *lo aragonés*, en su más amplia expresión, fueron la instalación de clavijas de hierro para el acceso a la Peña de San Miguel (Salto de Roldán), inauguradas a mediados de julio de 1923,[195] la concesión de un camino vecinal al monasterio de San Juan de la Peña, o la celebración de concursos «con premios a la constancia en el uso del traje regional», en las localidades de Fraga, Hecho y Ansó.[196]

Algunas de estas excursiones fueron narradas por un jovencísimo Ramón J. Sender (1901-1982), miembro también de la Sociedad Turismo del Alto Aragón, que velaba sus primeras armas periodísticas en publicaciones locales como *La Tierra. Órgano de la Asociación de Labradores y Ganaderos del Alto Aragón*, editada desde Huesca. El propio escritor se refería a la entidad turística como «dos docenas de amigos del arte y del oxígeno», y, entre ellos, hablaba de la presencia de numerosos aficionados y profesionales de la fotografía (como los hermanos Elías y Nicolás Viñuales, Ildefonso San Agustín, Feliciano Llanas o Vicente Cajal) que recogían gráficamente sus experiencias.[197]

La publicación en la que aparecieron algunas de sus crónicas, nació como semanario en 1919, un año antes que la entidad que la sustentaba, la citada Asociación, «una organización nacida al servicio de los grandes propietarios agrarios para defender sus intereses económicos y, en el plano político, erigirse en alternativa al monopolio que los liberales […] llevaban ejerciendo en Huesca y su provincia durante casi toda la Restauración» (ALCUSÓN SARASA, 2007: 191).

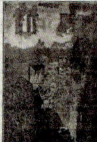

«Peregrinación artística a Alquézar», Ramón J. Sender, *La Tierra. Órgano de la Asociación de Labradores y Ganaderos del Alto Aragón*, 26 de mayo de 1922.
Fuente: Biblioteca Virtual de Prensa Histórica.

Este va a ser el marco en el que Sender va a desarrollar sus primeros trabajos —de los que enseguida hablaremos— como auténtico reportero durante la primera mitad de los años veinte; textos a los que dedicó gran atención, comprensible desde la óptica de un joven que aspiraba a ser escritor, y que a veces, sobre todo en aquellos trabajos de opinión, destilaban alguna nota de inconformismo y sentido crítico, pero siempre acomodados a la línea conservadora del periódico (VIVED MAIRAL, 1993: 65).

Ya a comienzos de la década,[198] localizamos trabajos de Sender, los cuales se prolongarían hasta febrero de 1923 en que tuvo que dejar estas labores para cumplir el servicio militar en Marruecos. Uno de estos textos coincide con la primera salida que llevó a cabo la Sociedad Turismo del Alto Aragón, y llevó por título «Peregrinación artística a Alquézar». El cronista dio cuenta de los participantes, casi todos los miembros de la Junta directiva, junto a diversos socios entre los que «abundaban los virtuosos del objetivo y del estereóscopo *(sic)*, deseosos de aumentar sus colecciones con fotografías de Alquézar».

Justo antes de entrar a la carretera que llevaba a la localidad, Sender dejó por escrito el momento en que la Sociedad fijó un rótulo indicador (financiado por uno de los miembros más destacados, Vicente Cajal, uno de los iniciadores de la Sociedad) de la ruta que los turistas debían seguir para visitar la Colegiata; testimonio que resulta corroborado mediante la fotografía de Rodolfo Albasini que inmortalizó el momento,[199] y que sirvió para ilustrar, junto a otras instantáneas de Nicolás Viñuales (imagen de los excursionistas junto a la cruz de la planicie del Castillo) o de Ricardo del Arco (de la Plaza Mayor o detalles arquitectónicos de la Colegiata)[200] el artículo publicado en *La Tierra*. Termina el autor su crónica con una preciosa descripción de los numerosos fotógrafos que

invadieron el templo (Colegiata) y plantaron sus trípodes en el púlpito, junto al órgano, en las capillas. Una verdadera plaga. Impresionaron sus placas con exposiciones de veinte y treinta minutos y se desesperaban cuando atravesaba alguno la amplia nave conmoviendo el entarimado con grave peligro de la mejor quietud de los objetivos. Dominados por el frenesí de la producción enfocaban con aire sacramental y parecían, en la penumbra de las capillas, silenciosos y rígidos, aguardando pacientemente que se impresionara la placa, graves estatuas orantes.

Después de la comida y de la sobremesa,

y aceptando las razones profesionales que daban los fotógrafos hubimos de iniciar la desbandada. Mientras unos volvían a la colegiata los demás se desparramaban por el laberinto pintoresco de las calles. Los fotógrafos se trasladaban de aquí para allá con el trípode bajo el brazo embriagados por el vértigo de las instantáneas, procurando en una simpática competencia de *amateurs* que nadie aprovechara el descubrimiento de un *efecto* encontrado después de no pocas cavilaciones.[201]

No sería la única ocasión en que esta localidad oscense estuviese presente en los relatos de Sender, tal y como podemos comprobar con las menciones en su obra *Solanar y lucernario aragonés*, publicada ya en 1978, después de su exilio, en que rememora situaciones, reales o apócrifas, de su juventud. Una de ellas tiene como coprotagonista al fotógrafo Ricardo Compairé, que Sender llama «contrapariente», «cuya pasión por la fotografía yo compartía, y que llegó a tener la mejor colección de fotos documentales y folklóricas de muestra región». Acto seguido, Sender continuaba describiendo el modo de hacer de Compairé: «… plantó sus cámaras en diferentes lugares y fue esperando horas adecuadas de luz y ángulos con "efectos especiales" hasta conseguir cincuenta o sesenta fotos, todas ellas excepcionales» (Esco, 2021: 80-82).

El siguiente texto del escritor de Chalamera publicado en *La Tierra* que narra una nueva excursión de la Sociedad Turismo del Alto Aragón, tuvo como destino el monasterio de los Santos Cosme y Damián, en la localidad de Liesa, junto a la sierra de Guara, y apareció en tres entregas.[202] La primera de ellas es la menos interesante, sin duda, puesto que en las dos columnas no hay mención alguna a la presencia de fotógrafos, como en el anterior texto se explayaba, y sobre todo se ocupó en resaltar la velocidad a la que iba el automóvil que les transportaba; ritmo vertiginoso que Sender comparaba con el del cine: «Tenemos que llegar pronto a San Cosme y la prisa es una disculpa que justifica ante nuestra conciencia el capricho, demasiado cinematográfico, de la marcha».

En la segunda entrega, empezó a aportar datos interesantes, como los participantes en la excursión: entre otros, Mariano Carderera, que llegaría a ser alcalde de Huesca en tiempos de la Segunda República y moriría fusilado al poco de iniciarse la Guerra Civil, Leandro Pérez, impresor y editor del diario oscense *El Porvenir* (de 1911 a 1923), o los fotógrafos Nicolás Viñuales y «el incansable secretario de "Turismo" don Rodolfo Albasini». El texto continúa recreándose en las características del paraje por el que se movían los excursionistas, demostrando la calidad narradora del joven Sender.

Finalmente, el tercer texto, que coincide con la llegada al santuario, no se detiene demasiado en los aspectos históricos-artísticos del conjunto, porque, a juicio del cronista: «Artísticamente hablando no hay nada de un interés propio que haga destacar su valor en medio de tanta belleza natural».

Por último, queremos tratar otro texto de Sender aparecido en *La Tierra*, que tuvo como objeto de interés la ermita de San Miguel de Foces,[203] junto a la localidad de Ibieca, también ubicada, como el santuario anterior, en la Hoya de Huesca. Es más, parece que esta visita formó parte de la anterior excursión ya que «al regreso» (tributaron) «un cordial homenaje a la belleza del tiempo consagrado merced a las actividades de la Comisión de Monumentos de Huesca en joya de la arqueología nacional». La descripción que sigue apunta a detalles casi de cualidad fotográfica, reforzada con referencias históricas procedentes de textos de Ricardo del Arco, a los que remite Sender, al que le unían lazos de amistad: «Ricardo del Arco fue amigo mío y siempre tuve por él la estimación que merecía su tenacidad de investigador y su autoridad de arqueólogo», según reconocía pasados los años en su obra *Monte Odina* (1980) (Vived Mairal, 1993: 66).

La relación de Sender con la Sociedad Turismo del Alto Aragón no terminaría con estas crónicas escritas sobre las excursiones que la entidad realizaba y que aparecían publicadas en *La Tierra*, sino que lo seguimos encontrando vinculado a la misma todavía en abril de 1932, como representante de la Sociedad en la primera reunión del Consejo General de Turismo, una institución dependiente del nuevo Patronato Nacional de Turismo, constituido recientemente y heredero del anterior del periodo primorriverista. Se trataba de un órgano consultivo en el que estarían representados, entre otros organismos e instancias, las Juntas de Turismo y las Juntas locales de Iniciativas y Atracción de forasteros, como así se denominaban de manera genérica los Sindicatos de Iniciativa (Luque, 2015: 138-139).

Entre las ponencias presentadas, resulta muy interesante el destacado papel que se otorgó a la «Propaganda», siendo una de las Secciones del encuentro, en la que se debatió, por ejemplo, sobre los Concursos y las Ediciones de Fotografías, sendas ponencias a cargo del Conde de la Ventosa, destacado fotógrafo amateur y miembro de la Real Sociedad Fotográfica de Madrid; sobre la Propaganda turística en tarjetas, a cargo de Antonio Royo, del Sindicato de Iniciativas de Valencia; o sobre la Propaganda por cinematógrafo, a cargo de un representante de la firma Hispano Fox Film, y El turismo y la cinematografía, por Fernando Viola, periodista y cineasta.[204]

Otro aspecto muy importante a considerar desde la Sociedad Turismo del Alto Aragón y, si cabe, más relacionado con la fotografía, fue la organización de frecuentes exposiciones a partir, sobre todo, de esta activa década de los años veinte. Exposiciones de las que varias revistas aragonesas —entre ellas la del SIPA— se harán eco, como tendremos la oportunidad de comprobar en las páginas que siguen. Una de las primeras que queremos mencionar tuvo como protagonista a Ricardo Compairé, que sería presidente de la entidad justo antes de la Guerra Civil.

Sin lugar a dudas, la figura del farmacéutico de Villanúa es clave para comprender buena parte de las actividades fotográficas que tengan que ver con la provincia oscense, como atestiguan sus miles de imágenes (entre positivos y negativos) que, sobre arquitectura histórica y popular, costumbres, tradiciones y trajes propios de cada valle del Pirineo aragonés, están custodiadas en la fototeca de la Diputación Provincial de Huesca desde 1989, año de su fundación.[205] Algunas de estas imágenes (veinte) referidas a paisajes (Valle de Hecho, Desfiladero y puente de Sil, el pico de Acher, el pico de La Berit, en la frontera francesa, el Valle de Agua-Fuerte, etc.) fueron publicadas ya bajo formato postal en la primavera de 1921.[206]

Esta primera muestra a la que nos referimos fue organizada en agosto de 1926 en el Círculo Oscense. Y en ella no solamente participó Compairé ya que también estuvieron presentes otros nombres relevantes como Nicolás Viñuales, Justo y Fidel Pérez, Mariano Subías y Francisco de las Heras. Respecto a Compairé, presentó un total de dieciocho imágenes bajo el título «Este es Aragón», que, según la reseña que publicó el crítico Emilio Ostalé Tudela en *La Voz de Aragón*, con fecha de 14 de agosto de 1926, eran «todas ellas admirables y de gran utilidad para la documentación aragonesa, ya que se pueden estudiar nuestros trajes, costumbres, las joyas, las galas, las construcciones, todo lo que guarda Aragón, que es uno de los más ricos museos» (CARBÓ, 2009: 49).[207]

Pero, sin duda, la exposición que tendría más trascendencia sería el I Salón anual de Fotografía, en noviembre de 1927 (del 25 de noviembre al 8 de diciembre), y que lleva inevitablemente a pensar en los Salones que la Sociedad Fotográfica de Zaragoza venía organizando desde dos años atrás. El lugar escogido sería, de nuevo, el Círculo Oscense, también conocido como el Casino de Huesca, un espacio este que, desde los comienzos de la Restauración borbónica, acogía a los estratos burgueses de la sociedad oscense. Además de los actos *de sociedad*, este edificio también acogió numerosas exposiciones de las más diversas manifestaciones, como la fotografía, la pintura, la escultura o el dibujo, pudiendo destacarse la de ilustres oscenses como el pintor e ilustrador Félix Lafuente, en 1925, o la del también polifacético Ramón Acín, en 1932 (CALVO SALILLAS, 2005: 46).

Respecto al I Salón de Fotografía, la convocatoria tenía proyectada la celebración anual de este concurso, algo que finalmente no se llegaría a dar. Las bases fueron publicadas, entre otros medios, en la propia revista *Aragón*. En ellas se estipulaba que «se admitirán exclusivamente fotografías de Paisaje, Monumentos, Utensilios, Tipos y Costumbres del Alto Aragón, y todo lo relacionado con el Folklore altoaragonés».

De esta primera premisa, podemos inferir que interesaba sobre todo los valores relacionados con lo patrimonial, en su más amplia expresión, por encima de sus cualidades estéticas o artísticas, como quedaba certificado, por si hubiese alguna duda, con la base 14.ª: «Se tendrá en cuenta, no solamente el valor artístico de la fotografía, sino también el documental y el folklórico, estimándose en alto grado las fotografías de monumentos u objetos desaparecidos, aunque el valor artístico de la fotografía sea nulo».[208] No en vano, si atendemos a los participantes, podemos inferir que se trata de fotógrafos aficionados y profesionales, pero en su mayoría especializados en el patrimonio histórico-artístico y en la etnografía, a saber: de Zaragoza: Eduardo Cativiela, Joaquín Gil Marraco, Juan Mora Insa, y entre los oscenses, Francisco de las Heras, Ildefonso San Agustín, Ricardo Compairé o Fidel Oltra, entre otros.

La prensa local, como es de pensar, también publicitó este evento que, según expresaba Jorge Cajal en *El Diario de Huesca*, estaba concebido para «reunir el mayor número de fotografías de la provincia, para en su día, muy próximo, hacer una guía de Turismo provincial, y hacer la debida propaganda turística de esta provincia». Para la elaboración de esta guía, Cajal solicitaba el respaldo económico de las principales instituciones locales y regionales: el Ayuntamiento de Huesca y del resto de las localidades de la provincia, la Diputación Provincial, la Cámara de Comercio e Industria, e, incluso, apelaba al Comisario Regio de Turismo, el marqués de la Vega Inclán.[209]

Poco antes de inaugurarse la exposición, se seguía anunciando la muestra en los medios locales, insistiendo en la trascendencia de la muestra que ha de «servir para la adquisición de las fotografías que han de figurar en (una) guía» […], «tan necesaria y tan propia de la provincia, verdadero arsenal de encantos».[210]

Esta guía, ciertamente, hay que decir que se trató de un objetivo primordial en el ánimo de la Sociedad Turismo del Alto Aragón, como da a entender la breve noticia aparecida en 1929, mucho tiempo después de la celebración de esta exposición, en que eran citados Ramón Acín y Joaquín Fondevilla, secretario este último de la entidad, como delegados por la Sociedad «para proceder a revisar la guía en preparación».[211]

No tenemos constancia de que finalmente se llegara a editar tal guía, pero sí otros trabajos impresos con finalidad turística de gran interés, como, por ejemplo, apareció en el verano de 1931 un «plegable en huecograbado», referido a la ciudad de Huesca, que el SIPA alabó con las siguientes palabras: «Es un bello trabajo en el que se completa la extensa información muy pulcramente seleccionada por dicha entidad,[212] con una colección de interesantes fotografías».[213]

Muchos años después, en plena postguerra (1942), se editó una guía centrada en la ciudad de Huesca: *Huesca. La ciudad altoaragonesa*, publicada por la entidad que nos ocupa, y redactada por el catedrático del Instituto Ramón y Cajal de Huesca, Juan Tormo Cervino, que era, a su vez, presidente de Turismo del Alto Aragón en aquel momento.

Otra publicación periódica aragonesa que dedicó numerosas páginas a esta exposición fue *El Ebro. Revista aragonesista*, que ya ha sido mencionada aquí en diversas ocasiones. Esta revista empezó a editarse en 1917, pero lo hizo con una mayor regularidad desde 1919. De gran carga ideológica, con altos componentes aragonesistas, sobre todo antes de la Dictadura de Primo de Rivera, se convirtió en el órgano de expresión de la Unión Regionalista Aragonesa (más tarde Unión Aragonesista), constituida en la Ciudad Condal en 1917 (SERRANO LACARRA, 1999: 77-93). Así, en efecto, durante la dictadura primorriverista, «la revista asumió un carácter menos reivindicativo, centrándose en aspectos artísticos, literarios y culturales y de política económica, dentro de una visión amplia y desideologizada del aragonesismo» (SERRANO LACARRA, 1997: 10).

En cierta medida, las posiciones fueron bastante moderadas, incluso tendiendo a un innegable conservadurismo, algo que, tras la proclamación de la Segunda República, en abril de 1931, cambió profundamente en favor de un radicalismo político, en algunas posturas, que abogaba por el Estado Aragonés. Los temas que abordaron sus redactores iban desde la historia, el arte, el Derecho aragonés, y los de carácter político, con continuas menciones al pensamiento costista, al foralismo, etc (FERNÁNDEZ CLEMENTE y FORCADELL, 1979: 134). Esta revista recogió la llegada de la exposición a la capital barcelonesa, como enseguida referiremos, pero antes debemos aludir a lo acontecido en Huesca. De nuevo, otro medio local, el ya citado *La Tierra*, agradecía la labor de Turismo del Alto Aragón «que labora con mayor entusiasmo en favor de la prosperidad de Huesca», y hacía un llamamiento a las instituciones locales y regionales en favor de la realización de una guía que recoja los encantos de la región.[214]

Por su parte, *El Diario de Huesca* era más explícito a la hora de hablar de las temáticas expuestas y de los nombres participantes: se mostraron unas trescientas imágenes, «teniendo en cuenta la exuberante variedad de paisajes de nuestros Pirineos, así como la riqueza artística que atesora la provincia, tanto en monumentos, como en tallas, retablos, esculturas, etc., etc.». El anónimo cronista apuntaba, además, una leve queja sobre la «excesiva repetición» de motivos de los valles de Hecho, Ansó, Tena y Benasque, echando en falta algo más de presencia de otras comarcas de la provincia. Entre los autores representados: Vicente Cajal, Fidel Oltra, Ricardo Compairé, Ildefonso San Agustín, Rodolfo Albasini, Enrique Capella, Francisco de las

Heras, Juan Mora Insa, Eduardo Cativiela, Francisco Pascual, Antolín Nuviala o Juan Gil, estos cinco últimos procedentes de Zaragoza, entre otros ilustres aficionados y profesionales aragoneses.[215]

Paradójicamente, no disponemos de imágenes, al menos hasta ahora, sobre las fotos expuestas en aquella relevante cita, y, por lo tanto, el comentario tiene que estar necesariamente basado en las crónicas aparecidas en la prensa. Así, efectivamente, sabemos que esta exposición no terminó su historia en las dependencias del Círculo Oscense, sino que inició un auténtico periplo en Barcelona, donde se expuso a partir del 26 de febrero de 1928, en el Centro Aragonés, una institución que llevaba cerca de veinte años establecida en la ciudad catalana y que desempeñaba un papel significativo en las relaciones entre Aragón y Cataluña.

Según las fuentes, el promotor de esta exposición fue uno de los más activos miembros del Centro, Isidro Comas Macarulla (1874-1932), más conocido por su sobrenombre «Almogávar», de origen literano (Tamarite de Litera), se afincó en Barcelona desde niño, y fue un habitual de la revista *El Ebro*, entre otras publicaciones periódicas. Las motivaciones en sus numerosos escritos siempre se basaban en la promoción de su tierra natal, y, por extensión, de todo el territorio altoaragonés, con un énfasis muy evidente en lo relacionado con las potencialidades del turismo. Igualmente, y relacionado con esto, entabló relaciones con el SIPA, de tal manera que se convertiría en su delegado en Barcelona a partir de 1931.

Esta muestra sirvió, además, para que la Sociedad Turismo del Alto Aragón entablase contactos con el Centre Excursionista de Catalunya, que ya por aquellas fechas poseía más de 800 imágenes de la provincia oscense. La intención era definir intercambios periódicos entre ambas instituciones (LABARA BALLESTAR, 2008: 137-139). Parece ser que Macarulla tuvo un notable protagonismo en esta exposición, no solamente por ser el que la organizó, sino también porque la inauguró con una conferencia que iba a estar ilustrada con imágenes —se entiende que algunas de las fotografías expuestas—, pero «debido a la falta de preparación del encargado de las proyecciones», esta charla-presentación no se hizo tal como se tenía previsto.[216]

Afortunadamente, no hubo tales problemas menos de dos años atrás cuando, en abril de 1926, impartió otra conferencia, bajo el título «Bellezas de Aragón», en el Centro Obrero Aragonés de Barcelona recurriendo a fotografías de Juan Mora Insa.[217] A juzgar por los testimonios, hubo un contacto relativamente asiduo entre el escritor y el fotógrafo, motivado, sin duda, por la consecución de buenas imágenes que pudieran servirle en sus frecuentes conferencias: «El archivo fotográfico de Aragón no me lo descuido nunca de visitarlo en busca de novedades artísticas».[218]

En lo que respecta a la muestra, hubo una nutrida representación de Turismo del Alto Aragón, formada por Ramón Acín, Joaquín Fondevilla y Ángel Portolés, y, por supuesto, el presidente de la entidad, Jorge Cajal Lasala. Más allá de nuestras fronteras, la intención era que la muestra itinerara por ciudades como Pau, Londres y París, y que hubiese una nueva edición al año siguiente,[219] todo lo cual no tenemos constancia de que finalmente se llegase a hacer.

La propaganda de los valores paisajísticos y patrimoniales altoaragoneses también fue materializada por parte de la Sociedad Turismo del Alto Aragón mediante la edición de postales, un formato muy habitual en este tipo de labores, tanto en entidades como en particulares, aficionados y profesionales. Así, sabemos que a principios de 1920 se editaron un total de cincuenta imágenes de «paisajes, tipos, arqueología, una selección, en fin, de bellezas regionales (que) acredita el buen gusto de los patriotas oscenses por difundir el conocimiento del país». Este conjunto salió poco después de que hiciera lo propio un mapa provincial, según informaba la reseña de donde hemos extraído la noticia.[220] La empresa que sacó las postales fue la de Vicente Campo Palacio, pedagogo y escritor, alcalde de Huesca en dos ocasiones y presidente de Sociedad Turismo del Alto Aragón entre 1929 y 1931.

Notas de este capítulo

167 Esta revista fue reconocida como precursora de la del SIPA en Anónimo, «Revista «Por y para Aragón». Las precursoras de nuestra revista», *Aragón. Revista gráfica…*, n.º 67, abril de 1931, pp. 62-64.

168 Esta entidad ya contemplaba en su reglamento, en su Capítulo VII, artículo 5.º, la conveniencia de utilizar «como medios conducentes á llenar los fines de la Institución» el dibujo y la fotografía. Contenido en «Reglamento de la Sociedad Española de Excursiones», *Boletín de la Sociedad Española de Excursiones*, vol. I, n.º 1, 1-III-1893, p. 3. Sobre la labor de esta entidad, véase Rueda, 1997: 287-294.

169 Navás, L. «Labor del Sindicato», *Revista de Aragón*, n.º abril de 1902, pp. 239-242.

170 En «Un poco de fotografía», *Revista de Aragón*, n.º 6, junio de 1900, pp. 182-185.

171 Anónimo, «Miscelánea», *Revista de Aragón. Semanario de Ciencias, Literatura y artes*, n.º 10, 16 de marzo de 1879, s/p.

172 Y con algunas publicaciones aragonesas, como la *Revista de Aragón*, como da a entender la recepción de algunos números del *Boletín*. En la reseña, se señalaba lo siguiente: «… á cada número acompaña una hermosa fototipia de monumentos catalanes: el *Boletín* honra á Cataluña; ¿cuándo podrá hacerse en Aragón labor análoga?». En Anónimo, «Examen de revistas», *Revista de Aragón*, n.º 1, enero de 1901, p. 30.

173 Del Arco, R., «El turismo y el arte del Alto-Aragón», *Aragón. Revista semanal*, n.º 32, 18 de agosto de 1912, p. 253.

174 Cita textual y nombres obtenidos de Anónimo, «Amigos de Aragón», *Aragón. Revista semanal*, n.º 18, 14 de junio de 1914, p. 3. Tenemos constancia que, desde febrero de 1914 (n.º 1, 16 de febrero, «Segunda época») la revista publicó una sección titulada «Crónica de excursiones».

175 Palabras de Anacleto Rodríguez (según Francisca Soria Andreu, Eduardo Ibarra, eminente historiador y profesor universitario zaragozano [Soria Andreu, 1993]), en «El movimiento intelectual en Zaragoza», *Revista de Aragón*, n.º 6, junio de 1901, pp. 190-191.

176 Noticia: «La sección de fotografía del Ateneo», *Revista de Aragón*, n.º 12, diciembre de 1900, p. 379.

177 Moneva y Puyol, J., «Excursiones por Aragón», *Revista de Aragón*, n.º 12, diciembre de 1901, pp. 385.

178 Moneva y Puyol, J., «Excursiones por Aragón», *Revista de Aragón*, n.º enero de 1902, p. 41.

179 Pocos datos disponemos de este fotógrafo, de origen aragonés, establecido en Barcelona en estos años iniciales del siglo XX. Hacia 1907, vuelve a aparecer su nombre, como «socio corresponsal en Barcelona» de la Sociedad Fotográfica Aragonesa. En el órgano de expresión de esta, la revista *Photos*, se dice que había enviado «tres magníficas pruebas en colores obtenidas por el procedimiento de Lumière». Se trata de la placa autocroma comercializada por los hermanos de Lyon en ese mismo año. Revista *Photos*, n.º 44, agosto de 1907, s/p.

180 Ibarra, E., «Donación de unas casas en Huesca, hecha por Pedro I á Sancho Garcés», *Revista de Aragón*, n.º enero de 1902, p. 68.

181 De Pano, M., e Ibarra, E., «Los archivos de Tarazona y Tudela», *Revista de Aragón*, n.º abril de 1902, pp. 322-323. Más documentos transcritos procedentes de la catedral de Tudela, en *Revista de Aragón*, n.º mayo de 1902, pp. 406-409.

182 Valenzuela la Rosa, J., «Arte regional», *Revista de Aragón*, n.º noviembre de 1902, p. 816. El citado Anacleto Rodríguez (¿Eduardo Ibarra?) hace referencia en esta misma publicación, en diversas ocasiones, al certamen fotográfico del Ateneo zaragozano: en «Crónica regional», n.º marzo de 1902, pp. 186-188; «Crónica regional», n.º octubre de 1902, p. 737; «Crónica regional», n.º julio-agosto-septiembre de 1903, p. 159; y «Crónica regional», n.º diciembre de 1903.

183 Téngase en cuenta la cobertura gráfica que hicieron, entre otras publicaciones, la *Revista Aragonesa*, especialmente en su número extraordinario 16-21, diciembre de 1908, dedicado a este evento expositivo.

184 Valenzuela La Rosa, J., «Arte retrospectivo», *Revista de Aragón*, n.º noviembre de 1905, pp. 471-472. En el número siguiente, Eduardo Ibarra informaba de que «se han recibido algunas fotografías nuevas para el Álbum arqueológico…». En «Notas.

Congreso Histórico de la Corona de Aragón», *Revista de Aragón*, n.º diciembre de 1905, pp. 526-527.

185   Este aparecerá a las alturas de 1906 como director de la revista *Photos*, «órgano oficial de la Sociedad Fotográfica Aragonesa». Junto con el librero y editor Cecilio Gasca, que aparecerá como administrador, regentaban una tienda especializada en fotografía, llamada igualmente *Photos*, ubicada en el número 29 de la calle Alfonso I de la capital zaragozana. Este establecimiento informaba de las principales innovaciones técnicas (cámaras, reveladores, objetivos, papeles fotográficos, etc.), así como las últimas publicaciones nacionales e internacionales en materia fotográfica (SÁNCHEZ MILLÁN, 2009: 214-215). Véase también ROMERO, 1990: 162.

186   RAMÓN Y CAJAL, S., «Recuerdos de mi vida» (capítulo VI), *Revista de Aragón*, n.º marzo de 1902, p. 153.

187   En *Aragón. revista semanal*, n.º 28, 21 de julio de 1912, pp. 217-218.

188   Referido en ANÓNIMO, «Labor del Sindicato», *Aragón. Revista gráfica…*, n.º 28, enero de 1928, p. 25.

189   Sobre estos contactos y las diversas actividades que generaron en torno a ellos, véase el n.º 21, junio de 1927, de *Aragón. Revista gráfica…*, monográfico dedicado a la excursión al Bearne francés.

190   Tomado de DE SIRESA, J., «Crónica de las Jornadas», *Aragón. Revista gráfica…*, n.º 37, octubre de 1928, pp. 274-277 y 280-284. Estos comentarios aparecen profusamente ilustrados con fotografías de Marín Chivite, Abelardo de la Barrera, Juan Mora Insa e Ismael Palacio. Sobre la película citada anteriormente, sabemos que fue enviada con posterioridad a Alcañiz y Jaca para su exhibición, y que «serviría de base para la película que editará la casa Emérita Films con destino a la Exposiciones de Barcelona y de Sevilla» del año 1929. Citado por «Labor del Sindicato», *Aragón. Revista gráfica…*, n.º 39, diciembre de 1928, pp. 306-307.

191   COMPAIRÉ ANGULO, E. Ch., «Turismo del Alto Aragón, Sindicato de Iniciativa y Propaganda», *Diario del Altoaragón*, 10 de agosto de 1996, p. 198 (especial dedicado a las Fiestas de San Lorenzo). También citado por CARBÓ, 2009: 44.

192   COMPAIRÉ ANGULO, E. Ch., *Ibídem*.

193 Referido en ANÓNIMO, «Homenaje a Lucien Briet», *El Ebro…*, n.º 69, junio de 1922, pp. 7-8.

194 Véase *Aragón. Revista semanal*, n.º 6, 18 de febrero de 1912, p. 45. Aparte de esta serie de postales, considérese también de Briet su libro *Bellezas del Alto Aragón*, impreso por la propia casa de Justo Martínez, en 1913. Más información sobre el fotógrafo francés en: BRIET, 1986, y ACÍN FANLO, 2006. Briet no fue el único fotógrafo-excursionista de origen francés que visitó a finales del siglo XIX estas tierras altoaragonesas, para más información, véase la selección de textos que se incluye en BIARGE, GIMÉNEZ CORBATÓN y LABAY MATÍAS, 2000. Véase también BOURNETON (ed.), 2007.

195 Citado por Bizén d'o Río Martínez, cronista de la Comarca de la Hoya de Huesca, *El Diario de Huesca*, versión digital, 30 de julio de 2023. https://www.eldiariodehuesca.com/cultura/cuadernos-altoaragoneses/cien-anos-clavijas-con-escalera-hacia-cielo-en-salto-roldan_11606_102.html.

Considérese este artículo para comprender el nacimiento de la Sociedad Turismo del Alto Aragón.

196 Todo aparece referido en «Interesante propósito», *El Ebro…*, n.º 129, febrero de 1928, p. 8. En un notable texto que, a modo de recapitulación de los logros de la entidad altoaragonesa, encabeza una especie de llamamiento colectivo, firmado entre otros por el fotógrafo Fidel Oltra y el maestro y escultor Ramón Acín, miembro también relevante de Turismo del Alto Aragón, para «hacer una Guía que oriente a propios y extraños, que saque del arcano de lo desconocido el tesoro legado por sus mayores, con lo que se obtendrá gloria y provecho, pues estimamos que son muy contados los países que encierran en su suelo tan variada belleza e insuperable interés». También apareció previamente publicado este texto en *El Diario de Huesca*, 17 de enero de 1928.

197 Tomado de ALVIRA BANZO, J., «Ramón J. Sender y el Turismo del Alto Aragón», *Diario del Altoaragón*, 22 de febrero de 2015, p. 70.

198 Algunos autores cifran estas primeras participaciones como redactor de *La Tierra* a finales de 1919, véase DUVIVIER, 1987: 30-31.

199 Como lo hizo con otros temas de actualidad de la ciudad de Huesca o del conjunto de la provincia: obras en infraestructuras como el puente de San Miguel, adoquinado del Coso en 1934, el traslado de los restos del rey Alfonso con motivo del Congreso de Historia de la Corona de Aragón, en 1920, o escenas de la Guerra Civil y de la posterior posguerra. Además de estos temas propios de un fotorreportero, también se ocupó del patrimonio artístico de Huesca (San Juan de la Peña, Alquézar, Santa Cruz de la Serós o el monasterio de Sigena) y de fuera de la provincia, sin olvidar aspectos paisajísticos. Véase Diputación de Huesca, enero-junio de 2019: 66. Considérese también Lasaosa, 2022: 209-219.

200 El mismo año en que aparecieron estas imágenes de Del Arco en el diario oscense, otras suyas similares de Alquézar hicieron lo propio para ilustrar el artículo de Vicente Lampérez y Romea, «El «castillo-abadía» en la región pirenaica», *Arquitectura. Órgano Oficial de la Sociedad Central de Arquitectos de Madrid*, n.º 40, agosto de 1922, pp. 317-326. Junto con imágenes de Miguel Supervía (Castillos de Montearagón y de Loarre) y de Nicolás Viñuales (Castillo de Loarre).

201 Sender, Ramón J., «Peregrinación artística a Alquézar», *La Tierra. Órgano de la Asociación de Labradores y Ganaderos del Alto Aragón*, 26 de mayo de 1922. Resulta interesante la Nota de la Redacción en que se dice que «esta crónica aparece con algún retraso debido a la tardanza en confeccionar los clichés que la ilustran».

202 Sender, Ramón J., «Lugares de devoción. En el cenobio de los Santos Cosme y Damián», *La Tierra…*, 28 de junio de 1922, 29 de junio de 1922 y 30 de junio de 1922, respectivamente.

203 Sender, Ramón J., «Lugares de devoción. La triste elocuencia de las ruinas», *La Tierra…*, 29 de julio de 1922.

204 Datos tomados de De Cidón, Francisco, «Primera reunión del Consejo General de Turismo», *Aragón. Revista gráfica…*, n.º 81, junio de 1932, pp. 101-104. El propio Cidón fue el representante en esta reunión del SIPA.

205 Y han sido dadas a conocer en sendas exposiciones a partir de los años noventa, cuyos catálogos suelen ser editados, por regla general, por la propia Diputación a través de la serie «Imágenes de Aragón». Pueden consultarse digitalmente con la herramienta Documentos y Archivos de Aragón (DARA): https://dara.aragon.es/opac/app/simple.

206   Anónimo, «Bibliografía», *Athenaeum. Ciencia, Poesía, Arte*, n.° abril de 1921, p. 18.

207   Sobre Compairé y la Sociedad Turismo del Alto Aragón, véase también Carbó, 2021: 31-47.

208   Anónimo, «Primer Salón anual de Fotografía», *Aragón. Revista gráfica…*, n.° 25, octubre de 1927, p. 213.

209   Anónimo, «Turismo del Alto Aragón. Primer Salón anual de Fotografía», *El Diario de Huesca*, 12 de octubre de 1927.

210   Anónimo, «Turismo del Alto Aragón. Primer Salón Anual de Fotografía», *El Diario de Huesca*, 22 de noviembre de 1927.

211   En Anónimo, «Turismo del Alto Aragón», *El Diario de Huesca*, 26 de febrero de 1929.

212   Se refiere a la Sociedad Turismo del Alto Aragón.

213   En Anónimo, *Aragón. Revista gráfica…*, n.° 70, julio de 1931, p. 70.

214   Anónimo, «Turismo del Alto Aragón. I Salón Anual de Fotografía», *La Tierra…*, 26 de noviembre de 1927.

215   Tomado de Anónimo, «En el Circulo Oscense. El concurso de fotografías», *El Diario de Huesca*, 26 de noviembre de 1927.

216   Anónimo, «Turismo del Alto Aragón», *El Ebro…*, n.° 130, marzo de 1928, p. 7.

217   Anónimo, «Cultura aragonesa», *El Ebro…*, n.° 108, abril de 1926, p. 6.

218   Almogávar, «Por tierras de Aragón», *El Ebro…*, n.° 157, agosto de 1929, p. 3.

219   La Redacción, «Una exposición notable», *El Ebro…*, n.° 130, marzo de 1928, p. 4.

220   Anónimo, «Varia. Turismo altoaragonés», *El Ebro…*, n.° 140, enero de 1929, p. 11. Al final de este número, encontramos publicidad de la Sociedad Turismo del Alto Aragón, con «magnífica colección de postales en cinco blocs». Se repite esta misma publicidad en los siguientes números.

Como medio de información de acontecimientos de actualidad: eventos sociales, económicos y culturales

Sobre exposiciones y un centenario

Otro de los aspectos interesantes en que la fotografía va a desempeñar un papel trascendente, más allá de su utilización como instrumento para el conocimiento del patrimonio histórico-artístico, el paisaje y las costumbres y tradiciones, será su capacidad, y la de sus artífices, de plasmar la actualidad del momento, de actuar de verdadera crónica de la realidad sociopolítica, económica y cultural de la época. La revista del SIPA fue ejemplar en este sentido, pero antes otras ya ejercieron esta condición. Una revista que debe tenerse en cuenta es *Revista Aragonesa* (1907-1908), que, entre otras cuestiones, dedicó especial atención a la Exposición Hispano-Francesa, celebrada en Zaragoza durante 1908. El número múltiple (16-21, julio-diciembre) que cubre la segunda mitad de ese año estuvo dedicado específicamente a ese evento, con la presentación de las autoridades que la llevaron a cabo, así como algunos de los monumentos y obras que se expusieron.

Esta muestra centró la atención de buena parte de los medios informativos y culturales de la ciudad. En el citado número aparecen imágenes de algunas de esos edificios (pabellones), obras expuestas, así como los artífices del evento. Fotos firmadas, entre otros, por Freudenthal, Coyne y Galiay. Igualmente participaron los intelectuales aragoneses más significados del momento con la intención de crear un «clima favorable» hacia el evento (FERNÁNDEZ CLEMENTE y FORCADELL, 1979: 128). Por otra parte, el propio Sindicato nació,

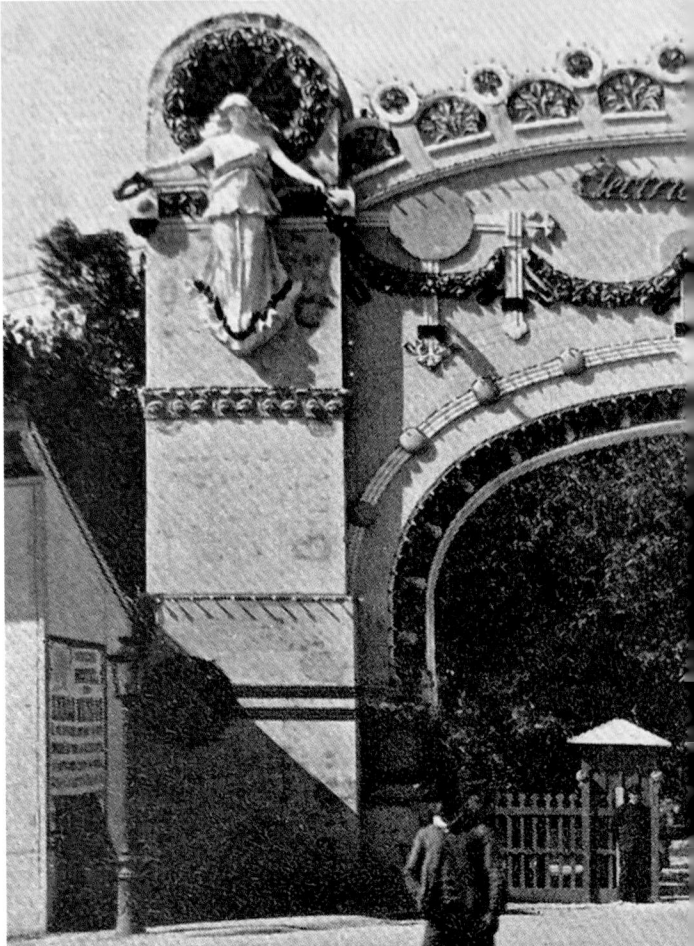

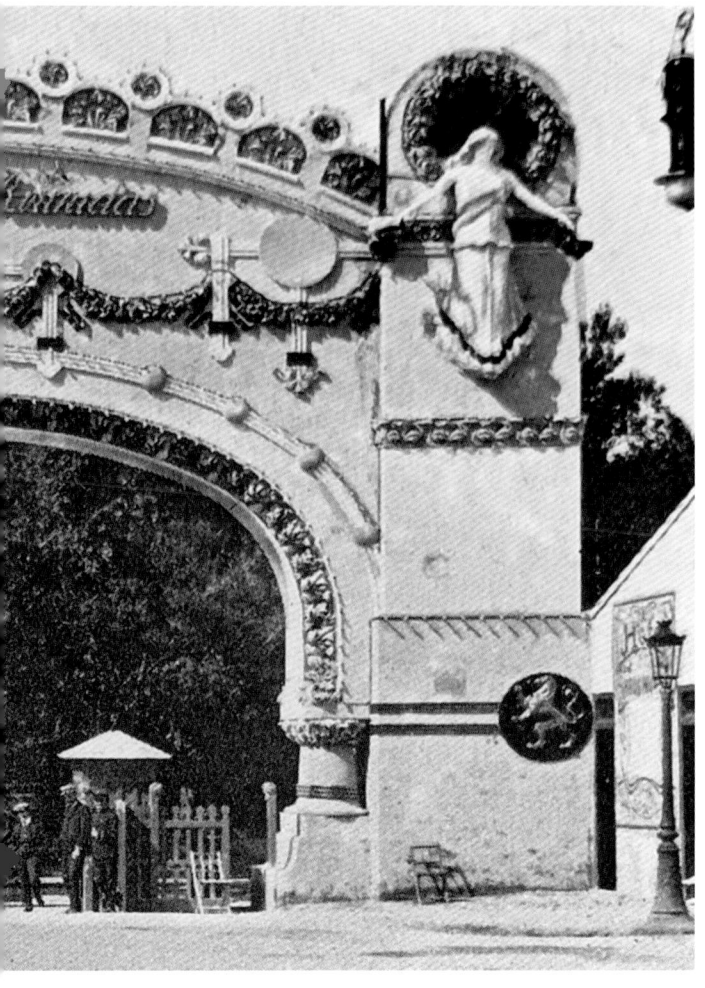

Vista posterior del Arco de entrada a la Exposición Hispano-Francesa,
José Galiay e Ignacio Coyne, *Revista Aragonesa*, julio-diciembre de 1908.
Fuente: Biblioteca General Universitaria de Zaragoza.

como más arriba hemos apuntado, con motivo de esta muestra que aspiraba a situar a Zaragoza y a Aragón en la esfera internacional.

Otra revista que merece la pena destacar por su componente de actualidad, por hacer continuas referencias a las más diversas facetas de la vida política, social, económica y cultural local, fue *Juventud. Revista semanal ilustrada*, que comenzó a editarse en marzo de 1914. Su director fue el periodista y escritor Juan José Lorente, y desde su nacimiento estuvo muy vinculada al periódico *Heraldo de Aragón*, cumpliendo la función de suplemento dominical. Fue una publicación que dedicó mucho espacio al mundo del arte, en sus más diversas expresiones: artes plásticas (con interesantes reportajes e información relativa a jóvenes pintores y a otros consagrados), música (con especial atención al mundo de la zarzuela) y a nuevos espectáculos como el cine, con cumplida información sobre las programaciones diarias de los cines locales de Zaragoza, como el Salón Doré, el Cine Ena Victoria, Alhambra, etc.

Asimismo, *Juventud* también se ocupó de la vida civil, eclesiástica, militar y aristocrática (GARCÍA GUATAS, 1996-1997: 614). Y partiendo ya de las portadas, que van presentadas bajo el título «La vida oficial», con retratos de diversos próceres y personalidades de la política, sociedad y cultura local y nacional. Asimismo, en páginas interiores encontramos una sección fija de ilustrativo título, «Actualidad gráfica». En ella se presentarán abigarradas composiciones con nuevos retratos de diferentes personalidades, pero también de eventos como reuniones o manifestaciones de diferentes colectivos (agricultores, ganaderos, obreros fabriles, etc.), propias de un ambiente de creciente conflictividad social o, bajo otro planteamiento, fiestas de sociedad. En cuanto a los fotógrafos que *cubrieron* esos eventos, tenemos al

«Actualidad gráfica», Sánchez Román, Esquifino y Marín, *Juventud. Revista semanal ilustrada*, mayo de 1914. Fuente: Biblioteca General Universitaria de Zaragoza.

«Actualidad gráfica», Sánchez Román, Freudenthal y Torres, *Juventud. Revista semanal ilustrada*, octubre de 1914. Fuente: Biblioteca General Universitaria de Zaragoza.

Actualidad Gráfica

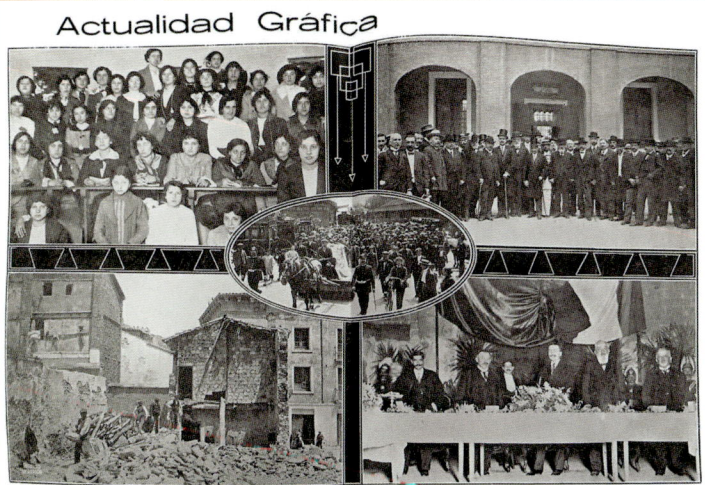

Alumnas que asisten a las clases mercantiles para la mujer. Casa de la Calle del Sepulcro que al hundirse mató a un niño e hirió a otro. Traslación de las piedras que han de servir de base a la Casa de Aragón en Barcelona. Los excursionistas en el patio del Hospicio. Presidencia del banquete celebrado en la Lonja.

(Fotografías de Sánchez Rosado, Español y Marín)

ACTUALIDAD GRAFICA

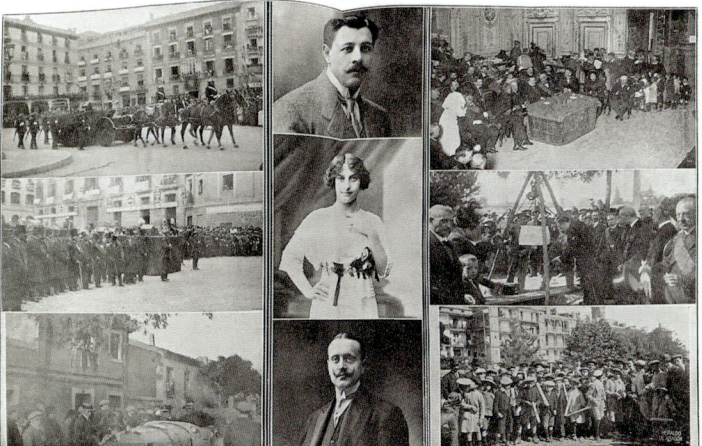

IZQUIERDA: Traslación de los restos de Lanuza: La comitiva en las plazas de la Constitución y del Justicia.—Las carreras de automóviles: El «sportman» D. Dáez so Pino, que ganó la copa Gran Peña.
CENTRO: Mr. Jorge Bousquet, convertido francés, herido en el Alsacia y recien llegado a Zaragoza.—La bellísima señorita Paulina Goytia y D. Emilio Laguna Azorín, que dirigieron el cotillón del Casino Principal.
DERECHA: Reparto de premios a los niños de las escuelas.—El Director general de Primera enseñanza, Sr. Bullón, colocando la primera piedra del nuevo grupo escolar.—Niños que asistieron a la ceremonia.

(Fots. Sánchez Rosado, Freudenthal y Toreno)

El homenaje a la memoria de Costa

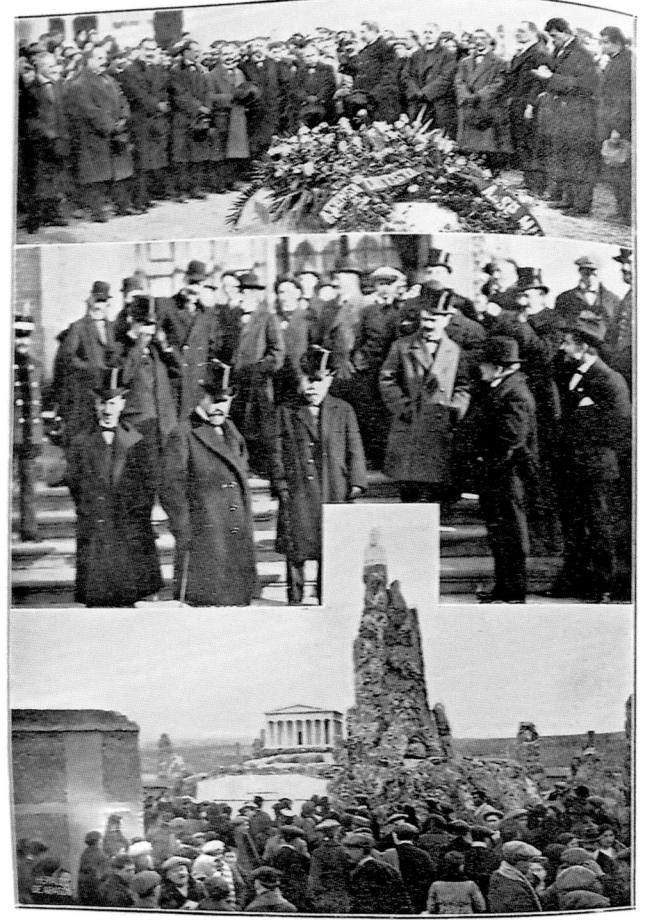

Tres momentos de la procesión cívica celebrada el domingo

citado Gustavo Freudenthal,[221] a José Yanguas, Aurelio Grasa, Esquifino o Sánchez Román. Notables reporteros activos en Zaragoza durante el primer tercio del siglo XX.

Entre los hechos de orden político y cultural que podemos destacar, el traslado de los restos de Juan de Lanuza, Justicia de Aragón, desde la Diputación Provincial hasta la Real Capilla de Santa Isabel (conocida popularmente como iglesia de San Cayetano), en octubre de 1914, con imágenes de Freudenthal y Sánchez Román,[222] o el homenaje dedicado («Procesión Cívica») a la memoria de Joaquín Costa, a principios de febrero de 1915, con fotos de Freudenthal, Esplugas y Yanguas.[223]

En la parcela socioeconómica, también podemos referir crónicas gráficas sobre inauguraciones de obras e infraestructuras como la de Grandes Riegos, en la localidad oscense de Almudévar, el 29 de marzo de 1915, con fotos de Aurelio Grasa.[224] Suyas fueron también las instantáneas de la inauguración del Ferrocarril de las Cinco Villas, en Ejea de los Caballeros.[225]

No queremos cerrar las referencias a la revista *Juventud* y su tratamiento gráfico de la actualidad, sin la alusión al reconocimiento de Lucas Cepero, otro habitual de la revista con sus reportajes sobre los más variados temas,[226] que fue premiado con una novena mención («¡¡entre 1.800 expositores!!», según se dice en la crónica) en la sección de fotográfica de la Exposición de Bellas Artes del año 1915. Sobre este galardón, hubo una información por parte de Luis Torres, habitual crítico de cine en la propia revista *Juventud*, en su artículo «La Fotografía Artística».[227] Esa mención fue a partir de una fotografía reproducida junto al artículo, una hermosa y ordenada panorámica de la Basílica del Pilar junto al río Ebro: «Es un bello paisaje zaragozano impresionado a la luz de la luna, en el que no se sabe qué admirar más, si el gusto con que están elegidas las perspectivas y los

«El homenaje a la memoria de Costa», Freudenthal, Esplugas y Yanguas, *Juventud. Revista semanal ilustrada*, febrero de 1915. Fuente: Biblioteca General Universitaria de Zaragoza.

Las obras de los Grandes Riegos

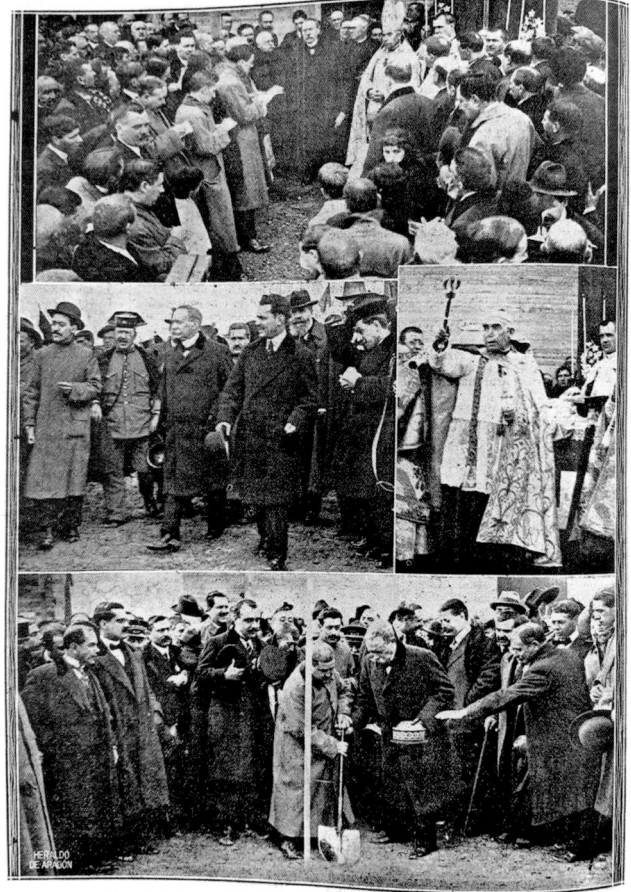

INAUGURACION VERIFICADA EN ALMUDEVAR EL DÍA 29 DE MARZO

El Arzobispo pronunciando su discurso. — Camino de El Planillo. — Bendición de las obras. El Ministro de Fomento iniciando los trabajos Fot. de Grasa

primeros términos del paisaje, o la fidelidad con que el instante poético y pintoresco está reproducido merced a la exactitud y acierto en la exposición». Se trata de una imagen que, según el historiador José Antonio Hernández Latas, formaría parte posteriormente de un álbum fotográfico dedicado al rey don Alfonso XIII y a la reina doña Victoria Eugenia, en su visita a Zaragoza en diciembre de 1923 (Hernández Latas, 2021: 182-183).

Pasando a ocuparnos ya de la revista del SIPA y sus alusiones a la actualidad, muchos fueron los hitos y acontecimientos de toda índole reflejados en sus páginas, pero queremos centrarnos en dos hechos concretos que, en el aspecto cultural y económico, fueron trascendentes para nuestra región y para el conjunto del país. El primero de ellos es la conmemoración del centenario de la muerte de Francisco de Goya en 1928, que en la revista *Aragón* llegó a tener un tratamiento monográfico. Ya hemos hecho alusión a lo largo de estas páginas de la frecuente presencia del pintor de Fuendetodos en distintas iniciativas y proyectos que el Sindicato y otras instituciones culturales aragonesas emprendieron años antes de la efeméride.

Una de estas referencias la tenemos ya en el número 2 (noviembre de 1925), como fue la reedición de la «cartilla» escrita por el especialista José Valenzuela la Rosa, ya nombrado en estas páginas, por encargo del pintor Ignacio Zuloaga y «dedicada a los niños de Fuendetodos, pueblo natal de Goya», en 1918.[228] El texto publicado en *Aragón* apareció ilustrado con una foto (de la Fototipia Thomas, de Barcelona) de una obra de Goya: *Una boda* (boceto), propiedad del Marqués de la Vega Inclán, y otra del busto escultórico realizado por Julio Antonio e inaugurado en la población de Fuendetodos en 1920, obra de Eduardo Cativiela.[229]

En lo que respecta a las actuaciones del SIPA y de la SFZ para conmemorar el centenario goyesco, varias fueron las intenciones, pero

«Las obras de los Grandes Riegos», Aurelio Grasa, *Juventud. Revista semanal ilustrada*, abril de 1915. Fuente: Biblioteca General Universitaria de Zaragoza.

La Fotografía Artística

Lucas Cepero, de quien ya hemos hablado en estas páginas, acaba de obtener un nuevo triunfo en la sección fotográfica de la Exposición de Bellas Artes.

Ha conseguido una novena mención, cosa que no deja de tener singular importancia, si se tiene en cuenta que figuraban en el certamen artístico 1.800 expositores.

Calcúlese con este número de expositores, el extraordinario de obras que se habrán presentado y los méritos que deben reunir las premiadas para destacar en el inmenso concurso.

Nuestro fotógrafo Sr. Cepero ha sido uno de los privilegiados, y la obra que mereció el premio es la que publicamos en esta misma página junto al retrato de su autor.

La fotografía premiada da una idea de cómo el Sr. Cepero, ha vencido todas las dificultades de esta interesantísima rama de las artes gráficas y posee todos los secretos de la fotografía moderna. Es un bello paisaje zaragozano impresionado a la luz de la luna, en el que no se sabe qué admirar más, si el gusto con que están

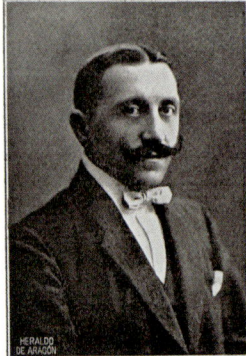

HERALDO DE ARAGÓN

elegidas las perspectivas y los primeros términos del paisaje, o la fidelidad con que el instante poético y pintoresco está reproducido merced a la exactitud y acierto en la exposición.

El Sr. Cepero es un verdadero artista de la fotografía. Siente además por su arte una gran vocación que allana todas las dificultades. La atracción del paisaje le ha colocado más de una vez en situaciones peligrosísimas, de las que salió con valor y suerte logrando confeccionar un pintoresco e interesante álbum del pirineo aragonés nevado. Algunas de aquellas artísticas fotografías hemos publicado en JUVENTUD y se han publicado también en el primer periódico gráfico de España: *La Esfera*.

No son menos dignos de tenerse en cuenta los triunfos personales obtenidos por el Sr. Cepero en la fotografía-retrato de las cuales posee una admirable colección, capaz de acreditar el gusto y el acierto del fotógrafo.

Por su último triunfo y por todos los anteriores merece bien el Sr. Cepero, figurar en esta página dedicada a los que valen y a los que prometen.

Luis Torres.

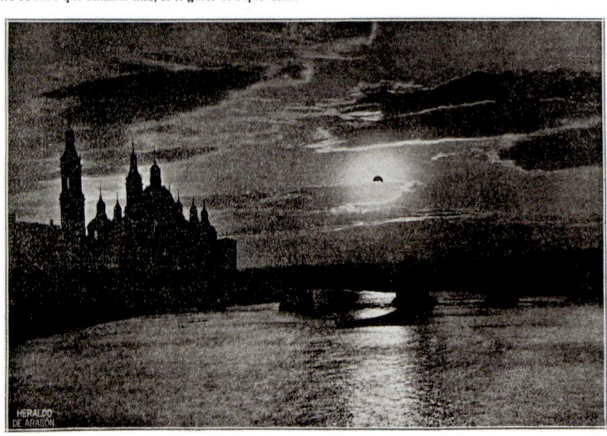

HERALDO DE ARAGÓN

«La Fotografía Artística», Luis Torres, foto inferior de Lucas Cepero, *Juventud. Revista semanal ilustrada*, junio de 1915. Fuente: Biblioteca General Universitaria de Zaragoza.

no todas se cumplieron. Para empezar, la segunda proyectó un «Salón extraordinario» para 1928.[230] A decir verdad, más que un Salón concreto, sería una sección del Salón Internacional de Fotografía correspondiente a la edición del año 1928. Disponemos de un interesante testimonio en forma de carta enviada por el presidente de la SFZ, Manuel Lorenzo Pardo, a Ricardo Royo Villanova, eminente médico, Rector de la Universidad de Zaragoza por aquella época, y presidente de la Junta Organizadora del Centenario de Goya en Zaragoza, fechada el 14 de marzo de 1928, en que Lorenzo Pardo se retrotraía a 1926, poco después de la celebración del II Salón, en que el periodista y escritor Emilio Ostalé Tudela y el archivero, Manuel Jiménez Catalán, miembros de la ya formada Junta, propusieron a la SFZ que al celebrarse el Salón del año 1928 «hubiera una sección dedicada a Goya», haciendo el ofrecimiento de premios en metálico (6.000 ptas.).

Aparte de este ofrecimiento manifestaron que era necesario hacer una propaganda digna del objeto a que se dedicaba, y por tanto editadas a todo lujo las bases, gasto este que también sufragaría la Junta». La intención, según se explica en una nota impresa adjunta a la carta, es que «aparte de las secciones de retrato, paisaje y arqueología, existirá una de reproducciones inéditas de Goya», dotada con un premio de 3.000 ptas. «al fotógrafo o aficionado que reproduzca con toda perfección y plásticamente un cuadro de Goya». Finalmente, todo quedó en suspenso después de la irrefutable contestación de Royo Villanova a Lorenzo Pardo, el 22 de marzo de 1928, en que le decía «con verdadero sentimiento la imposibilidad en que se encuentra esta Junta, por carencia de fondos para ello, de subvencionar con determinadas cantidades el Salón Internacional de Fotografía».[231]

No obstante, sí que se llevó a cabo una exposición del entonces primerizo «Jalón Ángel» (ÁNGEL GARCÍA DE JALÓN, 1898-1976), que se convertirá en uno de los más destacados fotógrafos de estudio de la capital aragonesa, inaugurada esta muestra el 3 de abril de 1928 en los salones del Centro Mercantil, Industrial y Agrícola del céntrico Coso zaragozano, y para la cual fue invitado Ricardo Royo

Destierro y muerte de Goya

No cesaban las luchas políticas que convertían a España en lugar de inquietudes y zozobras y esto unido al deseo que Goya sentía de respirar por algún tiempo otro ambiente y de recibir nuevas impresiones, le hicieron abandonar el suelo patrio y marchar a Francia, viaje que realizó en el año de 1824.

No le arredraron para llevar a cabo su propósito, ni la dificultad de las comunicaciones, ni las molestias que había que soportar, ni el peso de sus años, ni su sordera incorregible. Y emprendió su excursión.

En Burdeos se encontró con buenos e ilustres amigos españoles, que allí sufrían el destierro por sus ideales políticos, y ellos le ayudaron a aconsejaron en aquella tierra, para Goya desconocida.

De Burdeos salió para París, donde permaneció algunos meses, que hubo de aprovechar pintando varios retratos admirables, como todos los suyos.

Regresó pronto a la ciudad de Burdeos, que le agradaba mucho por la apacibilidad de su clima y la vida tranquila e independiente que allí podía hacer y reanudó sus faenas de costumbre, como si temiera perder un minuto de la escasa vida que le quedaba.

Se instaló en una casa nuevecita con su florido jardín, donde trabajaba con la misma fe que un chiquillo, rodeado de no pocos paisanos distinguidos que se extasiaban contemplando los prodigios que salían de sus manos.

Pero no tardó el artista en sentir la nostalgia de su patria. Quería dar el último adiós a la España de sus amores; quería ver de nuevo el paisaje del Guadarrama; quería recordar las obras en las que había puesto todo el fuego de su alma.

Y como él pensó, hizo desde Burdeos una escapatoria a Madrid.

Cumplido su capricho y huyendo otra vez de la constante agitación que reinaba en España, volvió a su refugio de Burdeos a pintar como siempre, a seguir aprendiendo, como él mismo decía, para expresar lo limitado de la humana labor que no puede llegar nunca a la perfección soñada.

Y así, trabajando, le sorprendió la muerte ocurrida en el año de 1828, es decir, cuando contaba 82 años de edad.

❧

Falleció Goya porque todo lo humano desaparece y se extingue. Solo Dios es inmutable e imperecedero.

Pero Goya no ha muerto en la memoria de los hombres.

Su ejemplo y su obra perduran de generación en generación.

Nunca tendrá fin más noble la veneración de todo un pueblo que cuando se dirija a un artista como Goya.

Goya nació en la humildad y la pobreza.
Goya se hizo a sí mismo.
Goya conquistó su libertad.
Goya no traicionó jamás a sus ideales.
Goya era la verdad.
Goya aborreció la hipocresía.
Goya fué generoso de corazón.
Goya era la fortaleza.
Goya odiaba la crueldad.
Goya bebió en las fuentes de la Patria.
Goya honró a su pueblo.
Goya no descansó.

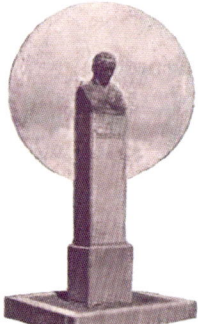

En uno de los lugares más pintorescos de Fuendetodos, el pueblecito que vió nacer a Goya, halla el viajero un monumento sobrio, sencillo, que sus convecinos dedicaron, al pintor inmortal, llenos de amores y entusiasmos.

Es como piedra miliaria, para el peregrino de Arte, ante el cual descansa y rinde su primer homenaje a Goya, pintor de cuerpo y almas, antes de llegar reverencioso a pisar el umbral de la casuca, solar de un arte inimitable.

(Foto Cativiela)

22

Monumento a Goya en Fuendetodos, Eduardo Cativiela, *Aragón. Revista gráfica…*, noviembre de 1925. Fuente: Sindicato de Iniciativa y Propaganda de Aragón.

Villanova mediante una carta enviada el 30 de marzo. Se trataba de una «exposición de fotografías artísticas de señoritas de la buena sociedad zaragozana, ataviadas con indumentaria de la época del genial pintor».[232]

Por su parte, el SIPA también puso en marcha algunas interesantes iniciativas asociadas a los actos conmemorativos del año goyesco, empezando, al parecer, de manera pionera, con un proyecto de película, antes de que lo hicieran Luis Buñuel y Florián Rey, ambos embarcados en sendos proyectos fílmicos que no llegaron a rodarse. Esta información proviene de una breve nota aparecida en *La Voz de Aragón*, con fecha de 14 de febrero de 1926, en que el secretario de la entidad, Eduardo Cativiela, alababa la idea de Ricardo del Arco sobre que la Junta aragonesa filmase una película sobre Goya, propuesta aparecida en el *Heraldo de Aragón* un día antes, el 13 de febrero.

Pues bien, en la misma nota, el SIPA informaba de que había iniciado un proyecto de filmación desde el pasado mes de mayo de 1925 en colaboración con la una productora Goya Films,[233] sobre lo cual no se había dicho nada porque «es norma del Sindicato de Iniciativa no dar publicidad a proyecto alguno hasta tanto que no está perfectamente madurado, por lo que nada se había comunicado a la prensa respecto a este asunto, pero una vez hecho público, considera que sería de gran interés que este empeño llegase a concretarse rápidamente».[234] Nada más se sabe de este proyecto cinematográfico del SIPA, que, de haber existido, hubiera formado parte de una extensa lista de cintas que *resucitaron* al pintor de Fuendetodos (Lázaro Sebastián y Sanz Ferreruela, 2017: 19-43).

Estas iniciativas cinematográficas y fotográficas en torno a la figura y obra goyescas, son algunas de las muchas que se llevaron a cabo para rememorar el centenario del artista: conferencias por los más destacados especialistas, conciertos musicales, bailes y hasta corridas de toros… Todos estos actos «serán el último gran acontecimiento de recuperación —e invención— del pasado aragonés protagonizado por la burguesía local zaragozana hasta casi nuestros

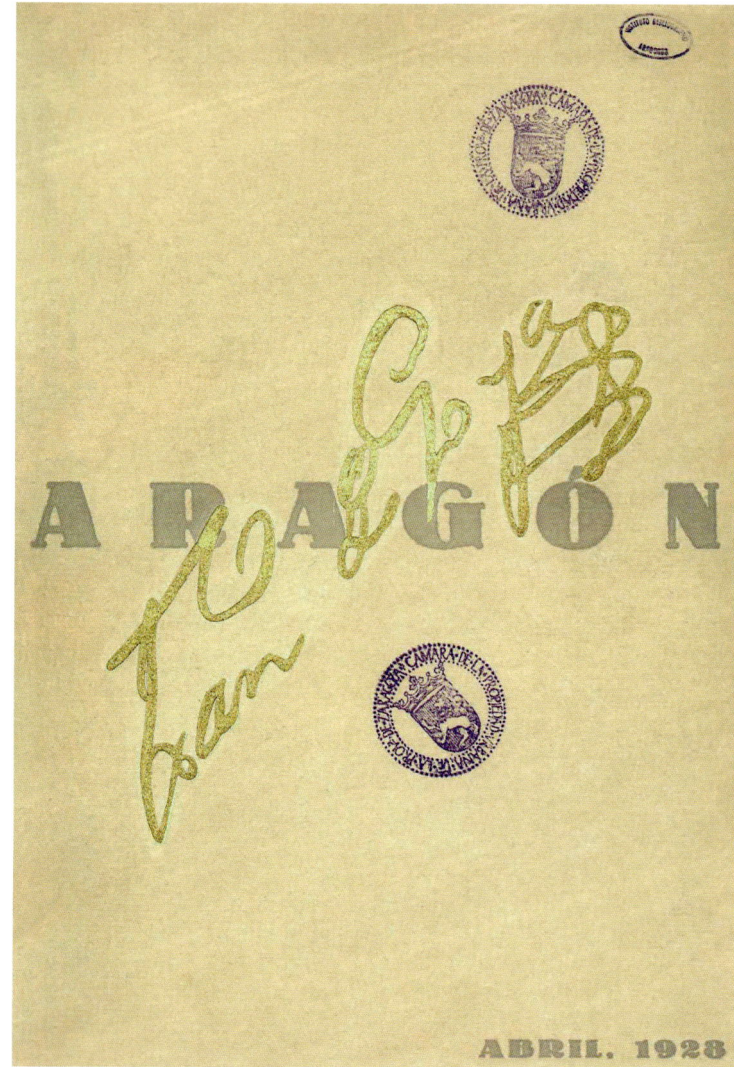

ARAGÓN

ABRIL, 1928

días y que se inició con el I Centenario de los Sitios de la Guerra de la Independencia (1808-1908), al que siguió el VIII Centenario de la conquista de la ciudad por Alfonso I (1118-1918/9)». Por ello, el SIPA fue uno de los muchos colectivos implicados en esas tareas de resignificar a Goya como «tipo racial español», y no solo como eso, sino «desde su región de origen, el viejo reino de Aragón también se convirtió en paradigma, esta vez de las esencias regionales, tintadas de un incipiente regionalismo» (CENTELLAS, 1995: 179-180).

Otros proyectos del Sindicato sí que llegaron a materializarse, como el monográfico de la revista *Aragón* (n.º 31, abril de 1928), coincidiendo con el mes en que Goya falleció cien años atrás. La prensa local anunciaba la inmediata publicación por boca del secretario, Miguel López de Gera: «El Sindicato colaborará al mayor esplendor de las fiestas centenarias. Y *Aragón* publicará un número extraordinario que sea digno de la conmemoración y del renombre universal del gran artista».[235] Y no solo ese número extraordinario de la revista, el Sindicato también dio difusión internacional al centenario por medio de la edición de folletos editados por la oficina de París, en número de 10.000, junto con otros impresos.[236]

En cuanto al número 31, perteneciente a abril de 1928, cabe comenzar diciendo que la fotografía tiene una presencia destacada. Trabajos asociados, cómo no, al nombre de Juan Mora Insa, el profesional de cabecera de la misma, que aparece citado explícitamente junto a la exposición del Sumario. La primera reproducción corresponde al autorretrato de Goya joven, perteneciente en aquella época a la colección de Mariano de Ena y Villalba, como se explicita en el pie de imagen. Desde 1997, es propiedad de Ibercaja.

El primer artículo, «A Goya, en el primer centenario de su muerte», estaba firmado por el director de la revista, Manuel Marín Sancho,

Portada del número 31 (abril de 1928) de *Aragón. Revista gráfica…*
Fuente: Sindicato de Iniciativa y Propaganda de Aragón.

y quedó ilustrado con fotografías del entorno y una panorámica del pueblo de Fuendetodos, así como de la casa natal del pintor. Estas imágenes se hacen acompañar de otra ya publicada previamente en la revista, de Eduardo Cativiela, sobre el busto de Goya realizado por Julio Antonio e inaugurado en 1920.

Las fotografías de los artículos que siguen a continuación son siempre referidas a obras artísticas, más y menos conocidas, entre sus series de grabados, cuadros de costumbres, pinturas murales religiosas de diferentes templos, por supuesto, retratos, pero también bocetos y trabajos preparatorios. Muchas de las imágenes religiosas suelen ocupar páginas enteras, prefiriéndose así la composición general (especialmente, las bóvedas de la Basílica del Pilar), si bien no se desdeña el detalle. Igualmente hay fotografías de documentos (cartas, recibos, etc.). No queremos detenernos en el análisis de cada uno de esos textos, no es el objeto de nuestro estudio, pero sí resaltar que la imagen tiene aquí un papel subsidiario y auxiliar, porque lo que verdaderamente sigue importando son los escritos firmados por plumas tan relevantes como: Andrés Giménez Soler, José Valenzuela la Rosa, Manuel Abizanda, Ramón Gómez de la Serna, José Camón Aznar, José Sinués, Henri Verne, Hermenegildo Estevan, Rafael Sánchez Ventura, etc.

Tres años después de estas celebraciones, el SIPA volvía a reivindicar el nombre de Goya a partir de un monumento, el Rincón de Goya, cuya construcción, igualmente estimulada por la Junta del Centenario, aparte de otra serie de instituciones, formó parte también de los actos conmemorativos con la intención inicial de servir de museo de la obra goyesca. Como es sabido, el edificio racionalista del entonces Parque Primo de Rivera, obra de Fernando García Mercadal, fue recibido con polémica por buena parte de las autoridades políticas y culturales locales del momento, y su suerte posterior no dejó de estar sujeta a las diferentes circunstancias políticas y a los cambios inherentes de la sociedad.

Como decimos, apenas tres años después de su inauguración, en mayo de 1931, y considerando todavía las intenciones iniciales en

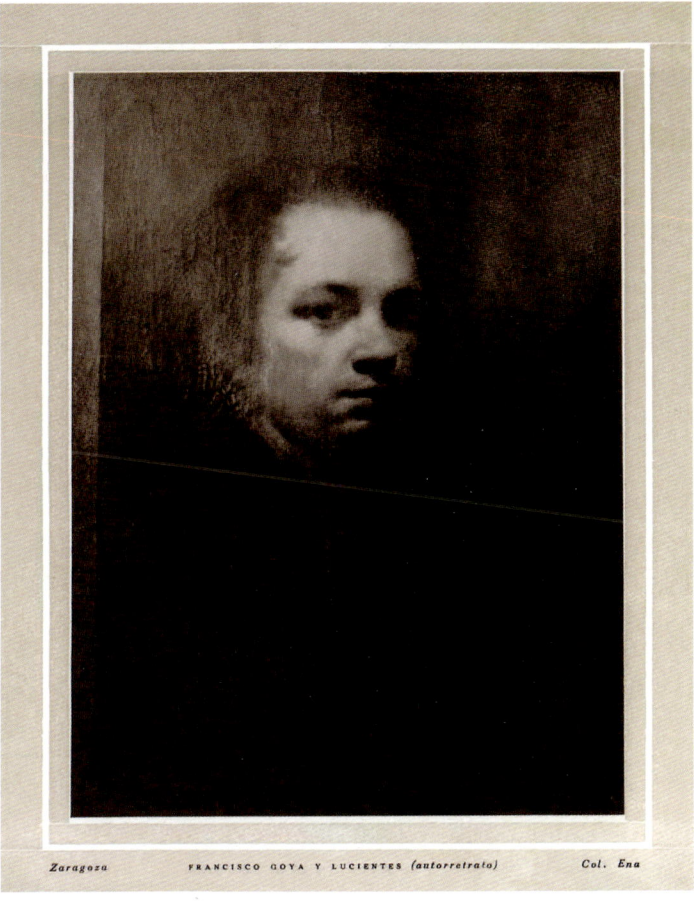

Zaragoza   FRANCISCO GOYA Y LUCIENTES *(autorretrato)*   Col. Ena

Autorretrato de Goya, Juan Mora Insa, *Aragón. Revista gráfica…*, abril de 1928.
Fuente: Sindicato de Iniciativa y Propaganda de Aragón.

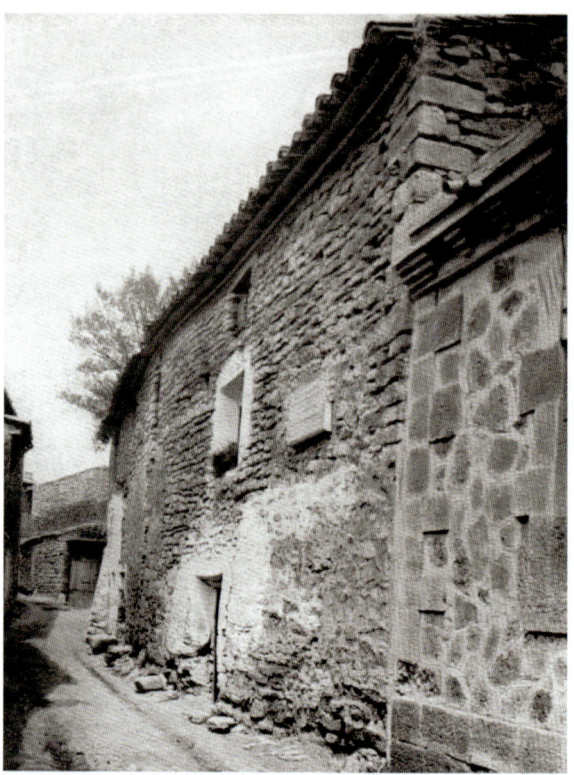

FUENDETODOS: CASA DONDE NACIÓ GOYA

cando cobijo donde podían hallarlo. La familia de José Goya se traslada, en esta hegira, a FUENDETODOS. Ahora cabe preguntar: ¿Por qué huyendo de los "malos tiempos" marcha José Goya a FUENDETODOS, pueblecillo misérrimo en todas épocas, teniendo un oficio que parece no ser el más apropiado para un lugarejo? ¿Qué va a hacer un maestro dorador en tierra donde apenas se cultivan viñas? Creo haber encontrado para esto una explicación. Cuanto más sencillamente se busca la explicación de las cosas, con mayor facilidad se llega a la verdad. Es una muy grande, muy humana, y muy de todos tiempos, que en el matrimonio siempre lleva la de ganar—por atracción—la parte de

VI

Casa natal de Goya en Fuendetodos, Juan Mora Insa, *Aragón. Revista gráfica…*, abril de 1928. Fuente: Sindicato de Iniciativa y Propaganda de Aragón.

cuanto a sus usos expositivos, el Sindicato solicitó (no fue la primera vez al parecer, por las expresiones utilizadas en la información) que se le entregara «para instalar la biblioteca del mismo nombre y exhibir en ella reproducciones fotográficas, maquetas de monumentos, etc., para honrar la memoria de tan ilustre pintor aragonés».[237]

Al año siguiente de los acontecimientos y celebraciones en torno al Centenario goyesco, en 1929, se dieron otros dos eventos muy relevantes en los aspectos económico, industrial, comercial y aun cultural no solo para las ciudades en que se dieron, sino para el conjunto del país. Nos referimos a la Exposición Internacional de Barcelona y a la Exposición Iberoamericana de Sevilla. En ambas, hubo presencia aragonesa, sobre todo liderada por el SIPA, y, de nuevo, el medio fotográfico sirvió para cubrir la realidad material de sus pabellones, la asistencia de personalidades, los objetos y materias expuestas, etc., o, dicho de otro modo, para hacer de crónica del presente sin olvidar la evocación del pasado.

En cuanto a la exposición barcelonesa, inaugurada el 20 de mayo de 1929 y clausurada el 15 de enero de 1930, ya tenemos una primera mención de envío por parte del Sindicato de «folletos de propaganda y demás publicaciones» al Comité de la muestra a lo largo de 1928.[238] Sabemos también que dispuso de un estand en la exposición en el que se colocaron estos materiales, es decir, carteles, fotografías, folletos «y toda suerte de elementos informativos sobre Aragón,[239] además de representaciones etnográficas y otros elementos de reproducción que den idea de las bellezas y el tesoro artístico y monumental de Aragón». En la información de la que extraemos esta cita, igualmente se refiere que se está procediendo también a «reunir elementos semejantes» para la Exposición de Sevilla, que se celebró simultáneamente[240] (desde el 9 de mayo de 1929 hasta el 21 de junio de 1930).

En el ecuador de la exposición de Barcelona, el Sindicato se encargó de organizar los actos a desarrollar durante la Semana Aragonesa, que se llevaría a cabo entre el 30 de septiembre y el 6 de octubre de 1929. Sin duda, se trató del núcleo central de la presencia aragonesa en el evento barcelonés, y casi todos los medios de prensa locales reseñaron de una manera u otra los diferentes actos que la compusieron. Empezando por la revista *Aragón*, que, como órgano de expresión del SIPA, procuró informar de todo ello con el debido auto-bombo: «El proyecto redactado ha merecido calurosos elogios, tanto de la Diputación de Zaragoza como de la Dirección de la Exposición de Barcelona». Un conjunto de actividades, tales como bailes de jota, conferencias, exposiciones de fotografía, de pintura y del libro arago-nés, proyecciones cinematográficas, etc., que fueran «una manifesta-ción expresiva de las diversas características de la raza con sus juegos, baile, arte y música reconocidos como típicos y genuinos, rindiendo así culto a las costumbres y usos de la raza».[241]

El programa específico de actividades fue dado a conocer en la misma publicación: el día de la inauguración de la Semana (30 de septiembre) se abrió también una exposición fotográfica, en el Pala-cio de Proyecciones (actualmente el solar está ocupado por el Palau de Congressos), organizada por la Sociedad Fotográfica de Zaragoza. Este mismo espacio sería utilizado tres días después (3 de octubre) para la proyección de «películas de costumbres aragonesas»: *El Cor-pus de Daroca*, *La festividad de San Cristóbal en Aguarón*, *Foz de Biniés*, *Ansó*, *Cacería de Benasque*, *Fraga*, *Semana Santa en Híjar* y *Tamborileros de Alcañiz*, todas ellas producidas por el SIPA. Más otros títulos: *En siendo de Zaragoza*, de Fernando Castán Palomar, *Pirineo aragonés*, de (¿José de la Cruz?) Lapazarán y *Daroca*, de un tal Sr. Ricarte.

Desafortunadamente, de todos estos títulos solo se conservan *Ansó*, *Semana Santa en Híjar* y *Tamborileros* (Marquesán Modrego, 2005: 191). En todos los ejemplos, la intención era «huir […] de mercantilis-mo y exhibiciones personales, solo se proyectarán películas que refle-jen, simplemente, la vida, costumbres y panoramas de la región».[242]

El día 5 de octubre, hubo nuevas proyecciones: *Granja Agríco-la de Zaragoza*, *Obras hidráulicas de Aragón*, *Las plagas del campo* y *Riberas aragonesas*, sin más datos sobre la autoría, pero que dada la condición de ingeniero agrónomo de Lapazarán y sus numerosos estudios centrados en estos temas, es probable que él fuera el realizador por encargo del SIPA.[243]

Como podemos reconocer, las facetas gráfica y audiovisual estuvieron muy presentes en la Exposición de Barcelona, hasta el punto que *Aragón* les dedicó un artículo, «La Cinematografía y Fotografía en la Semana Aragonesa», que glosaba «las nuevas orientaciones del cinematógrafo», es decir, la definición y asentamiento del género documental (de ese mismo año data *Drifters*, de John Grierson, que trataba sobre la vida de los pescadores de arenque en las costas británicas), con «películas documentales —así se explicitaba— de paisajes, costumbres, industrias y progreso». Todas estas inquietudes fueron potenciadas en gran medida, por supuesto, por el SIPA, como también «por particulares», que «ceden» sus trabajos. No tenemos más detalles sobre estos «particulares».

En cuanto a la exposición fotográfica, organizada por la SFZ y con la notable colaboración de la Sociedad Turismo del Alto Aragón, se ensalzó «el carácter artístico de las fotografías, reproduciendo asuntos regionales de Aragón, monumentos, calles, trajes típicos, escenas de costumbres, reproducciones de objetos de arte, etc.» A este respecto, solo hay un nombre que menciona la crónica, el de Ricardo Compairé, cuyas obras se expusieron en el Palacio de Proyecciones, y algunas otras fueron a parar al Pabellón de Aragón de la Exposición Iberoamericana.[244] En efecto, Compairé también participó en esta última con numerosas fotos de los valles de Hecho y Ansó, consiguiendo la Medalla de Oro de la Exposición (CARBÓ, 2009: 52).

Por su parte, la revista *El Ebro*, también dedicó numerosas páginas a este evento y al fotógrafo que lo protagonizó, cuyo trabajo expuesto «nos ofrece un repertorio meritísimo de costumbres, escenas, tipos y paisajes, todos ellos evocadores del ambiente cheso-ansotano, tan henchido de dramatismo y emoción». Palabras de José Soldevila, en un artículo monográfico dedicado a Compairé ya citado en estas páginas, que, además de celebrar la calidad de las obras presentadas y el triunfo conseguido por Compairé, volvía al eterno debate en torno a la *artisticidad* de la fotografía, partiendo de un concepto eminentemente pictorialista: «No puede admitirse en un sentido general que la fotografía es "arte" porque la mayoría de las veces es difícil hallar arte en ellas. Lo que no puede negarse es que una máquina fotográfica puede servir perfectamente de "medio" para hacer "arte". Y este es el caso de Compairé y de otros fotógrafos cuyas fotografías no son puramente mecánicas ni de fidelidad objetiva».[245]

Sin dejar el aspecto de las exposiciones, de manera simultánea a las de Barcelona y de Sevilla, el SIPA, junto al Ayuntamiento de Zaragoza, organizó una muestra de notable importancia por su carácter internacional: se trata de *Aragonien Austellung* (*Exposición de Aragón*), que formó parte de una serie de actos culturales auspiciados por la Universidad de Bonn (Alemania). La muestra fue inaugurada el 14 de junio de 1929, y tuvo a Aragón como tema único. El encargado de organizar el montaje expositivo fue Manuel Marín Sancho, y para ello seleccionó «fotos de monumentos, de escenas típicas, de naturaleza o de arte», «desde las torres mudéjares que se perfilaban en el fondo blanco de algunas vistas, y los claustros románicos llenos de misterio de nuestros monasterios, y la vida exuberante que se desprendía de nuestras escenas populares, en los mercados o en las fiestas regionales…».

Las fotos que ilustran este extenso artículo, que no solo firma Gaya y Delrué, fueron realizadas por Marín Sancho. La crónica se completaba con una carta del hispanista alemán Joseph Froberger, que, entre otras cosas, afirmaba:

> La Exposición mencionada presentó también una serie muy larga y cuidadosamente escogida de fotografías de monumentos de arte de Aragón. Se puede hablar de toda una historia del arte aragonés. Dieron a conocer una España muy distinta de la que está de moda y los alemanes se convencieron de que España es mucho más rica en bellezas artísticas y de arte de lo que se cree generalmente. Los aragoneses fueron descubridores de rincones de España hasta ahora desconocidos de los extranjeros que la visitan. […] La expansión del

turismo en España puede ganar mucho, si la propaganda se hace con arreglo al procedimiento empleado por los aragoneses, para todas las regiones de España. El Sindicato de Iniciativa ha dado una buena muestra de cuanto se puede hacer en este terreno. Por la evolución de su historia y por la individualidad de las distintas regiones, España es la nación más rica de Europa.[246]

No hay mención de nombres concretos en cuanto a los fotógrafos que prestaron sus obras, pero por la temática indicada no es extraño pensar en los habituales cultivadores de los mismos: Ricardo Compairé, Eduardo Cativiela, Joaquín Gil Marraco, Juan Mora Insa o Lorenzo Almarza, etc.

El propio Marín Sancho explicaba su labor con modestia porque concedía la idea inicial al profesor José María Albareda Herrera, nacido en Caspe en 1902, catedrático del Instituto de Huesca, que completó sus estudios en la Universidad de Bonn, merced a la Junta para Ampliación de Estudios, y allí trabó contacto con varios profesores de esa institución, a quienes les habló «de nuestro Aragón con el cariño y el conocimiento de un enamorado de su país». Entre esas conversaciones, parece que surgió la idea de que el Instituto Románico de la Universidad alemana invitase a dos profesores de Zaragoza para impartir sendas conferencias: Andrés Giménez Soler y Pascual Galindo. Pues bien, como complemento de estas conferencias, se pensó en celebrar una «Exposición de Arte, Cultura y Producción de la región aragonesa [...] para procurar un conocimiento más profundo de lo que es Aragón y los aragoneses».[247]

No deja de ser curioso que muchos años después, en 1983, aconteciera otra exposición internacional, en este caso no solo de fotografía, también de pintura, escultura y grabado, de artistas aragoneses de diferentes épocas, desde Francisco de Goya, hasta Marcelino de Uncenta, Francisco Marín Bagüés, Francisco Pradilla, Juan José Gárate, Pablo Gargallo, Honorio García Condoy, o Pablo Serrano, entre otros, con ocasión de la Semana Conmemorativa de la Hispanidad en Nueva York, en la Casa de España, del 9 al 16 de octubre de 1983. Junto a estas obras de arte, se presentaron también piezas etnográficas y de arte popular del Museo de la Diputación Provincial de Teruel.

En el caso de los fotógrafos (cuyo trabajo se mostró junto a mapas y grabados), estuvieron representados autores de muy distintas épocas e intereses expresivos: desde los decimonónicos y pioneros en la imagen fotográfica sobre Aragón: el británico Charles Clifford y el francés Jean Laurent, que hicieron las primeras tomas de monumentos tan relevantes a nivel simbólico y artístico como la Basílica del Pilar, pasando por los aragoneses Eduardo Cativiela, con imágenes de labores agrícolas tradicionales, fechadas a principios del siglo XX; Agustín Lorente Bernal, establecido en Daroca, con varias estereoscopías de monumentos zaragozanos, de similares cronologías; Joaquín Gil Marraco, con algunas de las imágenes del Serrablo páginas atrás mencionadas; Aurelio Grasa, con dos paisajes nevados pirenaicos y un retrato de Santiago Ramón y Cajal; el citado fotógrafo turolense Francisco López Segura, con escenas de costumbres populares, tomas fechadas en los años cuarenta, para terminar con otros fotógrafos pertenecientes a generaciones posteriores, con otro tipo de tratamientos: José Antonio Duce, Ángel Duerto, Víctor Orcástegui y Carmelo Tartón.

Tales materiales, junto con los citados mapas del Reino de Aragón, de los siglos XVII al XIX, compusieron una especie de *sección* dentro de la exposición general, que se denominó «Aragón en imágenes» que pretendió «mostrar en breves esbozos una pequeña parte del patrimonio histórico-artístico de Aragón, pero, a un mismo tiempo, ofrecer también algunos de los rasgos etnográficos de sus habitantes, es decir, manifestar la idea del entorno ambiental aragonés tal y como lo concibieron algunos grabadores y fotógrafos durante épocas distintas» (ROMERO, 1983: 55).

En última instancia, en todos estos trabajos, tanto los de artes plásticas como los fotográficos, se buscaba hacer ver cómo desde la tradición se pasó a la modernidad a través de una evolución casi natural como bien encarnó Goya desde su trabajo vinculado a la Corte

una ciudad grandemente trabajadora y productora de incalculable riqueza de todos los órdenes.

Para la adquisición de todas esas tierras de la futura ciudad jardín zaragozana cabe la justa, justísima expropiación forzosa, al amparo del Estatuto municipal que en su Sección VI, libro I, título V, capítulo 1.º, la establece; y de conformidad con los artículos 41 y siguiente del Decreto-ley de 19 de Octubre de 1924, según los cuales «los Ayuntamientos podrán realizar... la compra de terrenos a propósito para urbanizarlos convenientemente o arrendarlos o enajenarlos después con destino a casas baratas». «Los proyectos serán sometidos a la aprobación del Ministerio del Trabajo y el Real decreto de aprobación comprenderá la declaración de utilidad pública y de expropiación forzosa».

De desear sería, sin embargo, en interés de todos, que no hubiera necesidad de acudir a la expropiación forzosa y que los propietarios de tierras, convencidos de la gran utilidad que para todos supondría la construcción de la ciudad jardín, llevados de alto espíritu cívico y de amor a la patria chica, lejos de entorpecer la construcción de la ciudad jardín, con

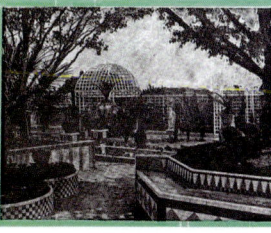

exigencias injustas, la facilitaran con la cesión de sus tierras en un precio razonable, que siempre sería superior al que en la actualidad tienen.

Esta cesión podría hacerse de diferentes modos, a saber: 1.º por venta al contado; 2.º por venta a plazos, pagándose una parte al contado y otra al tiempo que la Compañía tome posesión de las tierras; 3.º permutando las tierras o una parte de ellas por acciones de la Compañía constructora, o recibiendo el vendedor una parte en metálico y el resto en valores de la Compañía—acciones, obligaciones, pagarés de interés fijo, etc.—; 4.º por cesión de las tierras o cambio de determinado número de lotes urbanizados, etc.

Quizás el mejor procedimiento fuera que el Estado, el Ayuntamiento y la Confederación del Ebro adquirieran todas las tierras del trazado de la ciudad jardín, que sean de propiedad particular y que las pagaran al contado con una emisión de pagarés o de obligaciones que devenguen interés y que sean amortizables dentro de un plazo prudencial.

Las tierras serían cedidas en el precio de adquisición a la Compañía concesionaria, la cual se encargaría de abonar el

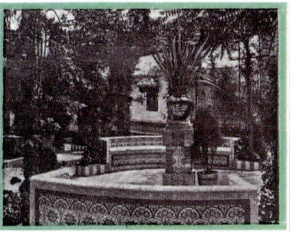

importe de los pagarés u obligaciones más los intereses.

Obtenida la concesión de la ciudad jardín y adquirida en una forma o en otra la plena posesión de todas las tierras de trazado, la Compañía fundadora se transformaría en Compañía constructora y explotadora de la ciudad jardín, ensanche de la Zaragoza actual.

H. G. DEL CASTILLO.

Madrid, Febrero de 1927.

Las fotos que acompañan a este artículo han sido hechas por nuestro querido amigo y colaborador D. Francisco Samperio, en los jardines particulares de D. Dámaso Pina, que pueden tomarse como modelo en esta clase de ornamentaciones.

(1) Las principales ciudades *jardines* hasta ahora construidas— Letchworth en Inglaterra, le Zoute en Bélgica, Milanino en Italia, la Ciudad Lineal ensanche de Madrid, etc.—se han hecho por la iniciativa particular de Compañías anónimas con, capital escaso e inseguro y sin, la justa y debida protección, oficial, lo cual explica su lento desarrollo. Welwyn, primera «garden city» satélite de Londres fué fundada en, 1919, también, por la iniciativa particular de una Compañía anónima, pero ya con, la protección, del Gobierno en forma de expropiación, forzosa y de la concesión, de préstamos a interés bajo y a pagar a plazos largos (treinta años), lo cual ha contribuido a que, en, poco año, dicha ciudad jardín, inglesa haya alcanzado un, gran, desarrollo.

(2) En, la determinación, y, en, el cumplimiento de, esas «normas edilicias» que, tanto han, de, contribuir a que, la ciudad jardín, sea, sana, hermosa, cómoda y tranquila, debe, intervenir, con, elevado, espíritu, de, interés público y con, mano, enérgica, los Poderes públicos, para que, las servidumbres y las limitaciones que, se, impongan, a, las tierras, eviten, no, sólo, la, codicia, de, los particulares, sino, también, la, de, la, Compañía, constructora, en, la venta, de, terrenos.

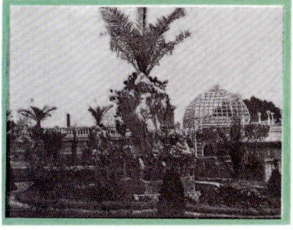

Jardines particulares del industrial Dámaso Pina en Zaragoza, Francisco Samperio, *Aragón. Revista gráfica…*, marzo de 1927. Fuente: Sindicato de Iniciativa y Propaganda de Aragón.

en Madrid hasta sus obras más personales de las series de grabados y las Pinturas Negras.

Volviendo otra vez al periodo que comprende desde la Dictadura de Miguel Primo de Rivera hasta la Segunda República y el estallido de la Guerra Civil, tan interesante y complejo desde el punto de vista cultural, social y político, es evidente que aportó muchos más eventos y acontecimientos que la revista *Aragón* del SIPA y otras publicaciones periódicas ilustradas se encargaron de registrar con numerosísimos textos e imágenes. Así, volviendo a los primeros números de la revista del Sindicato, tenemos un interesante artículo, aparecido en marzo de 1927, redactado por Hilarión González del Castillo, uno de los más destacados teóricos y defensores de la denominada «Ciudad Lineal», junto a urbanistas como Arturo Soria, que abogaba por una ciudad más *humana*, caracterizada por la construcción de zonas verdes por medio de parques y jardines.

Este texto, titulado «Zaragoza, ciudad jardín. III. La entidad constructora»,[248] aparecía ilustrado con unas bellas fotografías de Francisco Samperio de los jardines particulares del industrial Dámaso Pina,[249] sitos en el barrio de San José de la capital, los cuales «podían tomarse como modelo en esta clase de ornamentaciones» para los jardines de esa hipotética Ciudad Jardín. Lo propuesto en el texto de González del Castillo prolongaba (o reabría) un debate sobre la concepción de la ciudad moderna. En el caso de Zaragoza, este proyecto se llevaría a la práctica poco antes de estallar la Guerra Civil en una zona que, en aquella época, estaba por urbanizar.

Otro aspecto diametralmente diferente al anterior, pero de innegable actualidad, tiene que ver con el tratamiento de la información deportiva, en la que el fútbol empezaba a asumir un neto protagonismo. Así, encontramos un curioso artículo, firmado por Narciso

Campo del Real Zaragoza y formación del Real Zaragoza C. D., Marín Chivite y Larraz, de *Aragón. Revista gráfica…*, abril de 1927. Fuente: Sindicato de Iniciativa y Propaganda de Aragón.

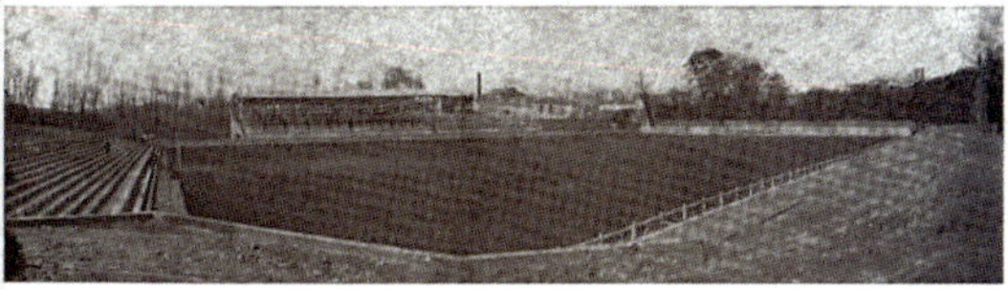

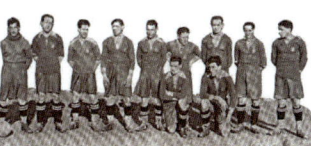

Aspecto del campo del «Real Zaragoza C. D.» *(Fot. Marín Chivite)*

maban los mayores la «Perra Gorda», y este nombre conservó ya hasta su disolución. De la hornada de jugadores de la «Perra Gorda» quedaban hasta hace poco algunos en los actuales equipos.

El primer equipo forastero que visitó Zaragoza, cuando todavía se cultivaba el futbol sin someterse a líos federativos, fué la «Real Sociedad de San Sebastián», que en una exhibición contra «Sparta» en época de fiestas con subvención de la Comisión de Festejos y asistencia de autoridades, marcó 7 goals a 0.

De disidentes de las citadas Sociedades y por disolución de «Amaya» se fundó «La Gimnástica», primera entidad que tuvo campo propio, junto a la vía férrea en la Puerta del Portillo. Allí y bajo la dirección de José M.ª Gayarre, se comenzó a cultivar el atletismo, celebrándose varios festivales de Juegos Olímpicos en su variedad de carreras, saltos, lanzamiento de peso y jabalina, luchas, etc., etc. En «La Gimnástica» se revelaron valores nuevos en futbol, como Gómez Segura, Luis Gayarre, hermanos Ansuátegui, Cotano y Pereira, y el equipo local efectuó las primeras salidas a Logroño y Pamplona con favorables resultados.

Esta Sociedad puede decirse qué fué la que dió el paso de afirmación del futbol en Zaragoza. Organizando frecuentes festivales y verbenas en el campo, logró sacar al público de su apatía e interesarle por los lances de cultura física.

El «Sparta», tras un conato de adquisición de campo en Montemolín, sucumbió definitivamente.

Simultáneamente a estas fechas y con elementos de «La Perra Gorda», se formaban equipos en los Colegios de la ciudad, descollando la sociedad «Pilar F. C.», de los Maristas, que tuvo campo propio donde más tarde se construyó el «Petit-Park», y adquirió notorio desenvolvimiento. En este campo se jugaba los domingos entre los equipos de los Maristas, Jesuítas y Escolapios. De esta época recordamos a Coderque, Asirón, Burges, Baeza, Buendía, Azcoiti, Bel, García, etc. Desfilaron algunos equipos de elementos vascos de nuestras Universidades, entre los que figuraban elementos que más tarde en el Norte nutrieron las huestes del «Real Unión de Irún».

Disuelta «La Gimnástica» se formó «Iberia F. C,» con elementos de la Tropa de los Exploradores de Zaragoza, y más tarde, dirigido por Asirón, el «Zaragoza», en el campo de la calle de Bilbao, donde los alemanes internados del Camerón instalaron un juego de bolos y llegaron a una fusión con dicha entidad.

A partir de este momento, podemos decir comienza la época moderna de nuestro futbol, pues con ligeras evoluciones y fusión de Sociedades se mantienen en nuestras actuales entidades los nombres de «Zaragoza» (después de ser «Stadium») e «Iberia», de cuyas tendencias destacaron como cabezas directoras Fermín Asirón y José M.ª Gayarre.

El campo de la Hípica se intentó remozar en distintas ocasiones, pero debido a su distancia de la capital, el fuego sagrado del deporte era difícil de mantener.

El que como nosotros haya vivido los pormenores de estas diversas fases del futbol zaragozano y desligado actualmente de pasiones, que tan mal parado dejan al deporte, quiera compendiar las figuras más salientes de esta historia, destacará como puntales de la afición a Rafael Montagut y José María Gayarre que a través de todas las épocas sintetizan el esfuerzo y la organización. El primero fué el sportman tenaz y vigoroso que propaló el deporte con el ejemplo. Figura de nuestra aristocracia, el Conde del Montagut opuso su robusta complexión a todos los prejuicios. El segundo, menos diestro para el deporte, aportó sus concepciones de organiza-

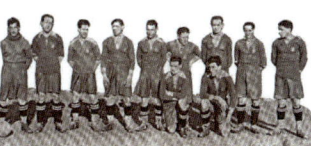

Equipo del «Real Zaragoza C. D.» sub-campeón de Aragón 1927 *(Fot. Larraz)*

Hidalgo,[250] en que este hace una genealogía del fútbol aragonés: centrándose en los dos principales clubes de Zaragoza, el Iberia S. C. y el Real Zaragoza C. D. (como es sabido, la fusión de ambos daría lugar a la fundación del Real Zaragoza en 1932). Ambos clubes aparecen retratados con sus correspondientes alineaciones, así como los campos en que jugaban, respectivamente. Las fotos, de similar composición, son de Marín Chivite y de Larraz. El primero de ellos también registró con su cámara diversos eventos deportivos locales (partidos de fútbol, pruebas de atletismo, etc.), y no solo deportivos, igualmente estrenos teatrales, etc., publicados en *Pluma aragonesa. Revista quincenal gráfico-literaria*, con interesantes montajes fotográficos que mostraban algunos de los lances más significativos de esos encuentros deportivos. Normalmente, sus imágenes ocupaban prácticamente toda la página de la sección de «Deportes».[251]

Asimismo, Marín Chivite también *cubriría* actos de índole académica como los discursos de ingreso en la Academia de Bellas Artes de San Luis de Zaragoza, de diversas personalidades del mundo de la cultura y de la ciencia, algunos destacados fotógrafos amateurs, como José Galiay, a finales de 1933,[252] o el psiquiatra Joaquín Gimeno Riera, en la primavera de 1934,[253] el profesor Andrés Giménez Soler, en febrero de 1934,[254] o el religioso, compositor y maestro de Capilla de la Catedral de La Seo de Zaragoza, Salvador Azara, en junio de ese año.[255] Por último, igualmente registraría un acto en homenaje, con motivo de su jubilación, al entonces Rector de la Universidad de Zaragoza, el profesor de Química Paulino Savirón, en junio de 1935.[256]

En la parcela económica, interesa referir la celebración de la I Feria de Muestras Regional Aragonesa, organizada a instancias de la Real Sociedad Económica Aragonesa de Amigos del País, entre el 5 y el 20 de octubre de 1934, en el Palacio de la Lonja. Se puede decir que este evento expositivo fue una consecuencia derivada de la I Conferencia Económica Aragonesa, celebrada un año antes en la capital y también por iniciativa de la Sociedad Económica. Así lo refería

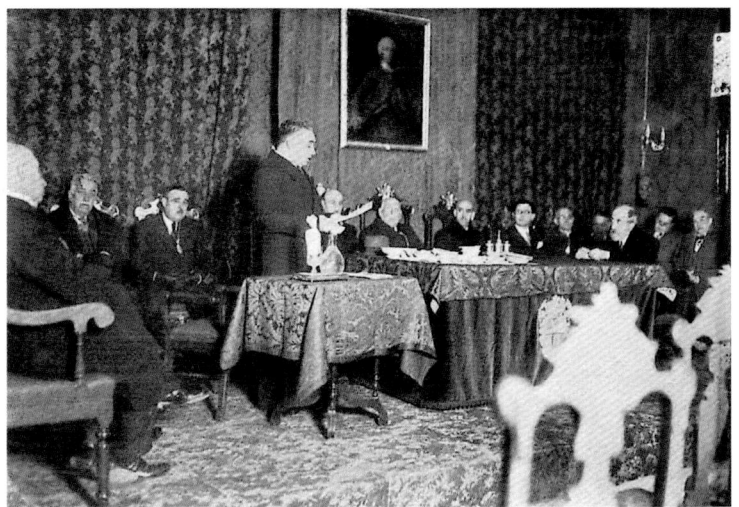

José Galiay leyendo su discurso de ingreso en la Real Academia de Bellas Artes de San Luis de Zaragoza, Marín Chivite, *Aragón. Revista gráfica…*, diciembre de 1933.
Fuente: Sindicato de Iniciativa y Propaganda de Aragón.

Eduardo Cativiela, presidente del SIPA, en el Editorial «Insistamos» del número 111 (diciembre de 1934),[257] dedicado casi monográficamente a esta muestra. Hubo una segunda, en octubre de 1935, trasladada en esta ocasión a unos terrenos de la Huerta de Santa Engracia, estando al cargo de la dirección arquitectónica y técnica el arquitecto Regino Borobio (VÁZQUEZ ASTORGA, 2006: 603). Ambos fueron precedentes directos de la I Feria Nacional de Muestras, celebrada en mayo de 1941 en un nuevo recinto ferial construido ex profeso frente al parque de Buenavista.

En el apartado gráfico, casi todas las imágenes fueron obtenidas, principalmente, por Marín Chivite, empezando por un detalle de la iluminación de la cornisa del edificio de la Lonja que albergó la primera edición, además de detalles de los estands que la conformaron,

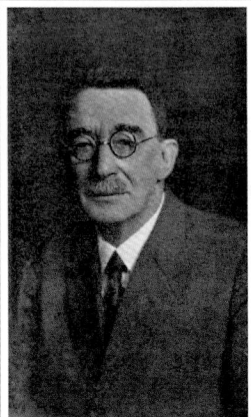

(Fot. Cogne)

Actos de homenaje

al Rector de la Universidad

D. Paulino Savirón

De verdadera solemnidad puede calificarse la última explicación de su asignatura, dada por el sabio catedrático el 15 de mayo último en el anfiteatro de la Facultad de Ciencias rebosante de público deseoso de oír la última lección; la última como Catedrático, pues aunque bien sabemos todos que el doctor Savirón se encuentra en la plenitud de sus facultades, las leyes del Estado son de tal rigidez que imponen la jubilación a una edad determinada sin reparar que con ello se priva a la enseñanza, como en este caso, de un elemento de gran valía.

El maestro, maestro de tantos alumnos durante cuarenta años, desarrolló en su lección de Química orgánica, el tema "Fenómenos de absorción", en la que admiramos, gracias al

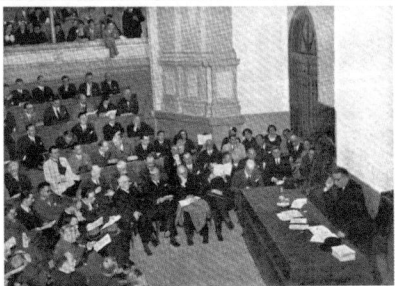

La "última lección" del Dr. Savirón
(Fot. Marín Chivite)

gran sentido pedagógico del doctor Savirón que hace fáciles a la comprensión de los profanos las materias más complicadas y difíciles, los profundos conocimientos del profesor.

Apagada la ovación prodigada al doctor Savirón al término de su conferencia, hicieron uso de la palabra el doctor Bermejo, que asistió al homenaje en representación del Ministro de Instrucción Pública y de la Universidad de Madrid, el vicerrector de la Universidad de Zaragoza doctor Galindo, el decano de la Facultad de Ciencias doctor Calamita y el presidente de la Comisión organizadora del homenaje, que ofreció la artística placa que la Universidad dedica al ilustre maestro como testimonio de admiración y afecto.

Al salir del anfiteatro, el doctor Savirón fué recibido con aplausos entusiastas por los que no pudieron penetrar en el local.

A la una y media de la tarde se celebró el banquete, al que asistieron trescientos cincuenta comensales; muchos venidos de distintos puntos de España; compañeros, antiguos alumnos hoy también compañeros, y un número igual a los presentes al acto que no tuvieron acceso por estar el local ya completamente lleno. Difícilmente se habrá congregado, por un motivo no político, de tan fervoroso afecto, un número tan elevado, y esto debe haber impresionado profundamente al Rector, que es todo afecto y bondad.

Ocuparon la presidencia con el homenajeado: el decano de la Facultad de Ciencias, don Gonzalo Calamita; delegado de Hacienda, alcalde de Zaragoza, señora de Artacho, don Pascual Galindo, vicerrector de la Universidad; María Luisa Savirón, hija del ilustre profesor; el exministro de Instrucción Pública, señor Prieto Bances; general de la quinta División, señor Villegas; señora de Savirón, señor Bermejo Vida, catedrático de la Universidad Central; también asistieron don Miguel Catalán, don Mariano Tomeo y el señor Rada, profesor de la Central; el presidente de la Audiencia Territorial de Zaragoza.

A los postres del banquete, el presidente de la Comisión organizadora del homenaje procedió a la lectura de las numerosas adhesiones recibidas.

Seguidamente el señor Savirón, brevemente, poniendo en cada frase la emoción que el acto le producía, dió las gracias

Banquete en honor
de D. Paulino Savirón

(Fot. Marín Chivite)

131

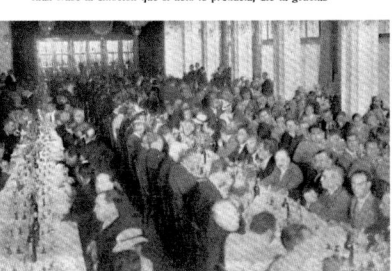

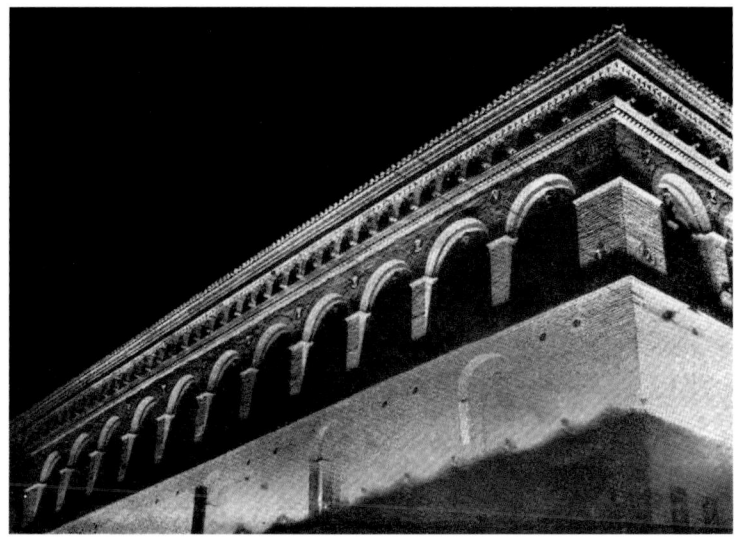

Cornisa de La Lonja de Zaragoza, Marín Chivite, *Aragón. Revista gráfica…*, diciembre de 1934. Fuente: Sindicato de Iniciativa y Propaganda de Aragón.

correspondientes a diferentes empresas y comercios de la región. Como sucede con el número 47, perteneciente a la firma Maquinista y Funciones del Ebro, que, además de diferentes piezas y máquinas fabricadas por la empresa, montó un panel con fotografías de sus instalaciones y productos. Dicho estand es analizado en profundidad en el citado número de *Aragón*, y junto al texto se incluye un interesante fotomontaje de algunos de los productos de la empresa, desde el número 75 (diciembre de 1931), que se repite en el siguiente (76, enero de 1932) o en el 99 (diciembre de 1933). Así se explicitaba en el laudatorio artículo sobre la empresa metalúrgica: «Bien conocida

Actos en homenaje del profesor Paulino Savirón, Marín Chivite, *Aragón. Revista gráfica…*, julio de 1935 .Fuente: Sindicato de Iniciativa y Propaganda de Aragón.

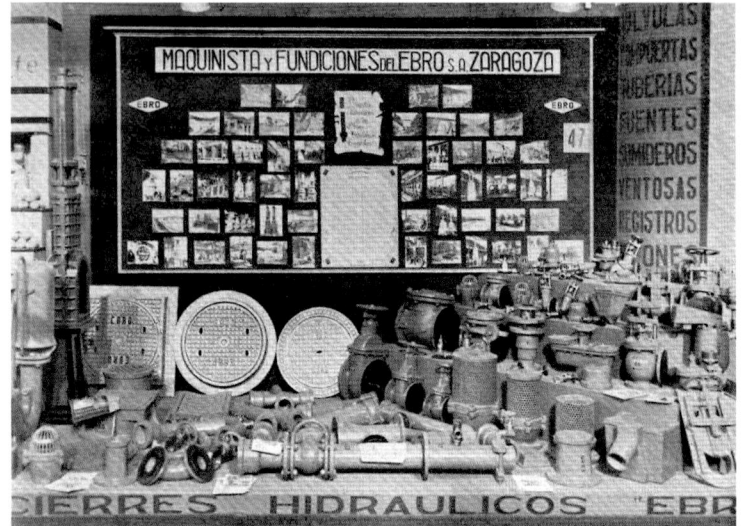

Estand de Maquinista y Funciones del Ebro en la I Feria de Muestras Regional de Zaragoza, Marín Chivite, de *Aragón. Revista gráfica…*, diciembre de 1934.
Fuente: Sindicato de Iniciativa y Propaganda de Aragón.

de nuestros lectores es la importante firma cuyo nombre encabeza estas líneas, por haber publicado en nuestra revista detalles gráficos de los aparatos de su fabricación; no obstante, queremos hacer mención especial de sus trabajos, con motivo de la Feria de Muestras Aragonesa, a la que dio relieve con su magnífica instalación».

Otro apartado que remite directamente a la actualidad del momento, vinculado con la actividad constructiva, es la arquitectura escolar, que en el periodo de la dictadura primorriverista fue especialmente prolífica, y sería continuada durante la Segunda República. En este quehacer, el arquitecto zaragozano Regino Borobio, hijo de Patricio Borobio —que fuera presidente del Ateneo de Zaragoza a principios del siglo XX— fue uno de los profesionales más habituales, dada su condición de arquitecto escolar de las provincias de Zaragoza y de Huesca desde principio de los años veinte, de tal manera que su nombre aparece firmando muchos proyectos (VÁZQUEZ ASTORGA, 2008: 610 y 621-622).

Pues bien, localizamos un artículo firmado por «Edujoa», titulado «Pedagogía aragonesa. Las escuelas de Ansó»,[258] que explicaba el proyecto de este centro, redactado por Pedro Sánchez Sepúlveda, de la Oficina Técnica de Construcción de Escuelas, del entonces Ministerio de Instrucción Pública, y dirigida por Regino Borobio. Las fotos que ilustran el artículo pertenecen a este último. Las cuatro imágenes oscilan entre la panorámica general del pueblo, detalles de la escalera de entrada al centro educativo y un interior. Borobio, además de ser fotógrafo aficionado, estuvo vinculado con la SFZ, como demuestra el hecho de «proyectar la disposición del salón del Centro Mercantil y el trazado del jardincillo, que tanto embellecía aquel recinto», que sirvió para exponer las obras presentadas al IV Salón Internacional de Fotografía, en octubre de 1928,[259] una labor de diseño que el arquitecto ya llevó cabo con el I Salón organizado en 1925 (ROMERO SANTAMARÍA, 1995: 158).

Sin dejar los edificios con carácter académico, hay que referir la construcción de la Residencia de Estudiantes de Jaca inaugurada en 1927, tras la iniciativa del entonces Decano de la Facultad de Filosofía y Letras, Domingo Miral, para impartir los Cursos de Verano de Lengua y Cultura Española de la Universidad de Zaragoza. Sobre este tema, encontramos un interesante artículo que repasaba la edición del año 1929, con todas las materias impartidas y los profesores encargados. Además, otras actividades complementaban tales enseñanzas, como excursiones a los parajes cercanos. De todo ello se hablaba en el texto que mencionamos, ilustrado con tres imágenes de Francisco de las Heras: una panorámica general del edificio teniendo como fondo la Peña Oroel, un grupo de estudiantes y profesores en un descanso de una de estas excursiones (al poblado de Arañones, en concreto) y una particular *Escena montañesa*, con varios hombres vestidos a la usanza de los valles pirenaicos.[260]

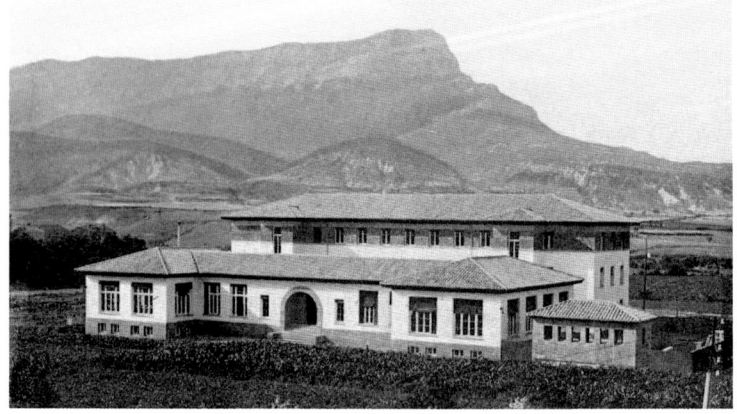

La Universidad de Jaca y la Peña Oroel, Francisco de las Heras, *Aragón. Revista gráfica…*, agosto de 1929. Fuente: Sindicato de Iniciativa y Propaganda de Aragón.

Un nuevo edificio, en este caso, destinado a los usos de aloja-miento que materializaba a la perfección la idea de modernidad aso-ciada, a su vez, a las aspiraciones turísticas, impregnadas de elegancia y sofisticación, fue, sin duda, el Gran Hotel de Zaragoza. Inaugurado el 12 de octubre de 1929, se publicó poco después un artículo fir-mado por las enigmáticas siglas X. Z. (¿quizás «Zeuxis» [Francisco de Cidón]…?), que lo describía con gran detalle en sus principales dependencias, y consideraba que la construcción de este inmueble respondía a «una necesidad indispensable al turista que, al llegar a la ciudad atraído por sus tradiciones pueda hallar, además de un ambiente espiritual en armonía con sus aficiones, un bienestar ma-terial en este moderno albergue».[261] El arquitecto fue el granadino Antonio Rubio Marín, que años antes había diseñado, de acuerdo a un gusto neomudéjar, el edificio de Correos y Telégrafos de la capital aragonesa; resabios historicistas y mezcla de estilos que todavía pue-den contemplarse en el salón de recepciones, «severo y grave con el estilo del Renacimiento español, contrastando con el *hall*, de puro

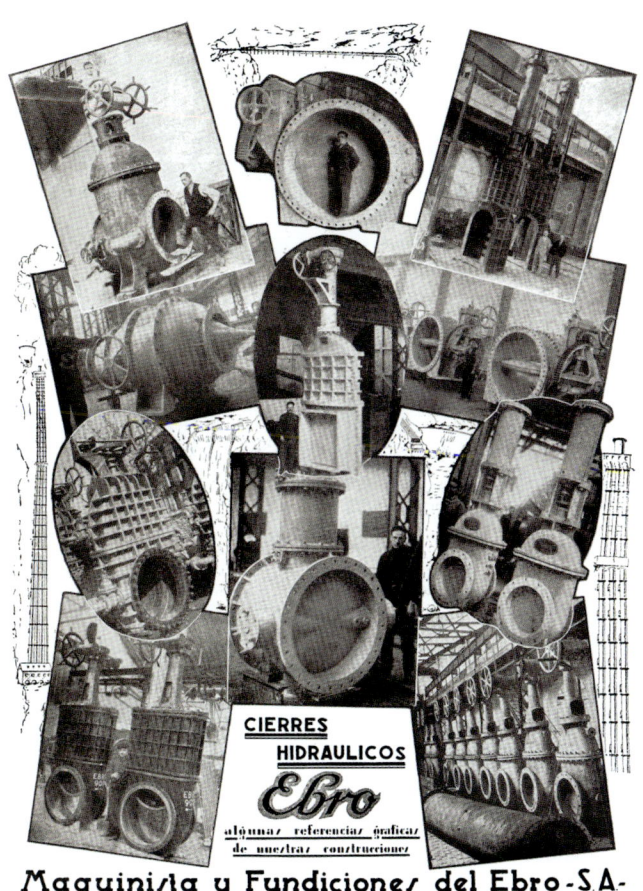

Publicidad de Maquinista y Funciones del Ebro, autor desconocido, *Aragón. Revista gráfica…*, diciembre de 1933. Fuente: Sindicato de Iniciativa y Propaganda de Aragón.

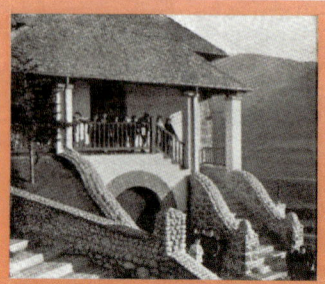

Nuevas Escuelas

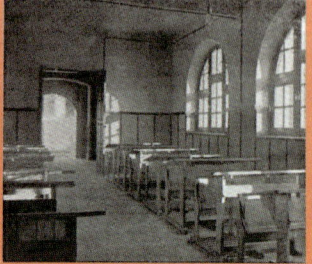

Interior

del señor Maestro, departamentos de retretes y lavabos y amplio salón de clases con grandes ventanales expuestos al mediodía.

Son cuatro, pues, las escuelas albergadas en este edificio. Las fotografías que ilustran estas líneas, dan mejor idea del bello efecto conseguido dentro de la atención de las necesidades de una escuela y mucho más de una escuela en Ansó, villa privilegiada para el arte, en donde se conservan con toda su pureza notables y clásicos edificios alto-aragoneses, que los naturales del país deben guardar como reliquias y servirles de ejemplo para las edificaciones o modificaciones que puedan ejecutarse en lo sucesivo, no desentonen de este armónico conjunto, por el deseo de ir a buscar un modernismo exótico y en pugna con las necesidades climatológicas precisas en aquel país, de fuertes nevadas y fríos intensos.

Ansó está de enhorabuena, y el felicitarle lo mismo que al Alcalde nuestro particular amigo que con tan grande tesón ha conseguido ultimar esta obra, felicitamos igualmente al Sr. Borobio director de su ejecución, y a los maestros, a los que les deseamos el mayor acierto en su cometido y el mayor entusiasmo en su patriótica a la par que noble misión, para que de esas escuelas ansotanas salgan jóvenes que sean honra y orgullo de nuestro querido Aragón.

La inauguración oficial tuvo lugar el día 8 de diciembre del pasado año y no podemos resistir a la tentación de transcribir la impresión que produjo tan bella fiesta.

Decía el cronista:

«No podemos decir que este es un pueblo que despierta, sino únicamente que es un pueblo que, guiado por su amor a la cultura y a la educación, sigue la senda del progreso; no podemos decir que es un pueblo que quiere ser bueno, sino que es un pueblo que desea mejorarse; no podemos afirmar que es un pueblo que apetece ilustrarse, sino que es un pueblo que pretende superarse.

»Las dignas autoridades de esta villa, reconociendo que la base del bienestar y del engrandecimiento de los pueblos es la escuela, no han regateado lo más mínimo para que las que se acaban de inaugurar sean excelentes y reúnan las condiciones que exige la Higiene y la moderna Pedagogía.

»Como el acto que se iba a celebrar lo merecía, fueron invitadas a la inauguración todas las autoridades de mayor relieve de la provincia.

»Tan simpática fiesta se celebró con gran brillantez y de la manera siguiente:

»A las diez de la mañana del citado día, celebróse la misa mayor, en la que el digno párroco D. Javier Lafuente hizo atinadas consideraciones sobre la necesidad de que la virtud impere en todos los corazones.

»Terminada la misa, reuniéronse en la Plaza las autoridades y los niños y niñas con sus respectivos maestros, y en correcta formación y cantando el «Himno de los Exploradores», se dirigieron al sitio

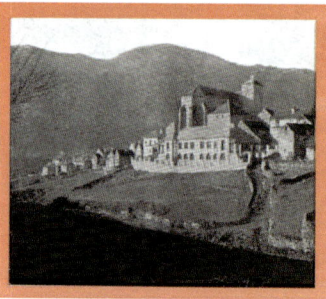

Escuelas de Ansó: en el centro la Iglesia

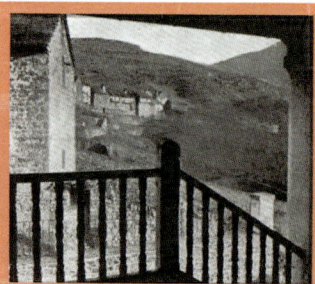

Perspectiva

Escuelas de Ansó, Regino Borobio, *Aragón. Revista gráfica…*, junio de 1928.
Fuente: Sindicato de Iniciativa y Propaganda de Aragón.

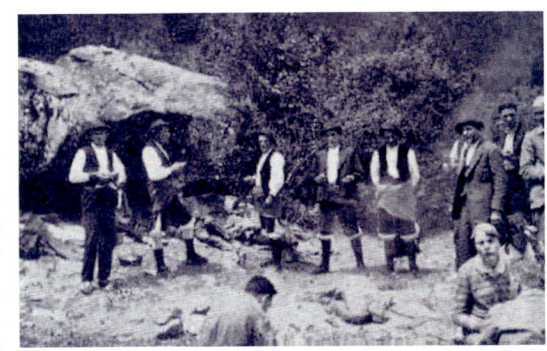

Escena montañesa, Francisco de las Heras, *Aragón. Revista gráfica…*, agosto de 1929. Fuente: Sindicato de Iniciativa y Propaganda de Aragón.

estilo inglés, elegante, mundano, frívolo, pleno de distinciones…». El propio Rubio publicó un artículo en la revista *Arquitectura* de la Sociedad Central de Arquitectos de Madrid en que hablaba en parecidos términos al texto de *Aragón*: su hotel «respondía a una doble necesidad, sentida con apremio en la ciudad de Zaragoza; la de alojar con el debido confort al viajero y la de disponer de local adecuado para los diferentes actos sociales que la vida moderna va imprimiendo de continuo…».[262]

Este hotel fue una aspiración largamente pretendida por buena parte de las élites socioeconómicas de la ciudad, partiendo de la propia iniciativa del Ayuntamiento, de manos concretamente del concejal José Sancho Arroyo, que presentó una moción, el 24 de diciembre de 1926, en la que expresaba que se echaba en falta la existencia de un «gran Hotel dotado de todas las comodidades que los adelantos modernos y el gusto del público exigen». En esa misma ponencia, el concejal reclamaba la participación, además del Consistorio, de la Cámara de comercio, Cámara de la Propiedad Urbana, Sindicatos de Iniciativas de Aragón, Bancos locales, Prensa, etc. Finalmente, y después de varios trámites administrativos, la propuesta era aceptada en febrero de 1927, momento en el cual se acordó la constitución de una Comisión para el estudio de la construcción de un Gran Hotel.

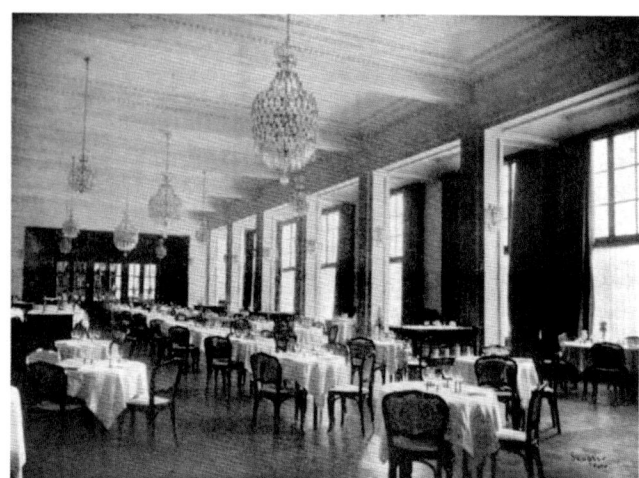

Comedor, Gran Hotel Zaragoza.

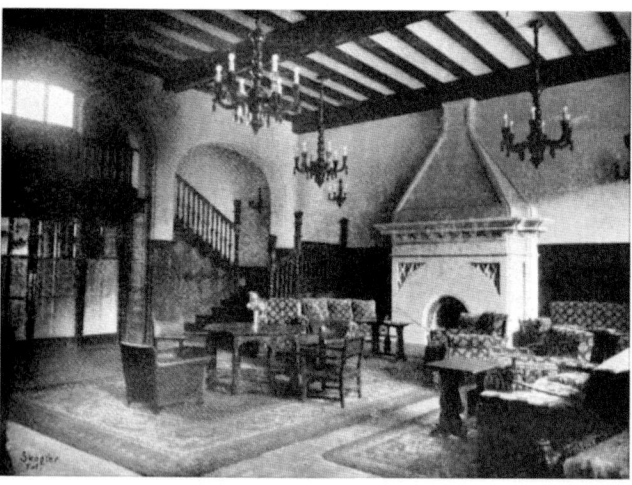

Hall, Gran Hotel Zaragoza.

De esa Comisión formó parte Eduardo Cativiela como representante del SIPA. Vemos, por tanto, que el Sindicato fue partícipe del proyecto en coherencia con sus postulados de promocionar el turismo en todas sus facetas, sin obviar esta, nada secundaria, de habilitar alojamientos cómodos y «modernos» para el potencial visitante. Dos meses después, en abril, quedó aprobada, en un Pleno del Ayuntamiento, la convocatoria de construcción de un hotel de nueva planta (GARCÍA TOLEDO, 2014: 9-16).

En lo que a fotografía se refiere, el artículo de la revista *Aragón* aparece ilustrado con imágenes de las estancias más significativas: comedor, *hall* y rotonda, y fueron obra de Skogler, según aparece impreso en los propios positivos publicados. Hay bastante controversia a la hora de identificar, y, sobre todo, adjudicar la autoría de muchas imágenes que fueron producidas bajo esta marca durante la década de los treinta del siglo pasado.

Y la razón es que tenemos un primer nombre, el del fotógrafo de origen austriaco o sueco (no se sabe a ciencia cierta), Carlos Skogler Fredikson, que tenía su estudio (gabinete) en la calle Coso, 31, desde mediados de los años veinte hasta 1933, en que decidió trasladarse a Pamplona para abrir otro estudio. Desde 1924, Ángel Cortés Gracia,[263] joven aprendiz, trabajaría para Skogler. Tras el estallido de la Guerra Civil, Cortés, que asumió como firma la denominación «Skogler», llegaría a ser uno de los fotógrafos más activos presente en diferentes circunstancias de la contienda, tanto en el frente como en la retaguardia. Su condición de falangista le facilitó mucho las cosas, desde el hecho de poder registrar muchos de los actos y celebraciones de este partido hasta la posibilidad de publicar sus trabajos en una de sus órganos de expresión, el periódico *Amanecer*.

Estancias del Gran Hotel de Zaragoza, Skogler, *Aragón. Revista gráfica…*, marzo de 1930.
Fuente: Sindicato de Iniciativa y Propaganda de Aragón.

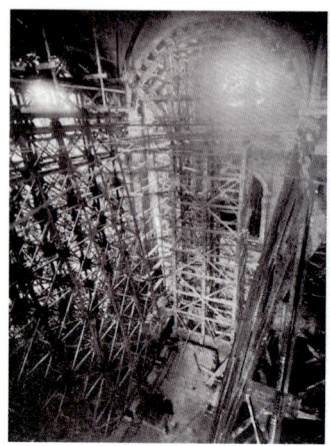
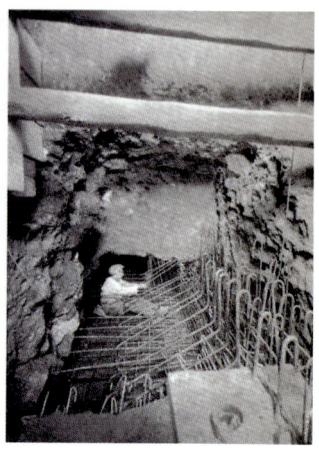

Obras de rehabilitación en la Basílica del Pilar, Juan Mora Insa, *Aragón. Revista gráfica…*, mayo de 1932. Fuente: Sindicato de Iniciativa y Propaganda de Aragón.

Para el caso que nos ocupa, y sin descartar el posible fallo de interpretación por nuestra parte, nos decantamos por que se pueda tratar del fotógrafo de origen extranjero, toda vez que este seguía todavía establecido en Zaragoza, no obstante, hay que tener en cuenta que ya en los años treinta el nombre comercial de «Skogler» era utilizado por Ángel Cortés Gracia[264] (Navarro, Robledano y De las Heras, 2021: 31).

En otro orden de cosas, el patrimonio histórico-artístico y la actualidad del momento se fusionaron de nuevo con el reportaje que Juan Mora Insa publicó para ilustrar las obras de consolidación que se estaban llevando a cabo en la Basílica de El Pilar, a principios de los años 30, a cargo del arquitecto provincial Teodoro Ríos Balaguer. Un primer proyecto de obras de reparación fue presentado ya en mayo de 1923 a la Dirección General de Bellas Artes, si bien el proyecto general de consolidación del Templo del Pilar no lo sería hasta agosto de 1930. Los problemas, según el arquitecto, procedían

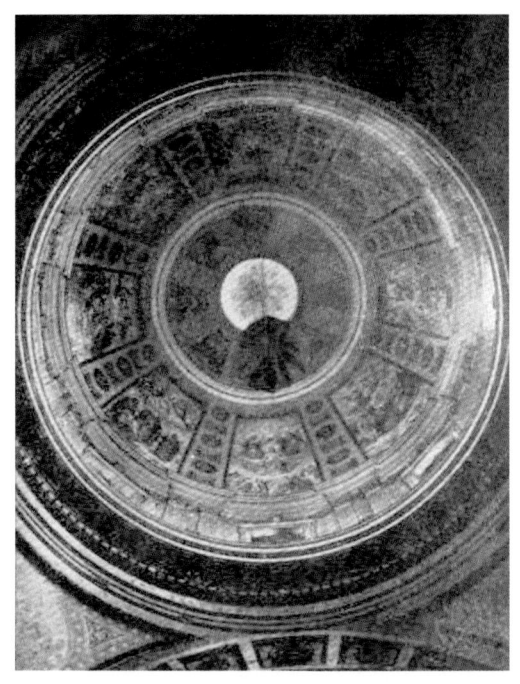

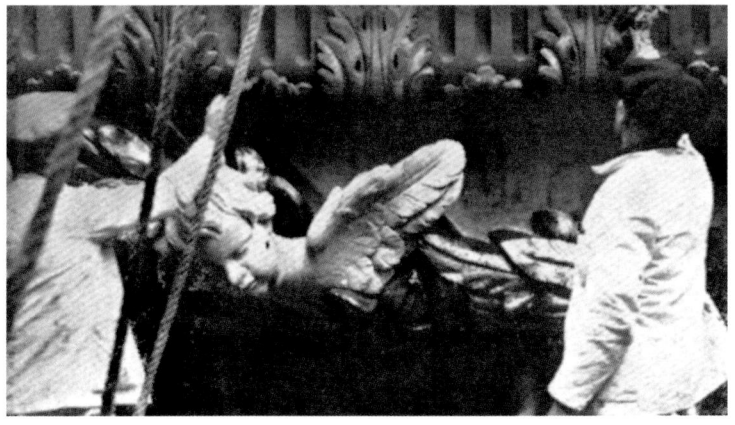

del replanteo de los cimientos (Aldama Fernández, 2009: 359 y 362). La crónica era de José García Mercadal que en su última visita a Zaragoza valoró las intervenciones para consolidar algunas partes del templo porque, según sus palabras: «El Ebro no pasa por Zaragoza para besar el Pilar, como dijo un coplero, sino para destruirlo». En efecto, las filtraciones estaban dañando determinadas zonas que el periodista describió con andamios en el coro del Altar Mayor, así como la tarea de reforzar el basamento de las columnas.[265]

Ya meses atrás, desde la propia revista *Aragón*, el SIPA hacía un llamamiento a «zaragozanos, aragoneses, españoles, hispano-americanos, amigos de Aragón y de España a traer un óbolo para la Virgen del Pilar». De esta manera, la publicación del Sindicato se sumaba a toda una campaña en pro de las obras del Pilar, junto a otros medios aragoneses como los periódicos *Heraldo de Aragón*, que según se menciona había puesto en marcha por su parte una «iniciativa de interesar a todos los periódicos de España a que laboren activamente por la

suscripción en pro del Pilar», *La Voz de Aragón*, la importante revista *El Pilar* o *La Voz de Teruel*, entre otros. Volviendo con el apoyo de *Aragón* hacia las obras de la Basílica, aparecen reproducidas las palabras del propio arzobispo de Zaragoza en aquel momento, don Rigoberto Doménech; palabras que también incidían en la solicitud de fondos para la ejecución de los trabajos a iniciar. Tales fondos fueron consignados regularmente a partir de datos concretos en la revista del SIPA.[266]

Ahí no acabarían las obras en la iglesia pilarista, ni mucho menos, sino que, ya iniciada la Guerra Civil, continuarían en el entorno de la cúpula central, sobre todo, obras de reparación después de las intervenciones acontecidas con anterioridad. De ello dieron buena cuenta los hermanos Albareda, que efectuaron una visita de las zonas elevadas del templo, «aprovechando el andamiaje levantado bajo la cúpula central», lo que les permitió «apreciar las dimensiones colosales y la robustez imponente que reina por aquellas alturas». La crónica, que no desdeña un comentario histórico sobre otras actuaciones realizadas siglos atrás, estaba acompañada por un interesante aparato gráfico del interior de las bóvedas, de los chapiteles vistos al exterior, etc., obra de Emilio Lozano.[267]

La actualidad más terrible: la Guerra Civil, frente y retaguardia

El 18 de julio de 1936 se iniciaba la Guerra Civil española con el golpe de Estado provocado por unos cuantos militares contrarios al gobierno legítimo republicano, con la colaboración inestimable del partido fascista Falange Española además de otros elementos de la ideología más reaccionaria. La revista *Aragón*, en su número de julio (130), se adhería al Movimiento sin dudarlo, y a partir de entonces no serán pocas las ocasiones, como es lógico en la extraordinaria, terrible e incierta situación que se iniciaba, en que hechos y circunstancias relacionados con el conflicto tuvieran notable presencia en sus páginas. Sin ir más lejos, en el número de agosto (131), hubo varios artículos dedicados al bombardeo republicano sobre la Basílica del Pilar el día 3 de ese mes. La propia portada del ejemplar estaba presidida por una bellísima fotografía de la talla de la Virgen, obra de Jalón Ángel, y desde la revista se le instaba «a que proyecte algún otro asunto relacionado con el Pilar, que tenga el mismo acierto que la fotografía que nos ocupa».[268]

Buena parte de estos artículos estaban ilustrados con fotografías de Marín Chivite y procedentes del periódico *El Noticiero*, probablemente de Emilio Lozano, siendo uno de los primeros sucesos bélicos del recién surgido conflicto mostrados en las publicaciones periódicas de nuestro país y de fuera de nuestras fronteras, convirtiéndose este ataque contra el simbólico templo pilarista, junto a la destrucción del monumento al Sagrado Corazón en el Cerro de los Ángeles en la provincia de Madrid, en parecidas fechas, en instrumentos ideales «para la legitimación religiosa de la Guerra Civil» (RAMÓN SOLANS, 2014: 327-328).

Como es sabido, el conflicto español tendrá una amplísima cobertura de la mano de fotógrafos nacionales y extranjeros, hasta el punto de que ha pasado a la historia como la primera guerra «mediática» por varios factores: «su desarrollo en el propio continente

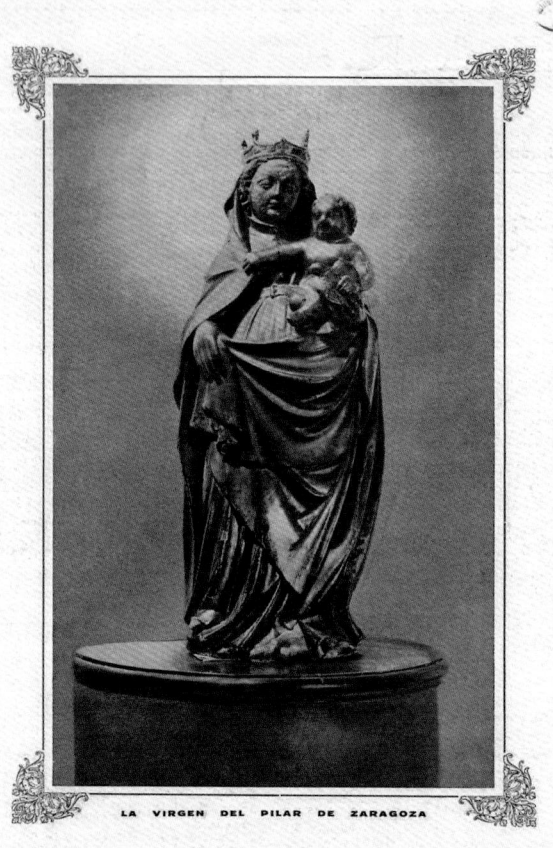

LA VIRGEN DEL PILAR DE ZARAGOZA

ARAGÓN

AGOSTO   1936

La Virgen del Pilar de Zaragoza, Jalón Ángel, *Aragón. Revista gráfica de cultura aragonesa*, agosto de 1936. Fuente: Sindicato de Iniciativa y Propaganda de Aragón.

europeo, la rápida polarización política del conflicto con la intervención de fuerzas extranjeras, la aplicación de las tácticas de la "guerra total" cuyos devastadores efectos sufriría la población, la puesta a punto de nuevos modos de captar y difundir la información y, sobre todo, el intenso protagonismo civil». Su rápida difusión por medio de la prensa hizo que pronto hubiera una importante resonancia mundial no exenta de usos propagandísticos por parte de uno y otro bando (Tranche y De las Heras, 2016: 4).

En el ámbito español, lógicamente muchas fueron las publicaciones (revistas y periódicos), tanto de un bando como de otro, que instrumentalizaron el conflicto, siendo el componente gráfico algo esencial. Entre las del bando nacional, una destacó entre todas: *Fotos. Semanario Gráfico de Reportajes*, así fundada en San Sebastián en febrero de 1937. Su nombre ya es lo suficiente explícito sobre el carácter de la misma, y, más aún nacida en un contexto de guerra, el reportaje bélico será de capital interés. A ello contribuyó la generalización de la cámara Leica, la cual permitió obtener «testimonios más urgentes y movedizos, menos artísticos, pero más veraces» (Mainer Baqué, 1990: 288-289).

Un caso particularmente interesante, de carácter local, fue la revista *Vida Aragonesa. Revista ilustrada*, que apareció también en 1937 con una marcada vinculación falangista. Una publicación de efímera existencia y escasa regularidad, que editó frecuentes reportajes de asunto bélico tanto desde los frentes como desde la retaguardia. Esta revista, en su número segundo (diciembre de 1937), hizo un llamamiento «a los fotógrafos y aficionados de Aragón», a los cuales abonaría «seis pesetas por cada fotografía que publique».

La convocatoria seguía con lo siguiente: «Nos interesan no solo las fotografías de guerra, sino cuantas notas de actualidad de algún relieve ofrezca la vida de nuestros pueblos de Aragón. Todas las fotografías deben ir respaldadas lo más ampliamente posible, sobre el asunto que se refieran y dirigirlas a nuestras oficinas: Coso, 73, Zaragoza». Estas palabras aparecieron, efectivamente, junto a imágenes que ya ilustraban algunos de estos lances, es decir, soldados en trincheras en el frente oscense, bajo el explícito título «Así se reza… y así se lucha en el frente alto-aragonés». Los breves textos no aparecen firmados, y las imágenes tampoco están adscritas a ningún nombre concreto. Sin dejar este número, encontramos una nueva sección titulada «Página inter-naciones amigas. Notas gráficas», con instantáneas referidas a los países aliados de Franco en la Guerra Civil y sus máximos líderes: «Mussolini en Roma despidiendo a unos voluntarios que marchan a la lucha contra el Comunismo» y «El *Führer* desfila con su séquito en la conmemoración de la Revolución Nacionalsocialista». En lo relativo a la política nacional, cuatro fotos de Skogler (Ángel Cortés) informaban de estos actos de confraternización, destacando especialmente la impresionante imagen nocturna del «homenaje de los Jefes de las Juventudes alemanas, en la Puerta del Carmen, a nuestros gloriosos mártires por Dios y por la Patria». La firma comercial Skogler vuelve a aparecer, junto a la de «Dubois» (el andaluz Eduardo Rodríguez Cabezas [1884-1947], destacado fotorreportero que trabajó para diversos medios de prensa, nacionales e incluso internacionales), para ilustrar con tres fotografías un breve reportaje que se titula, parafraseando el himno falangista *Cara al sol*, «En la España azul volverá a reír la primavera».

Surgida igualmente en la capital donostiarra, poco después de la citada *Fotos. Semanario Gráfico…*, en abril de 1937, habría que citar otra publicación todavía más marcada por el sesgo ideológico falangista: *Vértice*, que se hacía subtitular con la mención *Revista nacional de Falange Española Tradicionalista y de las JONS*, con una importante presencia fotográfica, a cargo de reporteros muy relevantes como Campúa, Josep Compte y Antonio Calvache, junto con otros como Salas, Gerardo Contreras Saldaña o J. M. Dumas (Navarro, Robledano y De las Heras, 2021: 26).

Muchas, y algunas muy conocidas, fueron las instantáneas que estos y otros fotorreporteros nacionales y extranjeros (Agustí Centelles, Robert Capa, Gerda Taro, David Seymour «Chim», etc., etc.), éstos últimos desde la visión republicana, tomaron del frente y de las

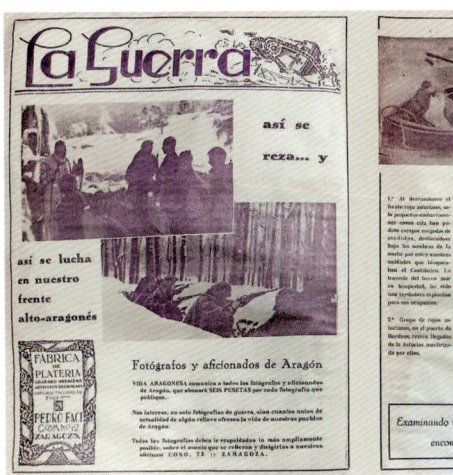
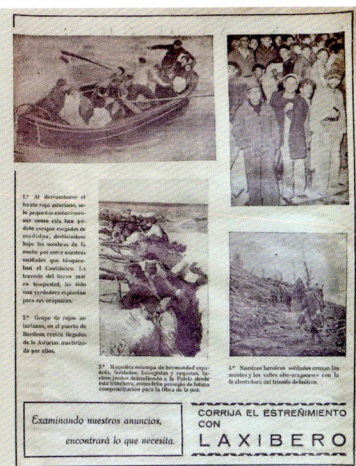

´«Así se reza… y así se lucha en nuestro frente altoaragonés», autor desconocido, *Vida Aragonesa. Revista ilustrada*, diciembre de 1937.

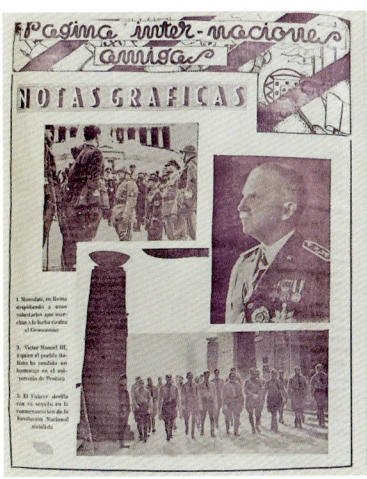
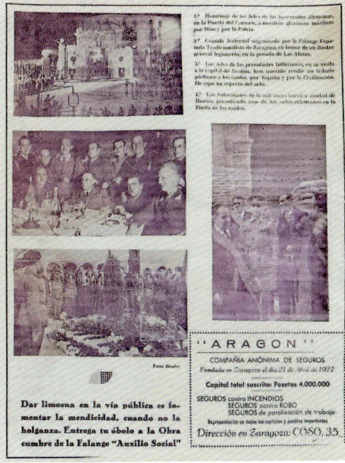

«Página inter-naciones amigas. Notas gráficas», imágenes de la derecha, obra de Skogler, *Vida Aragonesa. Revista ilustrada*, diciembre de 1937. Fuente: Biblioteca General Universitaria de Zaragoza.

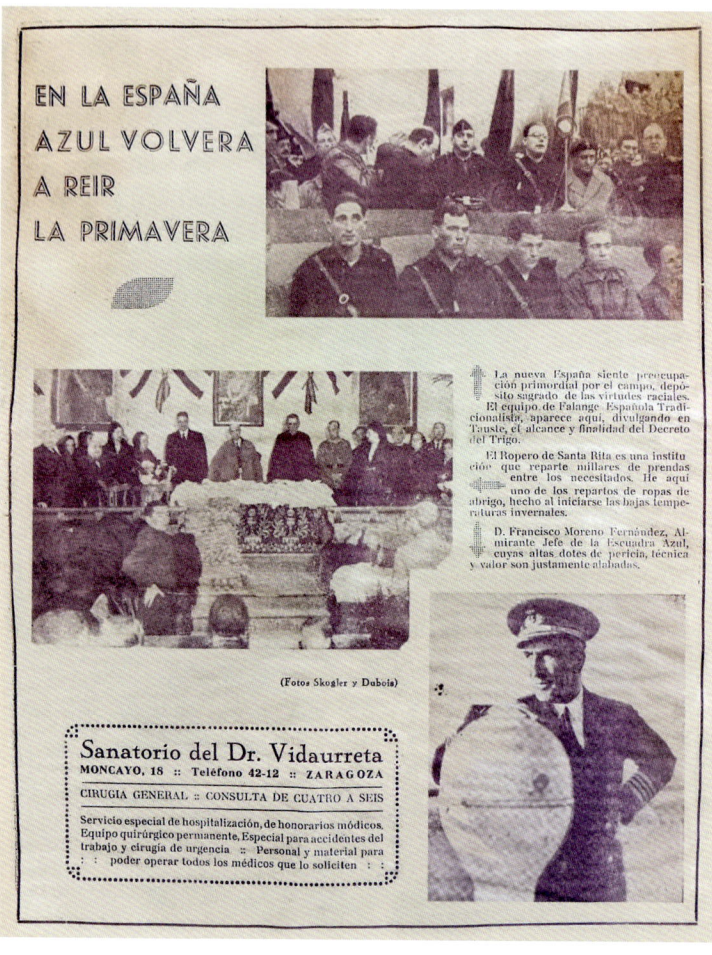

EN LA ESPAÑA AZUL VOLVERA A REIR LA PRIMAVERA

La nueva España siente preocupación primordial por el campo, depósito sagrado de las virtudes raciales. El equipo de Falange Española Tradicionalista, aparece aquí, divulgando en Tauste, el alcance y finalidad del Decreto del Trigo.

El Ropero de Santa Rita es una institución que reparte millares de prendas entre los necesitados. He aquí uno de los repartos de ropas de abrigo, hecho al iniciarse las bajas temperaturas invernales.

D. Francisco Moreno Fernández, Almirante Jefe de la Escuadra Azul, cuyas altas dotes de pericia, técnica y valor son justamente alabadas.

(Fotos Skogler y Dubois)

Sanatorio del Dr. Vidaurreta
MONCAYO, 18 :: Teléfono 42-12 :: ZARAGOZA

CIRUGIA GENERAL :: CONSULTA DE CUATRO A SEIS

Servicio especial de hospitalización, de honorarios módicos. Equipo quirúrgico permanente. Especial para accidentes del trabajo y cirugía de urgencia :: Personal y material para :: poder operar todos los médicos que lo soliciten ::

«En la España azul volverá a reír la primavera», fotos de Skogler y Dubois, *Vida Aragonesa. Revista ilustrada*, diciembre de 1937. Fuente: Biblioteca General Universitaria de Zaragoza.

respectivas retaguardias. Este último ámbito va a ser el más prolífico en las páginas de *Aragón*, como enseguida veremos.

Volviendo con el fatídico bombardeo sobre el templo pilarista, como es de pensar, no solo la revista del SIPA informó sobre este hecho que, desde el principio, se convirtió en un símbolo de propaganda para el bando franquista. El periódico *Heraldo de Aragón*, alineado con los golpistas, durante los días siguientes inició sus portadas con grandes titulares y el argumentario se basaba en intervención de la Virgen del Pilar para que las tres bombas arrojadas finalmente no estallaran (Pujol Bertran, 2023: 53-61).

El número que indicamos (131, agosto de 1936) está prácticamente dedicado al suceso, y en buena medida reproduce los citados argumentos *milagrosos* partiendo de la portada, con una fotografía de la Virgen del Pilar, a la que sigue el Editorial, titulado «Momentos de emoción», firmado por el presidente del Sindicato, Eduardo Cativiela, con un ruego a la Virgen, «que tan patentes pruebas está dando de protección a Zaragoza, para que interceda también a favor de todos los hermanos españoles». Suyos son también otros textos que inciden en las circunstancias del bombardeo, como también se muestran los detalles gráficos del mismo con imágenes de Marín Chivite, que igualmente aparecerían en otros medios como el propio *Heraldo de Aragón*, cabecera en la que trabajaba en aquella época; nos referimos a los agujeros provocados en la techumbre del templo, junto a la Santa Capilla, la impresionante imagen en primer plano de una de estas bombas clavadas sobre el pavimento de la plaza, imágenes estas que serían reproducidas, además de en prensa periódica, también en algunos libros como *El Pilar. La tradición y la historia: obras, culto, milagros, efemérides,*[269] de Leandro Aina Naval, editado por el periódico *El Noticiero* en 1939, u otras imágenes que hacían referencia a la manifestación de repulsa encabezada por las autoridades el mismo día del lanzamiento de los explosivos.

Los casos de Marín Chivite y de Emilio Lozano no son los únicos de fotógrafos aragoneses, o afincados en Aragón, que *cubrieron*

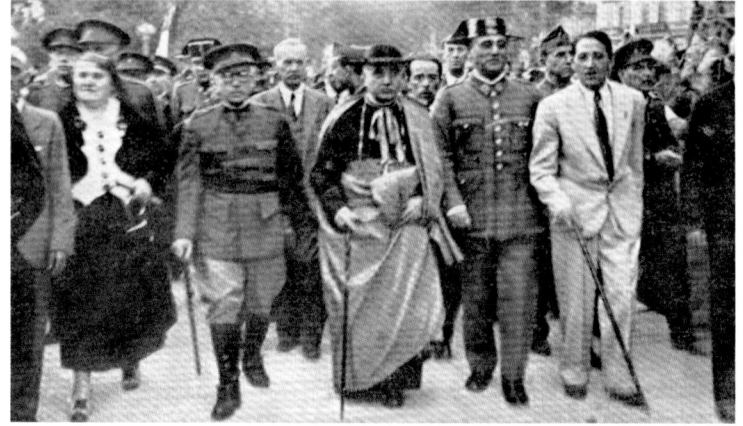

Manifestación a la Basílica del Pilar, Marín Chivite, *Aragón. Revista gráfica…*, agosto de 1936. Fuente: Sindicato de Iniciativa y Propaganda de Aragón.

con su cámara el conflicto fratricida, sobre todo desde la retaguardia zaragozana, puesto que también hemos de tener en cuenta otros nombres relevantes del fotorreporterismo local como Manuel Coyne Buil, Gerardo Sancho o Francisco Martínez Gascón, más conocido como *Kautela* (MARTÍNEZ DE VEGA y LAHUERTA, 2018), que igualmente trabajaron para *Heraldo de Aragón*.

Poco después de darse estos hechos, la visita a la Basílica del Pilar y a la Imagen que la preside se convirtió en una auténtica *peregrinación*, como así consta en las referencias de prensa que describen la llegada a la capital aragonesa de representaciones de distintas poblaciones aragonesas y de otras regiones españolas. Peregrinaciones que fueron concebidas como acto de agradecimiento de estas localidades después de haber «sufrido la tiranía roja», en la convicción de que «por los caminos que conducen a este santuario de la fe y la religiosidad española recobrará España su auténtico sentido nacional». Así, durante la primera mitad de 1938, habitantes de pueblos como Muniesa, Quinto de Ebro, Villamayor, Andorra y Alloza visitaron la Basílica.

Estas peregrinaciones se incrementaron después de la Guerra Civil, de tal manera que entre abril y junio de 1939, más de 100 pueblos y ciudades aragonesas acudieron en peregrinaciones que iban de las 25 personas a las 1000 (Ramón Solans, 2014: 339). Así lo atestiguaron las crónicas contenidas en la revista *Aragón,* encabezadas por el presidente del Sindicato, Eduardo Cativiela.[270]

Igualmente, de otras localidades fuera de Aragón, como Sestao (Vizcaya), se dirigieron a la Basílica zaragozana para mostrar su particular devoción y, más que eso, para definir un acto de afirmación religiosa e ideológica frente al enemigo *rojo*, considerado ateo e impío, como demostraban, según constantemente se afirmaba en esas crónicas, las acciones de destrucción de Imágenes sagradas. Esas peregrinaciones fueron registradas gráficamente, entre otros, por Emilio Lozano, presentando a grupos de civiles, muchos de ellos encabezados por religiosos y por miembros de Falange Española, que lucían orgullosos sus estandartes, dirigiéndose al templo.[271] Estas peregrinaciones se acrecentaron todavía más una vez terminada la guerra, pudiendo definirse de masivas, por la gran cantidad de poblaciones de las diferentes partes de España que se desplazaron a Zaragoza, como por el número de integrantes de estas comitivas. La revista *Aragón* también informó de estas llegadas, y las fotografías de Lozano las ilustraron.

Una de estas instantáneas de actualidad recogía a un grupo de mujeres, procedentes de Madrid, que portaban un pequeño cuadro con la Imagen de la Virgen del Pilar, que, según la crónica, fue «el que a las pocas horas de liberado Madrid se colocó en el balcón del Ministerio de la Gobernación». Era traído a modo de ofrenda a la Virgen del Pilar. Otra imagen reproducía la llegada a la estación del Norte de otra comitiva procedente de Navarra, encabezada por el obispo de Pamplona. Igualmente, como en un sentido secuencial encontramos otras imágenes que reflejaban el recorrido de ambas comitivas en su aproximación a la Plaza del Pilar.[272]

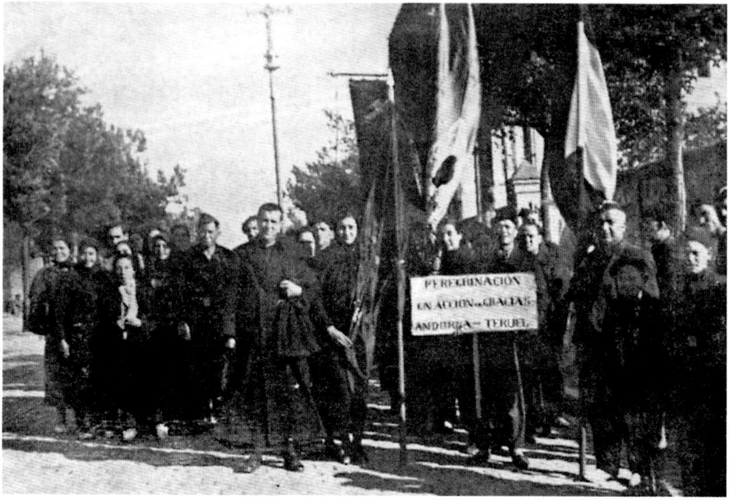

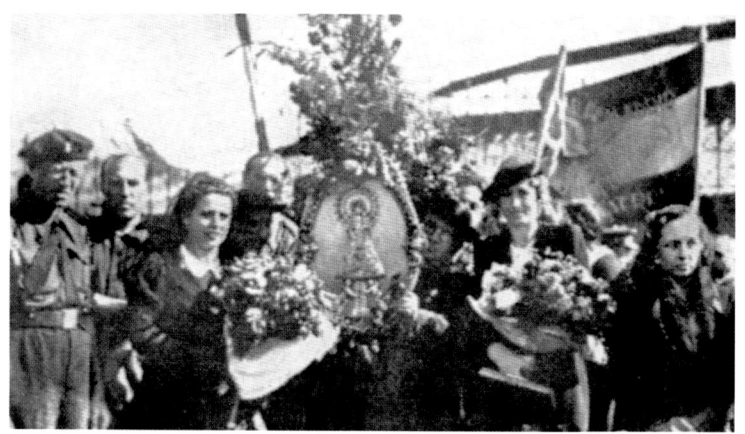

Peregrinos del pueblo de Andorra dirigiéndose al templo del Pilar, Emilio Lozano, *Aragón.*

Revista gráfica…, junio de 1938. Fuente: Sindicato de Iniciativa y Propaganda de Aragón.

Imagen de la Virgen del Pilar colocada en el Ministerio de Gobernación de Madrid, Emilio Lozano, *Aragón. Revista gráfica…*, abril-mayo-junio de 1939.
Fuente: Sindicato de Iniciativa y Propaganda de Aragón..

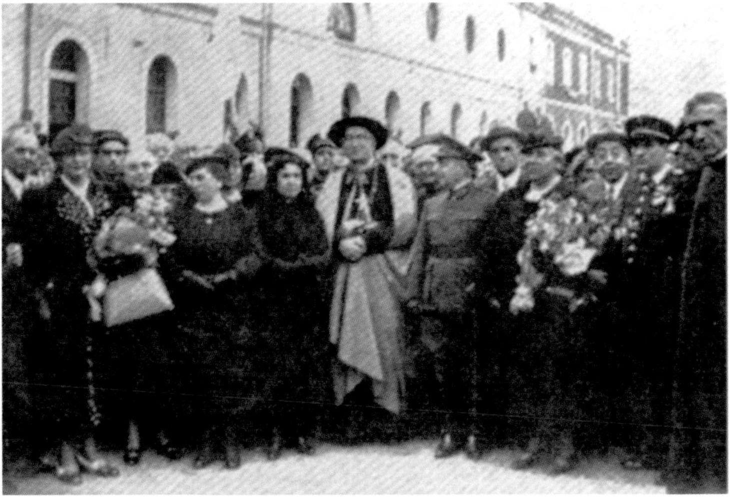

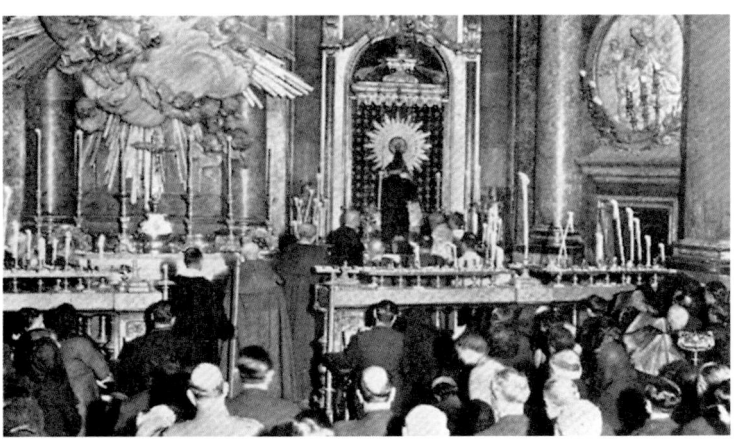

El obispo de Pamplona a la salida de la estación del Norte, Emilio Lozano, *Aragón. Revista gráfica…*, abril-mayo-junio de 1939. Fuente: Sindicato de Iniciativa y Propaganda de Aragón.

El ministro de Gobernación Ramón Serrano Suñer en el camarín de la Virgen del Pilar, Emilio Lozano, *Aragón. Revista gráfica…*, abril-mayo-junio de 1939.
Fuente: Sindicato de Iniciativa y Propaganda de Aragón.

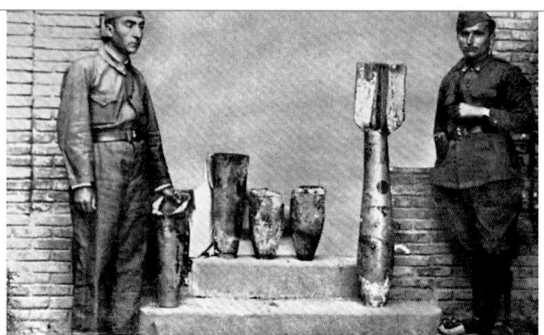

Las tres bombas halladas en el templo del Pilar, arrojadas por un avión enemigo en la madrugada del lunes, día 3, y que milagrosamente no hicieron explosión. *Cliché "El Noticiero"*

UNA NOCHE HISTÓRICA

Zaragoza, la heroica ciudad del Ebro, duerme confiada. Son las primeras horas del día 3 de agosto de 1936. Una noche tranquila en la que no se mueve una hoja de los árboles. La luna en la plenitud de su reflejo, ilumina en fantásticos claroscuros los tejados de la urbe, de cuyo conglomerado surge majestuoso el templo del Pilar. Los guardianes de servicio nocturno patrullan silenciosos compenetrados de su responsabilidad, ni un vehículo interrumpe con su chirrido esta serena quietud. Son las dos y cuarenta minutos; un zumbido de motor de aviación se oye en lontananza, cada vez se hace el ruido más perceptible, el motor ratea, pasa el avión en tromba muy bajo por encima de los tejados, da otra segunda vuelta y se extingue poco a poco el ruido del motor. La ciudad piensa que debido de ser un avión amigo en servicio de patrulla, e intenta reconciliar el sueño. No es posisble, algo misterioso incita a levantarse. Clarea el día y con él un rumor creciente que va engrosando de volumen. Como el rayo corre la noticia por la ciudad. El avión que ha volado hace un rato sobre Zaragoza ha bombardeado el Pilar. Una de las bombas ha penetrado por la techumbre cerca de la pilastra de la Santa Capilla, otra por una esquina del coreto en donde está el famoso fresco del gran Goya, la tercera en el arroyo próximo al Pilar, quedando incrustada en el suelo, a cuyo chasquido metálico han saltado los adoquines formando una cruz; ninguna de ellas ha estallado, sin embargo estaban preparadas para que saltasen al menor choque. ¡Milagro!, dice la gente; celestial milagro, pensamos todos, y vemos Zaragoza en masa acudir a su Pilar para arrodillarse ante la Virgen amada, y apreciamos en todos el dolor por el ultraje recibido, a la par que una profunda indignación por tan salvaje atentado que crispa las facciones.

¡Torpes, más que torpes!, habéis herido a un pueblo noble y valeroso en lo más profundo de su sér, su fe, su amor a su querida Virgen que todo aragonés siente latir en su corazón, y da la explicación de lo inexplicable; sin excitaciones, sin anuncios, sin preparación alguna el alma de

Zaragoza vibra, quiere exteriorizarse, y durante todo el día es una fervorosa peregrinación al Santo Pilar llenando la Angelical Capilla de flores y cirios, pero al caer la tarde, cuando las autoridades zaragozanas se dirigen en manifestación al Pilar, todo Zaragoza se une a la misma y se da el espectáculo más grandioso que se pueda imaginar; millares y millares de almas de toda condición social se unen en comunión espiritual, los cánticos religiosos se enlazan con las marchas guerreras, los ¡vivas! a la Virgen del Pilar alternan con los ¡vivas! al ejército, una intensa emoción embarga nuestro ánimo y un nudo ahoga nuestra garganta. Hombres y mujeres, viejos y jóvenes lloran, y al llegar la manifestación a la plaza del Pilar el espectáculo es inenarrable, la muchedumbre es tan enorme que a pesar de la amplitud del templo y de la plaza resulta insuficiente y los aplausos y vivas tan atronadores que suben en fervorosa súplica como sonora columna al espacio, implorando protección para cuantos aman intensamente a España y pidiendo justicia ejemplar para quienes nos han ofendido con tan villano atentado.

E. CATIVIELA.
Presidente del S. I. P. A.

Zaragoza 3 de agosto de 1936.

La pechina próxima a la Santa Capilla, muestra también su agujero criminal
(Cliché "El Noticiero")

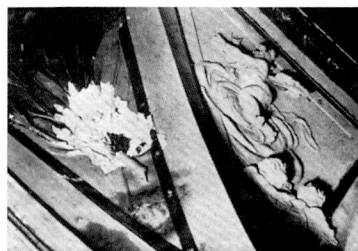

147

Bombas de la basílica del Pilar, Emilio Lozano, *Aragón. Revista gráfica…*, agosto de 1936.
Fuente: Sindicato de Iniciativa y Propaganda de Aragón.

Uno de los ilustres visitantes que tuvo la Basílica durante aquella época recién concluida la guerra, fue el ministro de Gobernación Ramón Serrano Suñer, que regresaba de su viaje a Italia donde «se ha hecho patente la hermandad con España, en la paz como en la guerra». De nuevo, la cámara de Lozano recogía un momento histórico como significaba el hecho de que la mano derecha de Franco rendía sus honores ante la Virgen en su camarín.[273]

Como vemos, Emilio Lozano será un habitual durante estos años del conflicto en las páginas de *Aragón* y en *El Noticiero*, medio en el que trabajaba, cuya mención aparece en los pies de foto: suya es la imagen, igualmente impresionante, de las fotos de las bombas junto a dos soldados. Del mismo modo, encontramos su trabajo en otros reportajes que, de manera indirecta, como ya hemos visto con las mencionadas *peregrinaciones*, también se referían al conflicto en marcha, como el partido de fútbol celebrado en el invierno de 1936-1937 entre el Real Zaragoza y el Club Atlético Osasuna, y que formó parte de una serie de actos organizados por el equipo aragonés «para honrar a Navarra y recaudar fondos para los gastos de guerra». En la crónica anónima «Homenaje del "Zaragoza" a Navarra», vemos una fotografía que recoge la clásica alineación de los equipos antes de empezar el partido.[274]

Como fotorreportero en nómina de *El Noticiero*, Lozano fue enviado a Burgos, la simbólica capital de la España franquista, ciudad en la que el escritor y propagandista de los sublevados, Federico García Sanchiz, impartió una conferencia en la que hizo varias referencias a Aragón, y que empezó secundando la iniciativa del alcalde de la ciudad castellana de «pedir para Huesca y Teruel los títulos de heroicas y leales». El texto, firmado por Francisco de Cidón, que recoge los detalles de esta charla, con alusiones explícitas a las referidas capitales, pero también a otras poblaciones desgraciadamente protagonistas en los enfrentamientos armados, como Belchite y Tardienta, fue ilustrado con una fotografía en que aparecen posando el citado García Sanchiz junto a dos de sus ayudantes.[275]

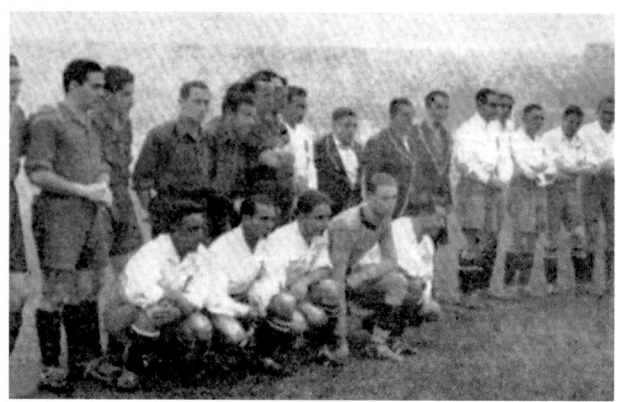

Alineaciones del Real Zaragoza y Club Atlético Osasuna, Emilio Lozano, *Aragón. Revista gráfica*…, enero de 1937.

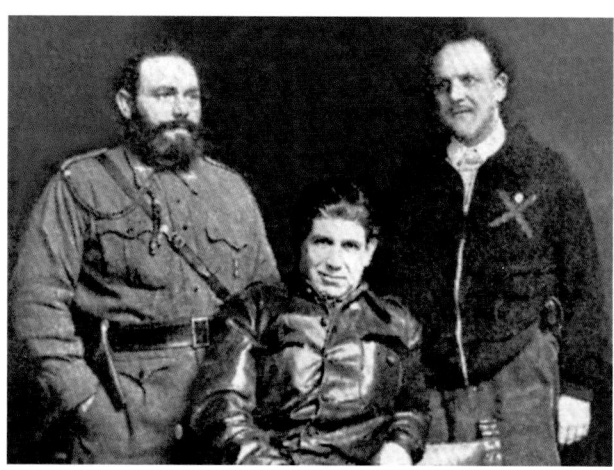

García Sanchiz (en el centro) en Burgos, Emilio Lozano, *Aragón. Revista gráfica*…, marzo de 1937. Fuente: Sindicato de Iniciativa y Propaganda de Aragón.

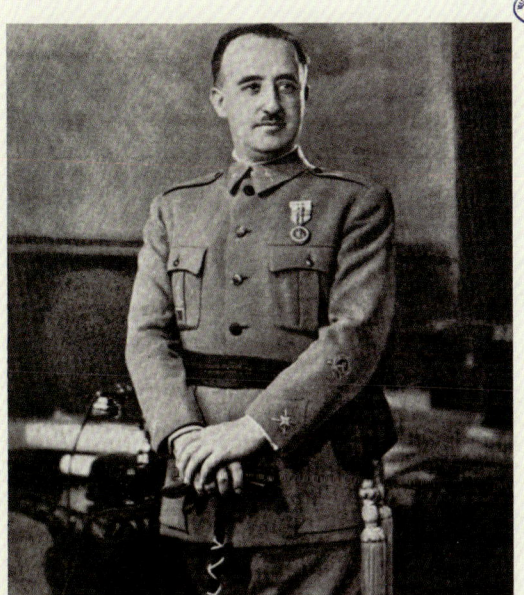

EL GENERALÍSIMO FRANCO, JEFE DEL ESTADO ESPAÑOL

(Foto Jalón Angel, declarada por el Gobierno de Burgos única oficial. Prohibida la reproducción por cualquier procedimiento)

18 DE JULIO DE 1936

PRIMER AÑO TRIUNFAL

18 DE JULIO DE 1937

JULIO **ARAGÓN** 1937

Retrato de Francisco Franco, Jalón Ángel, *Aragón. Revista gráfica de cultura aragonesa*, julio de 1937. Fuente: Sindicato de Iniciativa y Propaganda de Aragón.

García Sanchiz, junto a otro significado intelectual del bando su-
blevado, José María Pemán, sería el prologuista del célebre *Forjadores
de Imperio*, un libro que recogía los retratos de los principales representantes militares, civiles y religiosos del bando nacional. Un trabajo
realizado y autoeditado por Jalón Ángel, publicado en 1939, y que estaba encabezado, cómo no, por el retrato del general Francisco Franco,
en su despacho, y vestido de militar con fajín rojo. Un año después del
estallido de la guerra, es decir, en julio de 1937, la portada del número
142 de *Aragón* aparecía ilustrada con esta misma imagen, que se convertiría en el retrato oficial —uno de ellos— del dictador, quien había
sido nombrado Jefe de Estado en Burgos el 1 de octubre de 1936.[276]

En el tramo de la guerra previo a la Batalla del Ebro, que mar-
caría de manera inequívoca su desenlace, la revista *Aragón* del SIPA
renovaba su compromiso con el bando nacional vanagloriándose
por su continuidad y «procurando sostenerla siempre con el mismo
tono en su parte literaria y gráfica». Más aún, en aquellas circunstancias, «y teniendo presente la falta de prensa gráfica en la zona libe-
rada, hemos ampliado su orientación con un matiz nacional como
corresponde a los intensos momentos patrióticos que estamos
atravesando».[277] Lo mismo sucedería con la celebración del Salón
Internacional de Fotografía por parte de la Sociedad Fotográfica de
Zaragoza, que ni siquiera en medio de la guerra se suspendió.

Notas de este capítulo

221 El propio fotógrafo se hizo publicidad mediante una exposición de retratos de niños (era conocida su especial habilidad para obtener tomas a los más jóvenes) en su estudio del Coso, 31. Debajo de las imágenes encontramos el siguiente pie de foto: «Si el Arte consiste en reproducir la vida con la posible fidelidad, nadie que vea estas fotografías dudará de que Freudenthal es artista. Esos niños sorprendidos por el objetivo del fotógrafo, con toda su encantadora naturalidad, son una nota de Arte bella y cálida». En *Juventud. Revista semanal ilustrada*, n.º 31, 4 de octubre de 1914, p. 5.

222 «Actualidad gráfica», *Juventud…*, n.º 34, 25 de octubre de 1914, s/p.

223 «El homenaje a la memoria de Costa», *Juventud…*, n.º 48, 14 de febrero de 1915, s/p.

224 «Las obras de los Grandes Riegos», *Juventud…*, n.º 55, 4 de abril de 1915, p. 4.

225 «Inauguración del Ferrocarril de Cinco Villas», *Ibídem*, pp. 8-9.

226 Por ejemplo, sobre las importantes nevadas en el Pirineo acaecidas en el invierno de 1914-1915, sobre las que el propio fotógrafo escribió el artículo «Una excursión arriesgada. El nevado Pirineo», *Juventud…*, n.º 47, 7 de febrero de 1915, pp. 3-4. Ilustrado poco después con fotografías de Cepero, cuyo retrato preside en el centro el montaje compuesto a dos páginas, en «La naturaleza artista». *Ibídem*. Nuevas fotografías aparecen bajo este sugerente título, reproduciendo «uno de los aliviaderos del Pantano de la Peña en el cual ha formado el hielo caprichosas combinaciones de una belleza imponderable». *Juventud…*, n.º 50, 28 de febrero de 1915, s/p. Estas imágenes y otras más (un total de dieciocho) eran vendidas y anunciadas desde la propia revista *Juventud* bajo la denominación «Una preciosidad artística. Fotografías del Pirineo nevado». *Ibídem*, n.º 51, 7 de marzo de 1915.

227 TORRES, L., «La Fotografía Artística», *Juventud…*, n.º 64, 13 de junio de 1915, p. 3.

228 Ya cinco años antes, en 1913, Zuloaga adelantó dinero para la colocación de una placa conmemorativa, diseñada y regalada por el escultor Dionisio Lasuén, en la casa de Goya. (Lorente Lorente, 2010: 178). Este acontecimiento fue registrado por la cámara fotográfica, no tenemos constancia del autor de las instantáneas, y las imágenes publicadas en J. M. O., «Homenaje a Goya en Fuendetodos», *Arte Aragonés. Revista de arte antiguo, moderno, arqueología y bibliografía*, n.º 3, marzo de 1913, s/p. Sobre la relación de Zuloaga y Fuendetodos: Suárez-Zuloaga, M. R. (comis.), 1996.

229 Valenzuela la Rosa, J., «Francisco Goya Lucientes», *Aragón. Revista gráfica…*, n.º 2, noviembre de 1925, pp. 19-22. Tenemos también otra interesante fotografía de este busto escultórico, obra de Francisco Samperio; se trata de una toma más cercana en la que la escultura se recorta sobre el paisaje árido de Fuendetodos. Sirvió para ilustrar, a página entera, el artículo «Ante un monumento», donde Emilio Ostalé Tudela planteaba una encuesta a escritores, pintores, escultores, arquitectos, sobre «¿Cómo debe ser el monumento que Zaragoza dedique a Goya?». Monumento que sirviera «para que en su Centenario se le pueda ofrecer la gratitud de Aragón entero». En *Pluma aragonesa. Revista quincenal gráfico-literaria*, n.º 3, 18 de enero de 1925, s/p.

230 Edujoa, «Centenario de Goya», *Aragón. Revista gráfica…*, n.º 15, diciembre de 1926, p. 261.

231 Cartas conservadas en el Archivo Histórico de la Universidad de Zaragoza. Signatura: 2731. «Celebración del Centenario de la muerte de Goya, 1928. Correspondencia. 1926-1927. Carpeta 2. Este Archivo custodia también el intercambio de correspondencia entre Luis Buñuel y la Junta del Centenario acerca de su proyecto de filmación de un *biopic* sobre la figura y obra goyescas. Como es sabido, la que hubiera sido la primera película del cineasta calandino nunca llegó a filmarse.

232 *Ibídem*. La prensa local zaragozana también se hizo eco de este evento, por ejemplo, en Anónimo, «Exposición en el Mercantil. Fotografías artísticas de goyescas por Düker» (sic), *El Noticiero*, 3 de abril de 1928, p. 2. Nota aclaratoria: La referencia en el título a «Düker» no deja de ser un poco equívoca, algo que se aclara en los párrafos siguientes de la noticia. Jalón Ángel fue discípulo de Heinrich Dücker, un fotógrafo alemán afincado en Zaragoza desde 1918. También fue maestro de Miguel Marín Chivite (Romero Santamaría, 1991: 696 y 699).

233 Fue fundada por Juan de Orduña, en 1924. Dicha productora se hará cargo de la ópera prima de Florián Rey (*La revoltosa*, 1924) y de algunas de las primeras películas de Benito Perojo (*Boy*, 1926; *El negro que tenía el alma blanca*, 1926; *Malvaloca*, 1926, etc.).

234 El Secretario General, «El centenario de Goya. Nota del Sindicato de Iniciativa», *La Voz de Aragón*, 14 de febrero de 1926, p. 1.

235 Castán Palomar, F., «Cómo funciona el Sindicato de Iniciativa y Propaganda de Aragón», *El Noticiero*, 4 de marzo de 1928, p. 3. Como da a entender el título del artículo-entrevista, es un texto que describe bien las actividades del Sindicato. Otro acto conmemorativo del año goyesco fue la excursión a Fuendetodos, en abril de 1928, con el fin de inaugurar la casa natal de Goya. Allí, el canónigo e historiador Pascual Galindo leyó un discurso en honor al pintor, recordó y agradeció los desvelos de Ignacio Zuloaga por recuperar su figura y dedicó unas palabras al SIPA «recomendándole que obre siguiendo las mismas normas del trabajo activo y silencioso…».
La comitiva también se dirigió a la casa de Goya, «amueblada por el Sindicato», y Eduardo Cativiela «leyó unas cuartillas alusivas al acto». A., «La excursión del Sindicato de Iniciativa a Fuendetodos», *El Noticiero*, 25 de abril de 1928, p. 4. Esta reseña también contiene unas breves palabras al monográfico de *Aragón*: «Es una verdadera obra de arte esta publicación que, con exquisito cuidado, ha recogido infinidad de obras del inmortal pintor, reproducidas con gran esmero». Véanse también los comentarios de los hermanos Albareda, en «El año artístico», *El Noticiero*, 1 de enero de 1929, p. 6.

236 Anónimo, «Labor del Sindicato», *Aragón. Revista gráfica…*, n.° 24, septiembre de 1927, p. 193.

237 Anónimo, «Labor del Sindicato», *Aragón. Revista gráfica…*, n.° 69, junio de 1931, s/p.

238 Anónimo, «Labor del Sindicato», *Aragón. Revista gráfica…*, n.° 38, noviembre de 1928, p. 287.

239 Según se afirmaba en la revista *Aragón*, fue el único estand de turismo instalado en Barcelona por entidades particulares. Fue reconocido con el Gran Premio concedido por el Jurado de la Exposición. Anónimo, «Labor del Sindicato», *Aragón. Revista gráfica…*, n.º 53, febrero de 1930, s/p.

240 Anónimo, «Labor del Sindicato», *Aragón. Revista gráfica…*, n.º 44, mayo de 1929, s/p. En esta reseña, se menciona también una interesante información sobre el trabajo de impresión de un «primoroso cartel», debido al pintor francés E. Paul Champseix, encargado por el SIPA, y que habría de ser enviado a los centros de turismo, hoteles, balnearios y estaciones. En efecto, se trata de un bello cartel, hasta hace unos años perdido, con una vista panorámica de la Plaza del Pilar, tomada desde la catedral de La Seo, que muestra en primer plano la torre de este templo y en planos intermedio al Palacio de la Lonja y a la Basílica del Pilar con toda la serie de casas que mediaban entre ambos edificios. Este cartel se *inspiró* en una fotografía previa de Mora Insa publicada como portada del número 37, correspondiente a octubre de 1928. Este no sería el único cartel que Champseix diseñó con temática aragonesa, ya que hubo un segundo por aquellas mismas fechas, esta vez encargado por la Compañía de Ferrocarriles del Midi francés, con el título *Allez à Saragosse par la Canfranc*, que tenía de nuevo a la Basílica pilarista como motivo central. Hallamos referencias a este cartel y su colocación por las estaciones francesas, en Anónimo, «Labor del Sindicato», *Aragón. Revista gráfica…*, n.º 45, junio de 1929, s/p. Más información sobre estos dos carteles, en Serrano Pardo y Torrente Gari, mayo de 2016: 75-77.

241 Anónimo, «Labor del Sindicato», *Aragón. Revista gráfica…*, n.º 46, julio de 1929, s/p.

242 Anónimo, «De la Semana Aragonesa», *La Voz de Aragón*, 25 de agosto de 1929, p. 4.

243 Datos tomados de «Programa de la Semana Aragonesa en la Exposición Internacional de Barcelona», *Aragón. Revista gráfica…*, n.º 48, septiembre de 1929, pp. 179-180. Nos hemos centrado en los trabajos fotográficos y fílmicos, pero el programa recoge todas y cada una de las actividades musicales, teatrales, conferencias, etc. Véase también el programa de la Semana Aragonesa, salvo la programación del día 5 de octubre, en Anónimo, «Programa de la Semana Aragonesa en Barcelona», *Las Noticias*, 23 de septiembre

de 1929, p. 5. Otras informaciones desde la prensa local: Enviado especial, «Aragón en Barcelona. Continúa con brillantez el desarrollo de la Semana Aragonesa», *La Voz de Aragón*, 3 de octubre de 1929, p. 9; Navarro, «Exposición Internacional de Barcelona», *El Noticiero*, 3 de octubre de 1929, p. 7; y más pormenorizadamente, Berdaguer, W. y Trunas, V. «La Semana Aragonesa ha alcanzado un gran éxito», *Las Noticias*, 7 de octubre de 1929, pp. 6-8.

244 Anónimo, «La Cinematografía y Fotografía en la Semana Aragonesa», *Aragón. Revista gráfica…*, n.º 50, noviembre de 1929, p. 225. La portada de este número presenta a la reina de los Juegos Florales de la Corona de Aragón, celebrados en Barcelona con motivo de la Semana Aragonesa. Es obra de Jalón Ángel.

245 Soldevila Faro, J., «Un gran fotógrafo aragonés. Ricardo Compairé», *El Ebro…*, n.º 152, enero de 1930, pp. 5-6. Más información sobre esta exposición y sobre la Semana Aragonesa de la Exposición de Barcelona, en Anónimo, «Semana Aragonesa», *El Ebro…*, n.º 149, octubre de 1929, pp. 4-8.

246 Gaya y Delrué, M., «Aragón en Alemania. *Aragonien Austellung*», *Aragón. Revista gráfica…*, n.º 47, agosto de 1929, p. 154.

247 Marín Sancho, M., «Aragón en Alemania», *Aragón. Revista gráfica…*, n.º 48, septiembre de 1929, p. 170. Las fotos también son de Marín Sancho.

248 González del Castillo, H., «Zaragoza, ciudad jardín. III. La entidad constructora», *Aragón. Revista gráfica…*, n.º 18, marzo de 1927, pp. 37-39. Considérense también otros textos anteriores de este autor: «La conquista del Ebro y la ciudad jardín. II. Zaragoza, ciudad jardín», *ibídem*, n.º 16, enero de 1927, pp. 11-12. Y «La conquista del Ebro y la ciudad jardín. I. La colonización de la Cuenca del Ebro», *ibídem*, n.º 15, pp. 254-256. Estos dos textos no contienen fotografías.

249 Ya en 1923, Julio Requejo compuso un interesante álbum con estos espacios. Véase Gran Archivo Zaragoza Antigua: adioszaragoza.blogspot.com.

250 Hidalgo, N., «Anales del fútbol aragonés», *Aragón. Revista gráfica…*, n.º 19, abril de 1927, pp. 55-57.

251 En los siguientes números: 2 (1 de enero de 1925). En este número, además, localizamos también un reportaje de Marín Chivite centrado en el estreno de la obra teatral *Como la hiedra al tronco*, de Honorio Maura, en el Teatro Principal y a cargo de la Compañía Díaz-Artigas. Volviendo con la sección de «Deportes», considérese el n.º 3 (18 de enero de 1925), con imágenes también de Ángel Aracil, que era «redactor-fotógrafo» de la revista *Pluma Aragonesa*. Lo mismo sucede en el número 4 (1 de febrero de 1925), etc. Marín Chivite y el propio Aracil eran habituales reporteros que mostraban sus trabajos en otra sección de la revista, «Actualidades». El segundo publicó un interesante reportaje con motivo de la presencia en Zaragoza del rey Alfonso XIII en 1925, en el número 6 (1 de marzo de 1925).

252 A. H., «Vida cultural. Academia de Nobles y Bellas Artes de San Luis», *Aragón. Revista gráfica…*, n.º 99, diciembre de 1933, pp. 240-241.

253 Hidalgo, N., «Academia de Nobles y Bellas Artes. Recepción de D. Joaquín Gimeno Riera», *Aragón. Revista gráfica…*, n.º 103-104, abril-mayo de 1934, pp. 74-75.

254 Albareda, hermanos, «Academia de Nobles y Bellas Artes de San Luis. Recepción del nuevo Académico Dr. D. Andrés Giménez Soler», *Aragón. Revista gráfica…*, n.º 101, febrero de 1934, pp. 23-24.

255 A. H., «Academia de Nobles y Bellas Artes. Recepción de D. Salvador Azara», *Aragón. Revista gráfica…*, n.º 105, junio de 1934, pp. 101-102.

256 De Cidón, F., «Acto de homenaje al Rector de la Universidad D. Paulino Savirón», *Aragón. Revista gráfica…*, n.º 118, julio de 1935, pp. 131-132.

257 VV.AA., «I Feria de Muestras de Aragón», *Aragón. Revista gráfica…*, n.º 111, diciembre de 1934, pp. 214-235.

258 Edujoa, «Pedagogía aragonesa. Las escuelas de Ansó», *Aragón. Revista gráfica…*, n.º 33, junio de 1928, pp. 188-190.

259 De Cidón, F., «El IV Salón Internacional de Fotografía de Zaragoza», *Aragón. Revista gráfica…*, n.º 38, noviembre de 1928, p. 295. Tenemos constancia de que Borobio presentó obra fotográfica al XIII Salón Internacional, en plena guerra, en octubre de 1937.

260 R. A., «Residencia de Estudiantes de Jaca», *Aragón. Revista gráfica…*, n.º 47, agosto de 1929, pp. 148-151.

261 X. Z., «Mejoramiento turístico Aragonés. El Gran Hotel Zaragoza», *Aragón. Revista gráfica…*, n.º 54, marzo de 1930, pp. 44-46.

262 Rubio, A., «Gran Hotel, Zaragoza», *Arquitectura…*, n.º 144, abril de 1931, pp. 120-125. El texto únicamente aparece ilustrado con planos correspondientes a los diseños del arquitecto, careciendo de imágenes fotográficas.

263 Su padre, Justo Cortés, fue también fotógrafo. Discípulo de Lucas Escolá. A lo largo de su trayectoria, abrió gabinetes por diferentes emplazamientos de la ciudad de Zaragoza donde «ofrecía trabajos de galería y campo. Ampliaciones. Reproducciones de obras artísticas, pinturas y monumentos». (Romero Santamaría, 2010: 59). Encontramos publicidad de su estudio en la calle Cerdán, 1, en *Agrupación. Revista literaria mensual de la Agrupación Artística Aragonesa*, n.º 2, mayo de 1927, p. 12. Con toda probabilidad son suyas dos imágenes que reflejan los actos de clausura de la Exposición Regional de Artes e Industrias Artísticas organizada por el Ateneo de Zaragoza en junio de 1911. Véase Anónimo, «Clausura de la Exposición Regional de Artes é Industrias Artísticas», *Lealtad…*, n.º 18, 25 de junio de 1911, p. 1.

264 Que, para acabar de añadir más confusión, utilizó también la marca profesional «Fotografía Austriaca», aludiendo así al posible origen de su mentor. Tuvo su estudio localizado en la calle de Alfonso I, n.º 38. Encontramos publicidad de la misma en *Aragón. Revista gráfica…*, n.º 60, septiembre de 1930, p. 137. Se hacía anunciar así: «Casa especializada en retratos de bodas, Retrato Cine, Dibujos y Pinturas, Ampliaciones y Reproducciones de otros retratos por difíciles que sean. Galería con luz natural y artificial. Precios módicos».

265 García Mercadal, J., «Del momento: recuerdo de una visita», *Aragón. Revista gráfica…*, n.º 80, mayo de 1932, pp. 89-90. Las obras de consolidación todavía estarían llevándose a cabo en los inicios de la Guerra Civil. Los trabajos que se estaban realizando en aquel momento fueron explicados por el propio arquitecto en una conferencia, el 20 de diciembre de 1936, con motivo de la inauguración del curso 1936-1937 de la Academia Aragonesa de Nobles y Bellas Artes de San Luis. En ANÓNIMO, «En la Academia Aragonesa de Nobles y Bellas Artes de San Luis», *Aragón. Revista gráfica…*, n.º 136, enero de 1937, p. 15.

266 Citas y referencias tomadas de *Aragón. Revista gráfica…*, n.º 57, junio de 1930, pp. 101-103. Véase también la solicitud de contribución económica desde el periódico *ABC* (Madrid), reproducidas en «Las obras del Pilar», *Aragón. Revista gráfica…*, n.º 58, julio de 1930, p. 134. Y Anónimo, «Las obras del Pilar», *Aragón. Revista gráfica…*, n.º 59, agosto de 1930, p. 150. Sobre este largo proceso de obras del templo pilarista, que arranca ya a finales del siglo XIX, véase RINCÓN GARCÍA, 2007: 33-166.

267 ALBAREDA, hermanos, «Notas sobre una visita a las obras del Pilar», *Aragón. Revista gráfica…*, n.º 156, septiembre de 1938, pp. 163-167.

268 ANÓNIMO, *Aragón. Revista gráfica…*, n.º 134, noviembre de 1936, p. 224. Otra imagen de la talla pilarista, obra de Jalón Ángel, con distinta composición y encuadre al presentarla de perfil y con una mayor distancia, sirvió para ilustrar el poema «El amor de mis amores», de Florencio Jardiel, el que fuera Deán del Cabildo Metropolitano de Zaragoza, fallecido en 1931. Se trata de un poema dedicado a la Virgen del Pilar. Véase *Aragón. Revista gráfica…*, n.º 145, octubre de 1937, p. 183.

269 Aparecen en el capítulo XIV titulado «El milagro de las bombas», pp. 163-175.

270 CATIVIELA, E., «Peregrinaciones al Pilar», *Aragón. Revista gráfica…*, n.º 134, noviembre de 1936, pp. 206-208. El artículo está ilustrado con fotografías de estos contingentes, realizadas por *El Noticiero*, por tanto, probablemente, por Emilio Lozano.

271 ANÓNIMO, «Por la Virgen del Pilar», *Aragón. Revista gráfica…*, n.º 153, junio de 1938, pp. 104-105.

272 ANÓNIMO, «Las peregrinaciones al Pilar», *Aragón. Revista gráfica…*, n.º 161, abril-mayo-junio de 1939, pp. 42-44.

273 DE CIDÓN, Francisco, «El Excmo. Sr. Serrano Suñer en Zaragoza», *ibídem*, p. 31.

274 ANÓNIMO, «Homenaje del «Zaragoza» a Navarra», *Aragón. Revista gráfica…*, n.º 136, enero de 1937, p. 20.

275 DE CIDÓN, Francisco, «Homenaje a Aragón. García Sanchiz en Burgos», *Aragón. Revista gráfica…*, n.º 138, marzo de 1937, pp. 50-51.

276 Volvería a darse esta portada un año después, en el número 145, julio de 1938.

277 SIPA, «Memoria de la labor realizada durante el año 1937», *Aragón. Revista gráfica…*, n.º 149, febrero de 1938, p. 39.

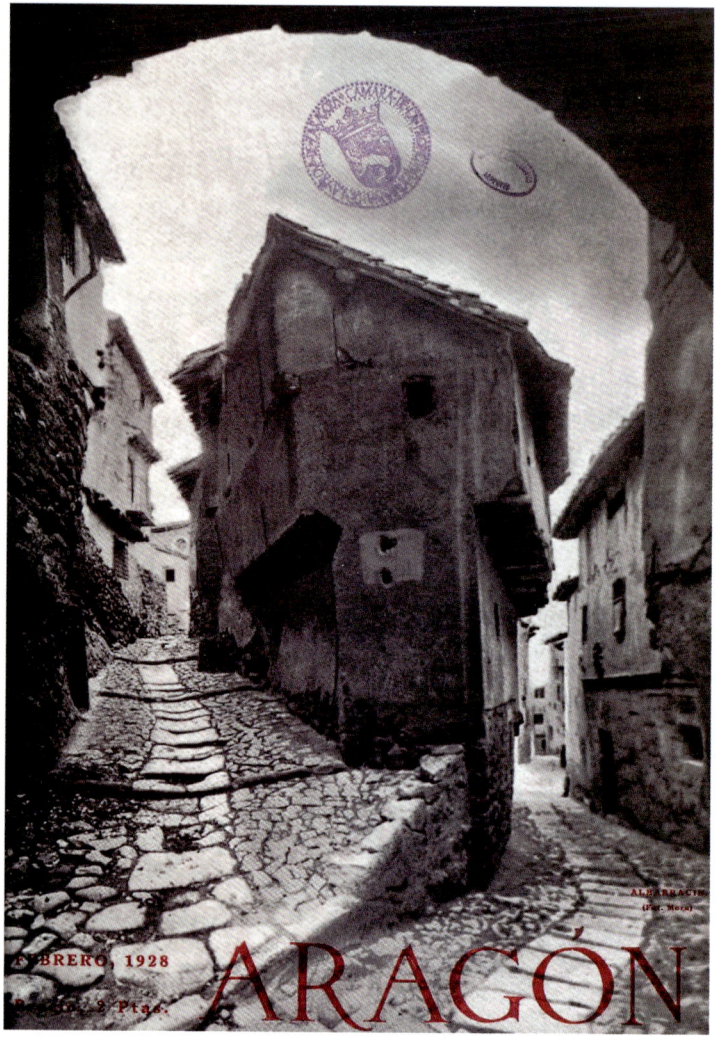

FEBRERO, 1928

Precio: 2 Ptas.

ARAGÓN

ALBARRACÍN
(Fot. Mora)

Casa Julianeta de Albarracín, Juan Mora Insa, *Aragón. Revista gráfica de cultura aragonesa…*, febrero de 1928. Fuente: Sindicato de Iniciativa y Propaganda de Aragón.

Como medio para la expresión personal con pretensiones artísticas: la fotografía expuesta en los Salones Internacionales de Fotografía

La década de los veinte fue una época de esplendor para este tipo de eventos, los *Salones*. De carácter nacional o, a veces, circunscritos a los propios socios de las entidades que los organizaban en un primer momento, pronto muchos de ellos se abrieron al panorama internacional. Algunas de estas citas más reseñables que no podemos obviar fueron el Salón organizado por la Sociedad de Alpinismo Peñalara en 1925, como vemos siempre vinculada con el medio fotográfico, que estaba limitado a la fotografía de montaña, o el Centre Excursionista de Catalunya a partir de 1926. El Primer Salón Internacional se llevó a cabo en Madrid, durante enero de 1921, organizado conjuntamente por la Real Sociedad Fotográfica de Madrid, la Sociedad Peñalara y el Círculo de Bellas Artes. Entre los países participantes, Alemania, Australia, Canadá, Egipto, Estados Unidos, Francia, Holanda, Inglaterra, Italia, Japón y Suecia (Sánchez Vigil, 2013: 113-114).

Desde las páginas de *Aragón*, desde su paralela puesta en marcha en 1925, aparecieron las reseñas de los diferentes Salones Internacionales de Fotografía organizados en septiembre-octubre de cada año por la Sociedad Fotográfica de Zaragoza. Así lo podemos ver ya con la I edición. Sus comentarios explicaban muy bien las características y los intereses estilísticos vigentes en cada momento, tanto a nivel nacional como internacional. Estos Salones fueron una cita obligada para los principales fotógrafos, sobre todo amateurs, que cada año concurrían a esta cita. Uno de los más relevantes fue el citado José Ortiz Echagüe, que ya participó en esa primera edición.

En las ediciones siguientes del Salón, se publicaron algunas de las fotos premiadas, muchas de ellas de los más representativos fotógrafos pictorialistas, una tendencia todavía en boga en aquellos tiempos, sobre todo en la fotografía de concurso. Corriente que desde la propia revista *Aragón* va a ser reconocida y valorada como explícitamente el propio director Manuel Marín Sancho hacía al describir una fotografía de la célebre Casa Julianeta de Albarracín, fotografiada por Mora Insa, y que sirvió de portada para el número 29 (febrero de 1928):

> Muchas veces cuando nos encontramos frente a la fotografía de un paisaje o de un lugar pintoresco, o simplemente ante este lugar pintoresco, ante el mismo paisaje, no podemos menos de exclamar: «¡Parece esto un cuadro!» Sin querer hemos hecho una doble afirmación estética: la del asunto, objeto de admiración, y el reconocimiento de la Pintura como una cosa excelsa.[278]

Por otro lado, algunos de los miembros más activos de la Sociedad Fotográfica de Zaragoza, como Jalón Ángel, Joaquín Gil Marraco o Lorenzo Almarza, escribieron las reseñas y críticas, además de formar parte de los jurados que concedían los diferentes premios (IRALA-HORTAL, 2024: 136).

Esta primera edición se montó en el «Salón de fiestas» del Centro Mercantil Industrial y Agrícola, espacio céntrico y comercial que será el habitual durante los años iniciales, algo que era coherente con la condición profesional de muchos de los integrantes de la SFZ y del SIPA, como el caso de Eduardo Cativiela, perteneciente al ámbito de lo textil. Este bello edificio, cuya fachada fue reformada entre 1912 y 1914 por el arquitecto Francisco Albiñana,[279] acogió una heterogénea variedad de intereses estéticos del momento, desde cierta fotografía de vanguardia del holandés-canadiense John Vanderpant (o Jan van der Pant, 1884-1939), quien formaría parte de la Royal Photographic Society de Londres un año después de participar en el Salón zaragozano, y que fue un interesante representante de la denominada «Nueva Objetividad», con imágenes de arquitectura industrial canadiense y de otros elementos de la cotidianeidad de los que extraía una extraña belleza. En la reseña publicada, se valoraba que su trabajo establecía un curioso equilibrio entre «la técnica ingenieril y la sensibilidad más exquisita puesta de manifiesto en la visión sintética, a un tiempo refinada y fuerte, muy propia de nuestro tiempo, de una hinca de pilotes o de la salida de una locomotora».

Otro fotógrafo extranjero destacado que fue seleccionado para el I Salón fue el alemán Anton Sahm (1891-1968), ya conocido sobre todo por sus retratos, sus fotografías de moda y sus desnudos, creados a partir del estudio que tenía en Múnich. Para la cita zaragozana, Sahm llevó «la elegancia exquisita de (algunos) retratos femeninos».

Diversas nacionalidades concurrieron como norteamericanos, franceses, holandeses, etc., de los que no se especifica ningún nombre concreto. Entre los españoles dominó la estética pictorialista, como bien ejemplificaron el citado Ortiz Echagüe o Alejandro Martínez Carnero, muy conocido este por sus imágenes costeras. La crónica a la que estamos aludiendo, firmada por el enigmático «Edujoa», concluía con la convicción de que el importante número de imágenes presentadas, más de 300,[280] representaba un sentido de «comunidad» orientada a lograr indudables efectos artísticos.[281]

Respecto al II Salón, ya hemos comentado que fue ampliamente publicitado desde la revista *Aragón*, al hilo que se hacían explícitos los lazos de «fraternal amistad» entre la SFZ y el SIPA.

La extensa crónica de Marín Sancho comenzaba con la concurrencia, algo que va a ser lo habitual en tales reseñas: 20 naciones representadas, 570 fotografías expuestas, «y otras tantas sin exponer por falta de espacio», con más de 30.000 visitantes. Más allá de las cifras apabullantes, el autor volvía a recuperar el eterno debate sobre la artisticidad de la fotografía: «La fotografía ha conquistado una consideración estética muy estimable y sin reparo alguno debe ser tenida como un arte más». Acto seguido de esta afirmación que no dejaba de aparecer en el debate artístico porque la mayoría no se la acababa de creer, daba paso a una sorprendente defensa del arte moderno, centrado sobre todo en la plástica, en detrimento de la pintura «de historia», que «tan mentira es esa "verdad" como ignorantes son quienes la proclaman». El argumento se basaba en aspectos formales que tenían que ver con la luz, en función de una concepción impresionista que al crítico le permitía apreciar la auténtica «verdad» en una obra de arte. Esa concepción, a juicio de Marín Sancho, se podía encontrar en los procedimientos técnicos fotográficos como bromuros, carbones, tinta grasa, *fresson*, etc., es decir, los denominados *procedimientos pigmentarios*, con los que «se ha de conseguir perspectivas, relieves, matices, transparencias, todo cuanto es necesario para procurar una visión agradable de belleza».

Seguidamente sigue su discurso con otras cuestiones teóricas asociadas a este debate: el carácter mecánico de la fotografía, que, para Marín Sancho, es mínimo. Lo que aborda paralelamente a la hora de abogar por el componente artístico, parece que se alinea

con los postulados de la fotografía *subjetiva* que Otto Steinert definirá años más tarde: «la elección del objeto, la colocación de la máquina respecto del objeto, la parte de este que ha de ser fotografiada, la forma de combinar la luz, la perspectiva, la actitud, el *flou*, requieren pericia extraordinaria en el fotógrafo…». Por último, una vez obtenido el cliché sobre este se pueden «exteriorizar las facultades del artista». Este «necesita ser buen dibujante, y persona de gusto refinado y gran sensibilidad». Como vemos, siguen vigentes los criterios pictorialistas en el tratamiento de la imagen resultante, que, para ser verdaderamente artística, ha de ser «manipulada».

En cuanto a las obras presentadas, el cronista habló de la variedad de propuestas: desde el «retrato sencillo de galería, sin complicaciones, sin esfuerzos, hasta las notabilísimas del modernismo, que tan vigorosamente pregona la escuela checoeslovaca».[282]

La tercera edición (otoño de 1927) fue descrita por el periodista Eloy Yanguas en las páginas de *Aragón*. Comenzaba su comentario con la afirmación de que «quizá (sea) una de nuestras más

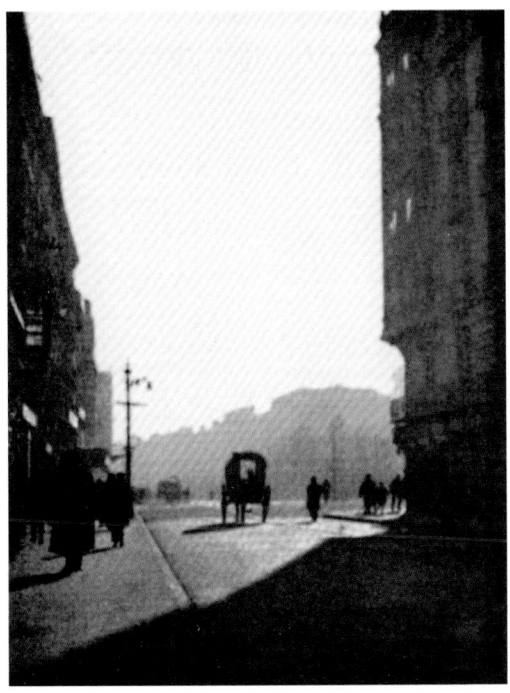

Mañana de bruma,
Leonardo Pérez Obis,
Aragón. Revista gráfica…,
noviembre de 1927
Fuente: Sindicato de Iniciativa
y Propaganda de Aragón.

firmes alegrías del año cultural de nuestra ciudad». Según el cronista,
se daba una feliz convivencia entre «los ideales pictóricos antiguos
(y) muchos de los modernismos» (sic). Además de esta variedad de
propuestas, muchos y diferentes fueron los países que mandaron sus
trabajos a la cita zaragozana, como las procedentes de Checoslovaquia, de nuevo destacadas por el crítico, con figuras tan relevantes
en el panorama internacional del momento como Frantisek Drtikol
(1883-1961). Ciertamente, este presentó algunas de sus célebres
desnudos, «de suprema calidad plástica, con fondos artificiosos de
luces». Llama la atención el hecho de que, en una época en que
todavía este género del desnudo fotográfico era considerado como

un tema tabú, según la valoración de Yanguas, el público que asistió a la exposición contempló «sin timidez» esta obra, como contemplaba otro tipo de trabajos, un paisaje, sin ir más lejos, con esos mismos ojos analíticos y desprejuiciados.

En cuanto a la representación española, Ortiz Echagüe llevó *Una lagarterana*, dentro de su extensa serie dedicada a los tipos españoles, el citado Francisco Andrada (de la Real Sociedad Fotográfica de Madrid) un evocador paisaje *Orillas del Támesis*, no menos sugerente que «dos grandes fantasías» presentadas por otro gran pictorialista como fue Joaquín Pla Janini: un tríptico titulado *Brujerías* y *El fantasma del mar*, no alejados de ciertos resabios simbolistas.

No debemos olvidar, por supuesto, la representación aragonesa, fundamentada sobre todo en la Sociedad Fotográfica de Zaragoza. Hubo una colección de temática pintoresquista, es decir, costumbrista, con obras de Juan Mora Insa (*Pronto empiezan*), junto con otras que rezumaban de nuevo un sentido evocador y poético, muy caro del pictorialismo, como el paisaje *Mañana de bruma*, de Leonardo Pérez Obis, que aparece también reproducida en el número correspondiente de *Aragón*.

Finalmente, aparte de la facera expositiva y artística, conviene destacar que este III Salón también dedicó una espacio de carácter publicitario para la firma Kodak, con un stand que mostraba fotografías tomadas con procedimientos técnicos de la empresa estadounidense además de aparatos fotográficos y cinematográficos.[283]

En lo que concierne a la IV edición (otoño de 1928) del Salón, Francisco de Cidón, artista plástico y crítico de arte, fue el autor de la crónica. Muy activo, como hemos comprobado en el seno del Sindicato e, igualmente, con esta faceta de crítico en la revista *Aragón*,[284] junto con otros como José Valenzuela la Rosa, «Lumen», seudónimo del periodista y fotógrafo Pascual Martín Triep, o artistas como Hermenegildo Estevan o Ramón Acín, sin olvidar, claro está, los propios fotógrafos, como Joaquín Gil Marraco, Eduardo Cativiela o Lorenzo Almarza, fueron algunos de los nombres que estuvieron detrás de esos comentarios durante las primeras ediciones del Salón Internacional (Lomba Serrano, 1998: 329). Del mismo modo, De Cidón formaría parte de algunos de los jurados calificadores del Salón Internacional, como ocurrió con la sexta edición (otoño de 1930), junto a Manuel Lorenzo Pardo, el arquitecto Teodoro Ríos Balaguer y el fotógrafo Jalón Ángel.

Para esta nueva ocasión, concurrieron 31 países, con más de 3.000 fotografías, de las que se expusieron finalmente 600 imágenes. Los datos daban paso a un nuevo comentario teórico sobre la condición del medio fotográfico, apelando «a la cultura y la sensibilidad del que trabaja, sea el procedimiento de que se haya valido para expresar su manera de sentir la naturaleza, la vida o el sentimiento de un retrato, la elegancia de un gesto, la reproducción de una composición previamente concebida…». Vemos, pues, cómo la subjetividad es la condición exclusiva para el proceso de creación, mientras que los medios son meros instrumentos de ejecución. Precisamente todo eso es lo que destacó de las obras presentadas por algunos de los representantes internacionales, con nombres concretos como, de nuevo, el checoslovaco Drtikol.[285]

La quinta edición del Salón (otoño de 1929) fue valorada por los fotógrafos aficionados Joaquín Gil Marraco y Lorenzo Almarza. Y, como era de esperar, dedicaron un amplio espacio a la hora de analizar las obras presentadas por los más relevantes artífices según su apreciación. Análisis que se sustentaba, sobre todo, en las cualidades formales y técnicas. Según estos, la representación británica fue la más significativa por su variedad de intereses y propuestas, desde los «deliciosos retratos» de Ralph Jones, «acertadísimos de entonación, de gran expresión y con el máximo de valores de claro-obscuro». Muchos más son los nombres considerados en la reseña, pero no es necesario referirlos todos para no hacer demasiado prolijo el comentario,[286] tan solo destacar la presencia japonesa, con un solo representante, Sumiga Mataichiw (sic), que llevó una prueba «de una delicadeza extremada,

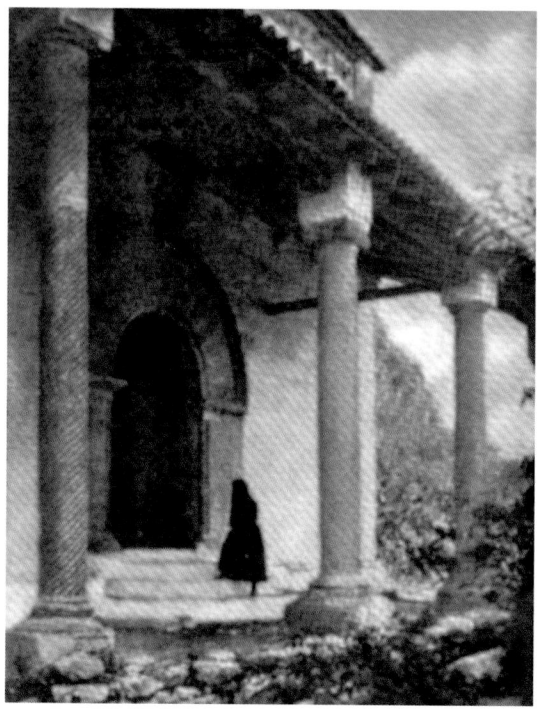

Devoción, Luis Llana, *Aragón. Revista gráfica…*, noviembre de 1927.
Fuente: Sindicato de Iniciativa y Propaganda de Aragón.

a la que estamos pocos acostumbrados los occidentales», un auténtico ejercicio de composición a base de diferentes planos sucesivos.
Esta presencia extremo-oriental se convertirá en una tendencia sobre
todo a partir de los años cuarenta y cincuenta, cuando países como
China o territorios como Hong-Kong se convertirán en habituales de
la cita zaragozana, así como de otros eventos salonísticos, ya entrada
la década de los setenta, como el Salón Internacional «Amigos de
Serrablo» de Sabiñánigo (LÁZARO SEBASTIÁN, 2010: 398).

En cuanto a la representación española, de la que se dice que «se abre paso y logra no desentonar del magnífico conjunto que formaban las naciones anteriormente citadas», poco se concreta sobre los nombres participantes, salvo que fueron 28 los expositores. Uno de ellos, Luis Llana, perteneciente al recién fundado Photo-Club de Valencia, sabemos que presentó, al menos, una imagen titulada *Devoción*, adscrita a un costumbrismo bastante tradicionalista, en que vemos a una mujer enlutada entrando a una iglesia o ermita, muy deudor de la estética de Ortiz Echagüe. Esta imagen aparece publicada junto a la reseña escrita.[287]

Pasando ya a la década de los treinta, aconteció el VI Salón (otoño de 1930), con una buena media de participación de países extranjeros (Estados Unidos, Inglaterra, Italia, Checoslovaquia, Alemania, Austria, Bélgica, etc.) y también buena representación nacional. Entre los primeros, de los nombres más conocidos podemos citar al checo Drtikol o el belga Léonard Misonne (1870-1943), gran paisajista especializado en los temas brumosos y con lluvia. Convencido de que «el tema no es nada, la luz lo es todo», solía combinar negativos (el cielo por un lado y la escena por otro), como Ortiz Echagüe y antes Gustave Le Gray (GARCÍA FELGUERA, 2009: 247). Una de las obras de Missone (*Sale Temps*, una tinta grasa) encabezaba la reseña. Reseña que, en esta ocasión. iba firmada por Rafael María Martínez Roger, fotógrafo de origen portorriqueño, hijo del célebre abogado y político de ese país, Rafael Martínez Nadal.

Los temas siguieron siendo los recurrentes: retratos de estudio, paisajes, incluso desnudos, junto con otra serie de obras donde los aspectos formales como la estudiada composición y/o la iluminación selectiva materializaban auténticos ejercicios de gran plasticidad. Estos últimos se van a convertir en todo un subgénero, sin matiz peyorativo, en la historia de estos eventos expositivos fomentados por las agrupaciones fotográficas.

En cuanto a los nombres españoles, el autor de la reseña del Salón se centró principalmente en las muestras enviadas por miembros

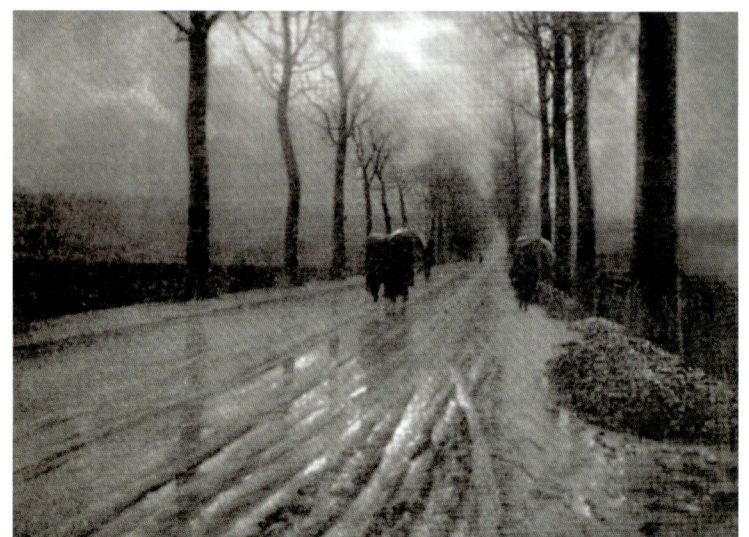

Sale Temps, Leonard Missone, *Aragón. Revista gráfica…*, noviembre de 1929.
Fuente: Sindicato de Iniciativa y Propaganda de Aragón.

de la Agrupación Fotográfica de Cataluña, como Claudio Carbonell o Joaquín Pla Janini. Mención aparte mereció la Sociedad Fotográfica de Zaragoza, con Gil Marraco y sus característicos paisajes: *Niebla* y *A través de la arboleda*, o Lorenzo Almarza, que presentaba *Calle de Tetuán*, de sus conocidas series ambientadas en el país norteafricano.[288]

Una novedad que presentó esta edición es que se limitó el número de obras para exposición para cada concurrente; de este modo, se decía en la Memoria de la SFZ leída el 29 de enero de 1931, se favorecía a aquellos expositores que no tuviesen una producción fotográfica muy numerosa puesto que «dispondrían de obras para concurrir a certámenes sucesivos y no nos veremos privados de sus firmas y podremos conseguir mayor número de envíos, que es el factor que determina la variedad y belleza del Salón».[289]

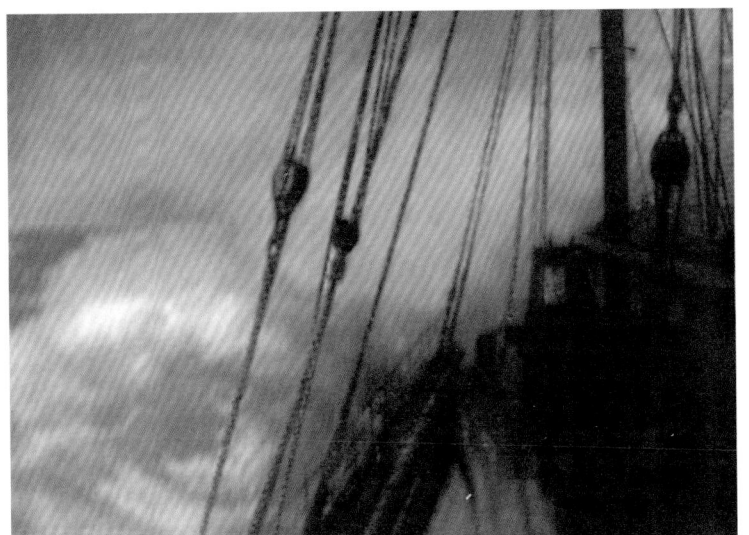

El Demonio, Geo C. Poundstone, *Aragón. Revista gráfica…*, noviembre de 1930.
Fuente: Sindicato de Iniciativa y Propaganda de Aragón.

La VII edición del Salón Internacional (otoño de 1931) fue profusamente analizada por el fotógrafo profesional Jalón Ángel. Además,
podemos decir que esta reseña fue de las más ilustradas hasta el momento, con imágenes de nombres locales, nacionales e internacionales.

En primer lugar, una de las particularidades de este nuevo Salón fue el hecho de que se celebrara en uno de los salones de la
Diputación Provincial de Zaragoza: diferente ubicación respecto a
ediciones anteriores que pretendió «atraer hacia fines culturales al
pueblo todo de Zaragoza, pregonar *urbi et orbi* la belleza del arte
fotográfico, y lo que es más práctico, crearle adeptos entusiastas».

Muchos nombres procedentes de muchos países (Alemania,
Austria, Canadá, Checoslovaquia, Egipto, Estados Unidos, Inglaterra, Italia, Suecia, etc.) que afianzaron la buena salud del certamen aragonés.

De entre los artistas foráneos, Jalón Ángel se detuvo en el comentario del casi fijo Drtikol, de quien dijo que «lo reúne todo, posee una imaginación que a veces desconcierta; sus obras son discutidas, pero ¿no es este el mejor signo de su valía?». Siguen aún más los comentarios, lo cual da a entender el interés y el gusto personal del cronista sobre la obra del fotógrafo checo.

En esta época, como se puede comprobar, había mayoría de fotógrafos europeos, sin desdeñar la presencia estadounidense que, para Jalón Ángel, se podía diferenciar respecto a las prácticas europeas, de trasunto más pictorialista, puesto que entre los americanos existía una «escuela con personalidad inconfundible». Estos «recogen temas que les brinda la actualidad, el mundo que nos rodea y desfila con sus penas y alegrías, peligros y catástrofes»; todo ello «da como resultado el reportaje». Por destacar algún nombre, Geo C. Poundstone, cuya obra *El demonio*, tomada desde la proa de un barco, en medio de una violenta tormenta, fue galardonada con la Medalla de Oro.

Los representantes españoles igualmente fueron de los más característicos de la fotografía concursística de la época, todavía estrechamente vinculada con las prácticas pictorialistas: desde José Tinoco (1882-1953), perteneciente a la Real Sociedad Fotográfica de Madrid, que presentó cinco bromóleos, uno de los cuales, *Nuremberg*, fue considerada como «obra sintética, sólida, decorativa», hasta, una vez más, Claudio Carbonell que, con *El regreso del rebaño*, recogía una nueva muestra de imagen bucólica y campestre, de resonancias atemporales, tan del gusto de los pictorialistas. Esta imagen encabeza el texto de la reseña. Otro nombre que no hemos mencionado hasta el momento, pero también muy relevante dentro de esta tendencia, fue Jesús Unturbe (1895-1983), que, «como buen castellano, es severo en su arte». Su obra *Catedral de Segovia* fue premiada con una Medalla de Plata, al igual que los anteriores artistas referidos, incluido el checo Drtikol.

En cuanto a la presencia aragonesa, resultaron también premiados otros autores *clásicos* como Nicolás Ibáñez que presentó

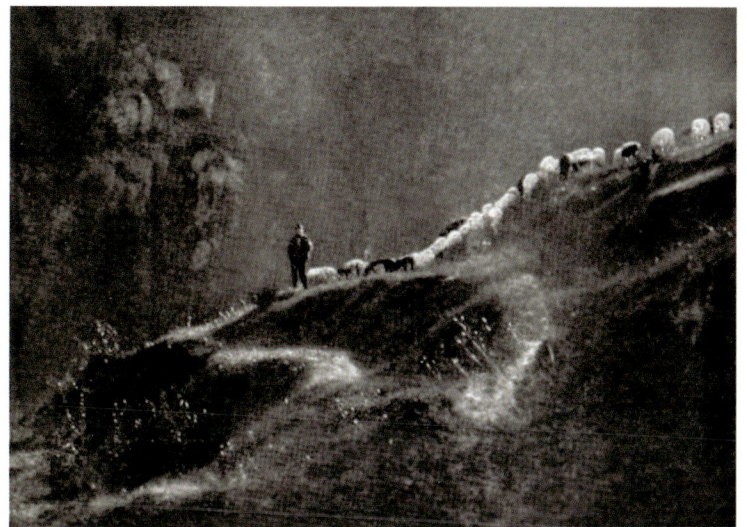

Regreso del rebaño, Claudio Carbonell, *Aragón. Revista gráfica…*, noviembre de 1931).
Fuente: Sindicato de Iniciativa y Propaganda de Aragón.

una no menos clásica panorámica de la basílica del Pilar con *Zaragoza*, una imagen de masas equilibradas, tanto en la disposición de las nubes como en la articulación de los planos de profundidad.[290]

El VIII Salón Internacional (otoño de 1932) fue presentado en un marco incomparable, el Palacio de la Lonja de la capital aragonesa. El comentario fue redactado por «un aficionado de Zaragoza» que con todo lujo de detalles glosó las notas principales del evento: países participantes, algunos concurrentes con sus obras más destacadas, palmarés otorgado, etc. Resulta interesante constatar, como ya otros cronistas lo habían hecho anteriormente, la asociación de ciertos rasgos estilísticos adscritos a determinada nacionalidad, es decir: «esas obras fotográficas que se admiran en un Salón Internacional […], no solamente acusan las personalidades de los autores que las han realizado, sino que muestran, también, las diversas características de las naciones

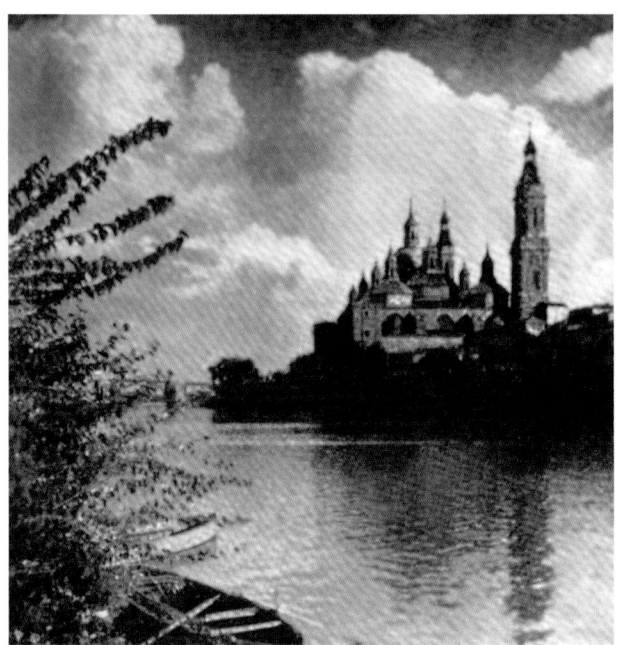

Zaragoza, Nicolás Ibáñez, *Aragón. Revista gráfica…*, noviembre de 1931.
Fuente: Sindicato de Iniciativa y Propaganda de Aragón.

que tienen una tradición fotográfica, a la vez que ponen de relieve los balbuceos de esos otros países que han nacido recientemente a la fotografía». Entre los nombres, algunos reincidían en su presencia, como el holandés-canadiense Jan van der Pant, con *Cabeza taciturna*, un sugerente perfil femenino velado en la mejor tradición de las mujeres introspectivas de Demachy. De Checoslovaquia, ausente Drtikol, otros compatriotas de este, como Jaroslav Krupka, presentaron paisajes —*Sobre el Danubio*— que mantenían los resabios pictorialistas.

La representación española fue también numerosa con insignes miembros de la Real Sociedad Fotográfica de Madrid, como el Conde

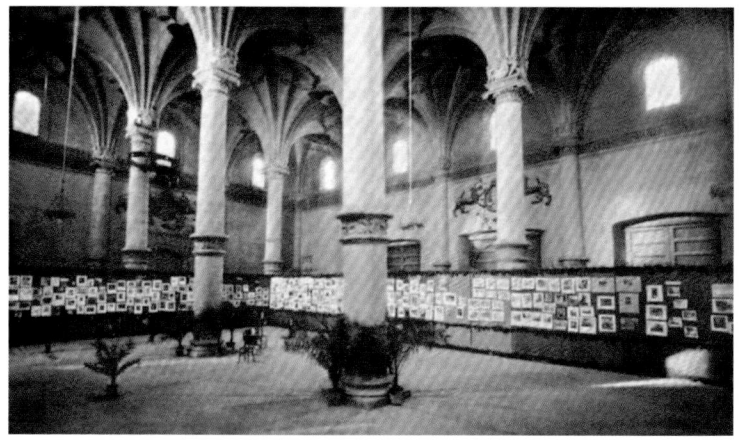

Vista del VIII Salón Internacional en La Lonja, Juan Mora Insa, *Aragón. Revista gráfica…*, noviembre de 1932. Fuente: Sindicato de Iniciativa y Propaganda de Aragón.

de la Ventosa, con *Sol de Otoño*, de la Agrupación Fotográfica de Cataluña, «con escaso número de obras, comparado con los interesantes envíos de años anteriores», destacando Juan Porqueras, que presentó *Impresión geométrica*, una imagen de implicaciones formalistas. Sin dejar Cataluña, el Centre Excursionista se presentó por primera vez, con Luis Estasen que llevó un paisaje titulado *Nieve y roca*.[291]

Los últimos Salones que queremos comentar son los de los años 1933, 1936 y 1939. La razón de haber escogido tales ediciones corresponde con fechas suficientemente importantes como para dejar cerrado este apartado cuyo estudio en profundidad permitiría, sin duda, establecer una serie de jugosas conclusiones sobre la fotografía de concurso en nuestro país a lo largo del siglo XX. El primer año marcaba casi ya un decenio en la historia del Salón zaragozano, mientras que 1936/1939, son fechas de triste relevancia para nuestro país, el comienzo y el final de la Guerra Civil. A pesar de la complicada situación sociopolítica, veremos que las exposiciones se siguieron celebrando.

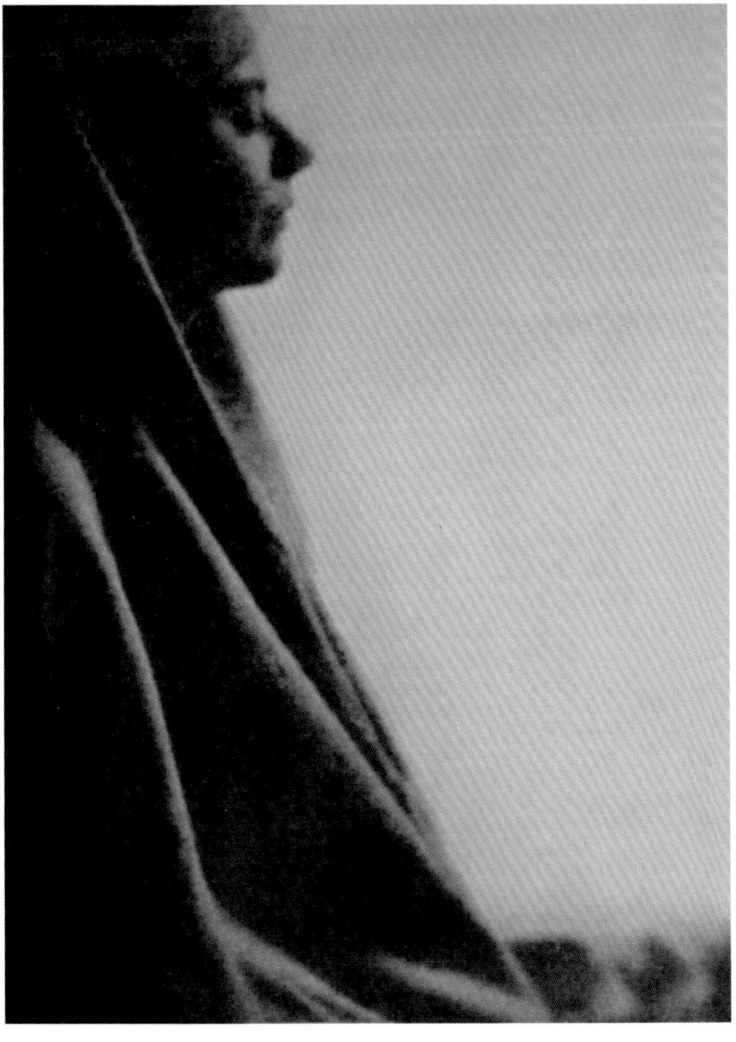

Cabeza taciturna, Jan van der Pant, *Aragón. Revista gráfica...*, noviembre de 1932.
Fuente: Sindicato de Iniciativa y Propaganda de Aragón.

Comenzando por el IX Salón (otoño de 1933), la nueva crónica fue firmada por Eduardo Cativiela, que, en su calidad de miembro de las dos entidades protagonistas de este estudio, la SFZ y el SIPA, inició su interesante comentario elogiando la labor de la primera que «por su perseverancia (ha hecho) que sea conocida nuestra ciudad como una de las localidades donde se rinde culto al bello arte fotográfico». La décima edición ya estaba próxima por lo que la Junta Directiva de la Sociedad proyectó la publicación de un «álbum con un centenar de las obras más destacadas» de toda esa trayectoria.

También dejó sus impresiones Lorenzo Almarza, presidente de la agrupación fotográfica zaragozana en aquella época, que se ocupó de hacer una valoración general de las obras presentadas. Además de los países ya fieles a su cita, los principales de la Europa occidental, se sumaron otros tan alejados como Suráfrica, Australia o de las islas Hawai. Y, por supuesto, los españoles, de los que solo citamos un único nombre, el del valenciano Julio Matutano, del Photo-Club de Valencia, que fue premiado por su obra *Invierno*, la cual sirvió, a su vez, para componer la portada de este número de *Aragón*.[292]

Por último, la reseña quedaba complementada con las críticas aparecidas en algunos de los periódicos de mayor tirada de la región aragonesa: *Heraldo de Aragón* (firmada por Jalón Ángel), *La Voz de Aragón* y *El Noticiero*[293] (firmada por los hermanos Albareda). Estos comentarios se habían dado desde la I edición en 1925, ganando cada vez más espacio y profundidad las reflexiones en torno a las diferentes exposiciones que se iban dando. Esta cobertura mediática es la prueba demostrativa de que el Salón Internacional de Zaragoza se había afianzado y alcanzado unos estándares de prestigio asimilables a los de cualquier otro Salón de fuera de nuestras fronteras.

En octubre de 1936, ya iniciada la Guerra Civil, se llevó a cabo la XII edición del Salón Internacional: «Este año, a pesar de las circunstancias, la Junta directiva de la Sociedad Fotográfica Aragonesa, ha querido persistir en su loable finalidad artística y realizar esta ya tradicional manifestación del arte fotográfico». Las especiales circunstancias

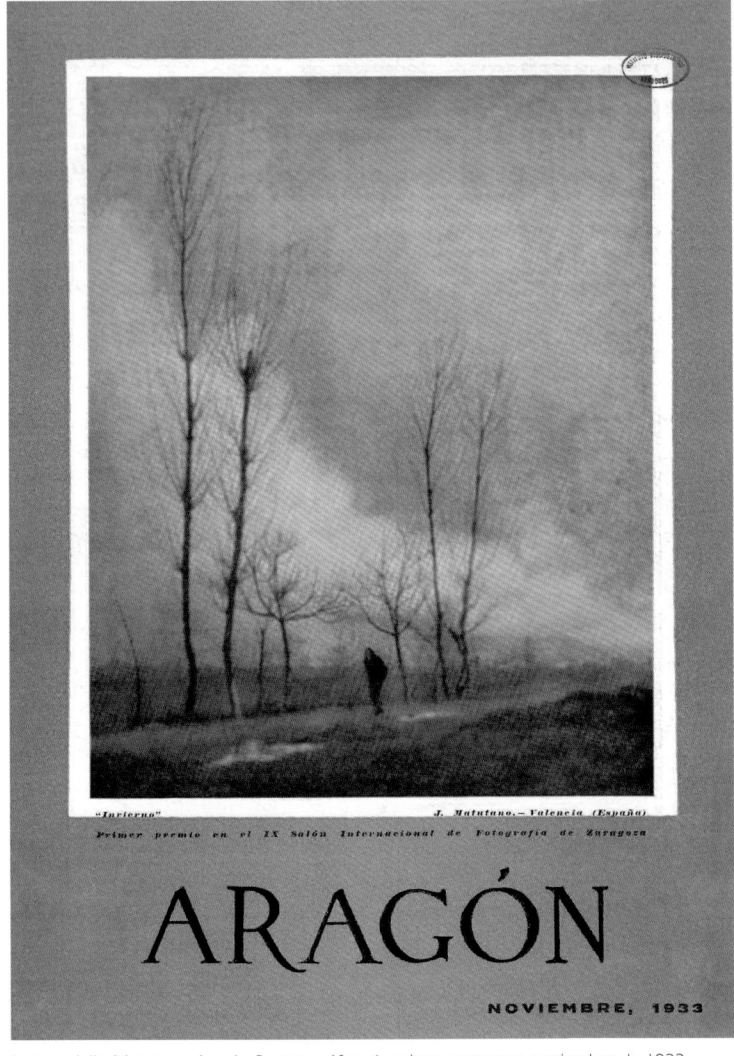

Invierno, Julio Matutano, *Aragón. Revista gráfica de cultura aragonesa*, noviembre de 1933.
Fuente: Sindicato de Iniciativa y Propaganda de Aragón.

sociopolíticas sirvieron al anónimo cronista para hacer un balance de los once Salones precedentes. La exposición fue montada volviendo al espacio originario, el Centro Mercantil de Zaragoza. Tales circunstancias motivaron que los participantes fueran sobre todo de la Sociedad Fotográfica zaragozana porque «los envíos del extranjero y los de las zonas en poder de los marxistas había de reducir considerablemente el número de obras». Aun así, hubo también obra de artífices extranjeros y nacionales.

No obstante, los nombres considerados en la reseña fueron los locales Eduardo Cativiela, con fotografías ya conocidas como *La Foz de Biniés*, o Antolín Nuviala, con un total de quince imágenes de todos los géneros, si bien presidían los paisajes y tipos altoaragoneses. Junto a estos, otros veteranos miembros de la SFZ, como Miguel Faci del Teg, Miguel Faci Abad, o Julio Requejo, que revisitaban viejos temas, como sucedía con Lorenzo Almarza y sus conocidas tomas de Tetuán. Entre los profesionales, Jalón Ángel, que presentó el retrato oficial del general Franco como ya Jefe del Estado. En parecida línea, o sea, con una alusión directa a las circunstancias bélicas, otro profesional, Manuel Coyne, presentaba «varias estupendas fotos del frente de Sigüenza» de dos soldados que eran, concretamente, Juan Antonio Cremades Royo y Antonio Blasco del Cacho, miembros ambos del derechista Partido Acción Popular, y posteriormente a la guerra, significados miembros del nuevo régimen en la esfera política y económica.

Solo al final, encontramos unas breves menciones a la participación extranjera, parciales y mezcladas, que no nos aportan gran información. Parece que los nuevos tiempos de reafirmación nacionalista, unido a las circunstancias de circulación limitada de objetos y personas derivadas del conflicto, hicieron que la mirada se centrase en lo más cercano.[294]

El XV Salón (octubre de 1939), ya finalizado el conflicto, fue montado en el Salón de Exposiciones de *Heraldo de Aragón*. Parece, según los datos, que se recuperó el pulso de antes de la guerra, con la presencia de veinte países y un no despreciable número de 289 fotografías expuestas «de una selección de una cantidad de obras cinco veces mayor». Alemanes, australianos, o belgas, como el caso, de nuevo, de Misonne, con una composición, *Villa flamenca*, «que parece arrancada de los cuadros de Teniers». La nota *exótica* estuvo protagonizada, como en ocasiones anteriores, por China (Chuan-Lin y Long Chin) que mostraron paisajes con deudas pictoricistas, pero también por la India, con tres autores. Curiosamente, también hubo representación estadounidense, «que bajó algo en el concepto de años anteriores».

Los fotógrafos españoles de esta edición procedieron, casi en exclusiva, de la Agrupación Fotográfica de Cataluña. Y sobre los aragoneses, Jalón Ángel, Aurelio Grasa, que presentaba sus características fotos de nieve y celajes, y Joaquín de Gabriel, seudónimo utilizado habitualmente por Joaquín Gil Marraco.

Los hermanos Albareda concluían su crónica con estas palabras que trataban de darle su sitio al ya consolidado Salón zaragozano:

> Es particularmente satisfactorio para la Sociedad Fotográfica de Zaragoza el ver recompensados con éxito creciente, sus desvelos por dar a Zaragoza categoría internacional. El Salón Internacional de Zaragoza es cronológicamente el segundo de España, siendo el primero el de Madrid, pero ni este ni otro alguno español, debido a las circunstancias, ha continuado como el de Zaragoza, sin interrupción, sus exposiciones anuales, a pesar de las dificultades de orden internacional que ha sido preciso vencer en estos últimos años para hacer posible las aportaciones extranjeras. Por ello es más de apreciar la labor de la Sociedad Fotográfica, que este año precisamente, cuando las dificultades han aumentado por motivos de todos conocidos, ha logrado presentar un conjunto magnífico de fotografías españolas y extranjeras, y no solo ha celebrado el *Salón* anual sino que ha llevado el prestigio de la Sociedad Fotográfica de Zaragoza por tierras de España, habiéndose celebrado una exposición en Bilbao, y otra en Madrid, muy bien instaladas por cierto, obteniendo otros tantos éxitos, como lo obtuvo en nuestra ciudad la celebrada en la acogedora sala de exposiciones del *Heraldo de Aragón*.[295]

Notas de este capítulo

278 MARÍN SANCHO, M., «Nuestra portada. Albarracín: las dos calles», *Aragón. Revista gráfica…*, n.º 29, febrero de 1928, s/p. Muchas de las portadas de estos números de finales de los años veinte y principios de los treinta están compuestas por fotografías de amateurs y profesionales aragoneses: Joaquín Gil Marraco, Eduardo Cativiela, Manuel Lorenzo Pardo, etc. Los temas oscilan entre arquitectura histórica y popular, paisajes y temáticas costumbristas. Esta presencia se vio prolongada auspiciada por el SIPA gracias a la organización de un concurso de fotografías para portadas de la revista, como hemos comentado páginas atrás.

279 Tenemos constancia del resultado de esas reformas con la fachada terminada, junto con un retrato de su artífice, obra de Freudenthal. En «Actualidad gráfica», *Juventud. Revista semanal ilustrada*, n.º 30, 27 de septiembre de 1914, s/p. Sobre esas reformas, véase MARTÍNEZ VERÓN y RIVAS GIMENO, 1985: 13-19.

280 Para los amantes de las cifras concretas: según Julio Requejo, se presentaron 304 fotografías, de 123 autores pertenecientes a 12 países. En «Sociedad Fotográfica de Zaragoza», *Aragón. Revista gráfica…*, n.º 62, noviembre de 1930, p. 207.

281 EDUJOA, «El I Salón Internacional de Fotografía de Zaragoza», *Aragón. Revista gráfica…*, n.º 3, diciembre de 1925, p. 35.

282 Citas textuales tomadas de MARÍN SANCHO, M., «El II Salón Internacional de Fotografía», *Aragón. Revista gráfica…*, n.º 14, noviembre de 1926, pp. 242-244.

283 Información tomada de YANGUAS, E., «El III Salón Internacional de Fotografía de Zaragoza», *Aragón. Revista gráfica…*, n.º 26, noviembre de 1927, pp. 218-220.

284 Un ejemplo de crítica sobre artes plásticas, en ZEUXIS, «Notas de arte: Exposición Manuel Corrales y González Bernal en el Centro Mercantil», *Aragón. Revista gráfica…*, n.º 70, julio de 1931, pp. 139-142. Además de las menciones a estos dos pintores de estética vanguardista, hubo espacio para dedicar unos breves comentarios a una exposición de esculturas de José María Aventín en el Casino de Huesca, con interesantes fotografías de Ricardo Compairé sobre las obras mostradas.

285 Tomado de De Cidón, F., «El IV Salón Internacional de Fotografía de Zaragoza», *Aragón. Revista gráfica…*, n.º 38, noviembre de 1928, pp. 291-295.

286 Igualmente, no nos detenemos en los palmarés de los diferentes Salones. Para ello, pueden consultarse las respectivas reseñas.

287 Gil Marraco, J. y Almarza, L., «Juicio crítico del V Salón Internacional de Fotografía de Zaragoza», *Aragón. Revista gráfica…*, n.º 50, noviembre de 1929, pp. 227-228.

288 Tomado de Martínez Roger, R. M.ª, «El VI Salón Internacional de Fotografía de Zaragoza», *Aragón. Revista gráfica…*, n.º 62, noviembre de 1930, pp. 210-211. Puede verse el extenso palmarés concedido para esta edición *ibídem*, p. 212.

289 Secretario de la SFZ (Joaquín Gil Marraco), «Memoria leída el 29 de enero de 1931 en la Junta General Ordinaria de la Sociedad Fotográfica de Zaragoza», *Aragón. Revista gráfica…*, n.º 65, febrero de 1931, p. 32.

290 García de Jalón, A., «VII Salón Internacional de Fotografía», *Aragón. Revista gráfica…*, n.º 74, noviembre de 1931, pp. 213-216. Véase también una breve reseña crítica sobre este Salón, en De Cidón, F., «El Año Artístico», *Relieves. Revista aragonesa de cultura, arte y economía*, n.º 1, enero de 1932, s/p.

291 Un aficionado de Zaragoza, «Crónica del VIII Salón Internacional de Fotografía de Zaragoza. Octubre 1932», *Aragón. Revista gráfica…*, n.º 86, noviembre de 1932, pp. 205-209.

292 Del mismo modo, la portada del número siguiente (110, noviembre de 1934), fue la fotografía titulada *La senda del bosque*, de José Escudero, que también formó parte del X Salón Internacional (otoño de 1934).

293 Véase Cativiela, E., y Almarza, L., «IX Salón Internacional de Fotografía de Zaragoza», *Aragón. Revista gráfica…*, n.º 98, noviembre de 1933, pp. 197-206. Profusamente ilustrado.

294 Anónimo, «El XII Salón Internacional de Fotografía de Zaragoza», *Aragón. Revista gráfica…*, n.º 134, noviembre de 1936, pp. 208-210.

295 Hermanos Albareda, «XV Salón Internacional de Fotografía de Zaragoza», *Aragón. Revista gráfica…*, n.º 163, octubre-noviembre-diciembre de 1939, pp. 74-77.

Conclusiones

La revista *Aragón*, editada por el Sindicato de Iniciativa y Propaganda, fue fundada en 1925, fecha que coincide con el surgimiento de la propia entidad. Desde ese mismo momento, el componente gráfico, en concreto, las fotografías, fue muy importante no solo como un recurso para ilustrar los contenidos de los diferentes artículos, que en gran medida tenían que ver, dentro de una particular orientación regionalista, con la promoción de la historia, la economía, y la cultura aragonesas. Entre los diferentes aspectos, los relacionados con el patrimonio histórico-artístico y el paisaje aragonés fueron abundantemente tratados a través de artículos que se ocupaban de los principales hitos y prácticas que posibilitaron el desarrollo y el conocimiento de ambas facetas. Además, sus páginas acogieron numerosos comentarios asociados al papel preponderante que el turismo (antes de la eclosión del fenómeno de masas en los años del *desarrollismo*) podía ejercer sobre el conocimiento y puesta en valor de tales elementos para los propios aragoneses y para otros ciudadanos de fuera de nuestras fronteras, nacionales y extranjeros.

En este sentido, el propósito de este libro ha sido el de reflexionar en torno a las relaciones y las *presencias* de las imágenes fotográficas y esos aspectos enunciados, como factores potenciadores del conocimiento de *lo aragonés* que los gestores de la revista *Aragón*, durante el periodo comprendido entre el nacimiento de la revista, 1925, en plena dictadura primorriverista, hasta 1939, con el fin de la Guerra Civil española, pusieron en marcha. Cuáles fueron los principales fotógrafos que estuvieron implicados, sus presupuestos formales, así como la imbricación del medio fotográfico dentro de la vertiente netamente profesionalizada que en aquellos momentos empezaba a adquirir como podemos comprobar con las referencias a la actualidad y la creciente figura del fotorreportero. Por otro lado, nuestra intención ha sido valorar mínimamente la aportación de la publicación del SIPA en el ámbito de este tipo de revistas impresas en nuestra región, con antecedentes tan interesantes como la todavía decimonónica *Aragón ilustrado* o la surgida en la primera década del xx, *Revista de Aragón*. Estudiar de qué manera *Aragón* contribuyó a modificar —si es que lo hizo— los discursos en torno a la comunicación y a la transmisión de diversas informaciones e ideas. Reconocer sus vínculos con la nueva sociedad de masas en ciernes y cómo la fotografía estaba adquiriendo una serie de aplicaciones funcionales y utilitarias, siendo difundida en formatos y contextos muy diferentes a los tradicionales expositivos (propios de las Bellas Artes), en el que predominaba un carácter esteticista.

Bibliografía consultada

AБAURRE VALENCIA, Maite (2006): *Ildefonso San Agustín. Huesca en los años 20. Retratos de una ciudad*. Huesca, Diputación Provincial de Huesca.

— (2009): «La fotografía de Ricardo del Arco: la imagen al servicio del patrimonio cultural», en José Miguel Pesqué Lecina (coord.), *Ricardo del Arco. Fotografías de historia y arte, 1914-1924*, (pp. 59-93), Huesca, Diputación Provincial de Huesca.

ACÍN FANLO, José Luis (2006): *Tras las huellas de Lucien Briet: Bellezas del Alto Aragón*. Huesca, Prames.

ALCUSÓN SARASA, Antonio (2007): «El periódico *La Tierra* de Huesca durante la dictadura de Primo de Rivera (1923-1930)», *Argensola. Revista de Ciencias Sociales del Instituto de Estudios Altoaragoneses*, 117, Huesca, pp. 189-198.

ALDAMA FERNÁNDEZ, Laura (2009): «Teodoro Ríos Balaguer, arquitecto restaurador e investigador de la Basílica del Pilar. Proyectos de consolidación (1923-1930)», en Manuel Santiago García Guatas, Jesús Pedro Lorente Lorente e Isabel A. Yeste Navarro (coords.), *La ciudad de Zaragoza de 1908 a 2008*, (pp. 353-366), Zaragoza, Institución «Fernando el Católico».

BAYOD CAMARERO, Alberto (2017): «Alcañiz en el objetivo (1879-1936). Primeros tiempos de la fotografía en el Bajo Aragón», en José Antonio Hernández Latas (coord.), *I Jornadas sobre Investigación en Historia de la Fotografía. 1839-1939: un siglo de fotografía*, (pp. 321-336), Zaragoza, Institución «Fernando el Católico».

BIARGE, Fernando (coord.) (1993): *Huesca: arquitectura civil y popular. Fotografías 1910-1935*. Huesca, Diputación Provincial de Huesca.

— (Selección de textos), GIMÉNEZ CORBATÓN, José y LABAY MATÍAS, Teresa (Traducción) (2000): *Pirineístas franceses (1871-1995)*. Zaragoza, Diputación General de Aragón.

BLASCO IJAZO, José (1945): *Los que fueron y los que son: casi dos siglos de curiosa historia (1764-1945)*. Zaragoza, El Noticiero.

BORRÁS GUALIS, Gonzalo M. (ed.) (2002): *Estudios de arte mudéjar aragonés*. Zaragoza, Institución «Fernando el Católico».

BOURNETON, Alain (ed.) (2007): *El Alto Aragón antes de Briet. 150 años de descubrimiento turístico de Aragón (1750-1904). Aragón, tal y como fue mirado y descrito por sus primeros turistas*. Huesca, Publicaciones y Ediciones del Alto Aragón.

BRIET, Lucien (1986): *Viaje por el valle de Ordesa*. Zaragoza, Diputación General de Aragón.

BUENO MADURGA, Jesús Ignacio (2000): *Zaragoza, 1917-1936: de la movilización popular y obrera a la reacción conservadora*. Zaragoza, Institución «Fernando el Católico».

BUENO PETISME, María Belén (2010): *La Escuela de Arte de Zaragoza. La evolución de su programa docente y la situación de la enseñanza oficial del grabado y las artes gráficas*. Zaragoza, Prensas Universitarias de Zaragoza.

CALVO SALILLAS, María Jesús (2005): *El Círculo Oscense. Cien años de historia (1904-2004)*. Huesca, Ayuntamiento de Huesca y Diputación Provincial de Huesca.

CARBÓ, Enrique (2009): *Ricardo Compairé (1883-1965). El trabajo del fotógrafo*. Huesca: Diputación Provincial de Huesca.

— (2021): «Ricardo Compairé Escartín: fotografía, etnografía e intuición estética», en VV.AA., *Ricardo Compairé. Registro de un tiempo*, (pp. 31-47), Zaragoza y Huesca, Prensas de la Universidad de Zaragoza y Diputación Provincial de Huesca.

CENTELLAS, Ricardo (1995): «La conmemoración del Centenario de Goya en 1928», en VV.AA., *Luces de la ciudad. Arte y cultura en Zaragoza 1914-1936*, (pp. 179-195), Zaragoza, Ayuntamiento de Zaragoza y Gobierno de Aragón.

CHEYNE, George J. G (1967): «La Unión Nacional: sus orígenes y fracaso», en Norbert Olussen y Jaime Sánchez Romeralo (coords.), *Actas del Segundo Congreso Internacional de Hispanistas*, (pp. 253-263), Nimega, Instituto Español de la Universidad de Nimega.

Claver Esteban, José María (1984): «El baturro: Radiografía de una metamorfosis (1859-1905)», *Andalán. Periódico quincenal aragonés*, 403, Zaragoza, pp. 18-21.

De Diego, Estrella (2014): *Rincones de postales. Turismo y hospitalidad*. Madrid, Cátedra.

De las Heras, Beatriz y Navarro, Diego, Robledano, Jesús (2021): *Skogler. El visor falangista de la Guerra Civil y la posguerra (1936-1948)*. Huesca, Diputación Provincial de Huesca.

Diéguez Patao, Sofía (1997): *La generación del 25. Primera arquitectura moderna en Madrid*. Madrid, Cátedra.

Diputación de Huesca (2019): «Rodolfo Albasini. En los aledaños de la fotografía», *Rolde. Revista de Cultura Aragonesa*, n.° 168-169, pp. 64-67.

Duvivier, Roger (1987): «Las mocedades de Ramón J. Sender en el periodismo altoaragonés: Índole e hitos de su actuación en *La Tierra*», en Mary S. Vásquez (ed.), *Homenaje a Ramón J. Sender*, (pp. 25-46), Newark (Delaware), Juan de la Cuesta, Arizona State University.

Esco, Carlos (2021): *Alquézar visto por viajeros y fotógrafos, 1882-1992*. Huesca, Diputación Provincial de Huesca.

Espá Lasaosa, Virginia (2000): *Juan Mora Insa (1880-1954): afición, profesión y encargo en la fotografía aragonesa*, tesis doctoral inédita dirigida por el Dr. Alfredo Romero Santamaría y el Dr. Manuel García Guatas, Departamento de Historia del Arte de la Universidad de Zaragoza.

— y Saule, Hélène (2007): *Panorámica y paisaje. Huesca (1850-2006)*. Huesca, Diputación Provincial de Huesca, 2007.

Fernández Clemente, Eloy (1997): *Gente de orden. Aragón durante la Dictadura de Primo de Rivera (1923-1930). Tomo 4: La cultura*. Zaragoza, Caja de Ahorros y Monte de Piedad de Zaragoza, Aragón y Rioja.

— y Forcadell, Carlos (1979): *Historia de la prensa aragonesa*. Zaragoza: Guara Editorial.

Fernández García, Felipe (1998): «Las primeras aplicaciones civiles de la fotografía aérea en España. 1: El Catastro y las Confederaciones Hidrográficas», *Ería. Revista cuatrimestral de Geografía*, 46, pp. 117-130.

García Felguera, María de los Santos (2009): «Arte y fotografía (I). El siglo XIX», en Marie-Loup Sougez (coord.), *Historia general de la fotografía*, (pp. 215-264), Madrid, Cátedra.

García Guatas, Manuel (1996): «La imagen costumbrista de Aragón», en José-Carlos Mainer y José María Enguita (eds.), *Localismo, costumbrismo y literatura popular en Aragón. V Curso sobre lengua y literatura en Aragón*, (pp. 115-151), Zaragoza, Institución «Fernando el Católico».

— (1996-1997): «Juventud y revistas culturales», *Artigrama*, 12, Zaragoza, pp. 605-625.

García Toledo, Juan Antonio (2014): *El Gran Hotel de Zaragoza*. Zaragoza, La Cadiera.

Gavasa Rapún, Juan (2000): «Introducción», en VV.AA., *Francisco de Las Heras. Una mirada al Pirineo, 1910-1945*, (pp. 7-8), Huesca, Pirineum Editorial.

Generelo, Juan José (2023): «San Juan de la Peña y los fotógrafos de arte», en Juan José Generelo (coord.), *Viajeros y fotógrafos en San Juan de la Peña (1840-1980)*, (pp. 124-133), Huesca, Gobierno de Aragón.

Gil Marraco, Joaquín (1983): «Recuerdo de cuándo se descubrió el arte románico-mozárabe del Serrablo», *Serrablo*, 50, pp. 6-7.

Gómez Lanuza, María Fernanda (2016): «Nicolás y Elías Viñuales: vidas y fotografía», en VV.AA., *Más allá de la afición. Nicolás y Elías Viñuales*, (pp. 40-76), Huesca, Diputación Provincial de Huesca.

Hernández Latas, José Antonio (2021): *Historias mínimas de la fotografía (1839-1924). Ensayos sobre la fotografía histórica y sus pioneros, en relación con Aragón*. Zaragoza, Rolde de Estudios Aragoneses.

— (2023): «Primeras miradas fotográficas al conjunto monástico, 1878-1903», en Juan José Generelo (coord.), *Viajeros y fotógrafos en San Juan de la Peña (1840-1980)*, (pp. 35-52), Huesca, Gobierno de Aragón.

Hernández Martínez, Ascensión (2012): «Fotografía, arquitectura y restauración monumental en España'', *Artigrama*, 27, Zaragoza, pp. 37-62.

— (2013): «Francisco Íñiguez Almech y Leopoldo Torres Balbás, ¿vidas paralelas?», en María del Mar Villafranca Jiménez y Román Fernández-Baca Casares (coords.), *Leopoldo Torres Balbás y la restauración científica: ensayos*, (pp. 449-476), Granada/Sevilla, Patronato de la Alhambra y el Generalife e Instituto Andaluz del Patrimonio Histórico.

Hernández Martínez, Ascensión (2014): «Mirando hacia atrás (sin ira). La prensa como testigo de la historia del patrimonio monumental aragonesa», en Antonio Duplá Ansuátegui, María Victoria Escribano Paño, Laura Sancho Rocher y María Angustias Villacampa Rubio (eds.), *Miscelánea de estudios en homenaje a Guillermo Fatás Cabeza*, (pp. 385-392), Zaragoza, Institución «Fernando el Católico».

— (2023): «Monasterio viejo. Una joya olvidada durante siglos», en Juan José Generelo (coord.), *Viajeros y fotógrafos en San Juan de la Peña (1840-1980)*, (pp. 54-73), Huesca, Gobierno de Aragón.

Ibáñez Hervás, Raúl (coord.) (2006): *La Sierra de Albarracín en el archivo López Segura. Catálogo de la exposición*. Teruel, Centro de Estudios de la Comunidad de Albarracín.

Irala-Hortal, Pilar (2024): «La actividad internacional de las Sociedades Fotográficas: El Salón Internacional de la Real Sociedad Fotográfica de Zaragoza», *Arte, Individuo y Sociedad*, vol. 36, 1, Madrid, pp. 133-144.

Iranzo Muñío, María Teresa (2015), «El archivo fotográfico del SIPA, accesible en el Archivo Histórico Provincial de Zaragoza», *Aragón turístico y monumental*, 378, Zaragoza, pp. 50-55.

Labara Ballestar, Valeriano C. (2008): *Isidro Comas, Almogávar. La poética vida aragonesista de un aragonés de Tamarite de Litera*. Huesca, Rolde de Estudios Aragoneses.

Laborda Yneva, José (2006): *VIII Congreso Nacional de Arquitectos, Zaragoza, MCMXIX*. Zaragoza, Institución «Fernando el Católico».

Lacasa Lacasa, Juan (1993): *Crónica de San Juan de la Peña, 1835-1992*. Zaragoza, Ibercaja.

Lasaosa Susín, Ramón (2022): «La fotografía estereoscópica en la producción de Rodolfo Albasini», en José Antonio Hernández Latas (ed.), *III Jornadas sobre Investigación en Historia de la Fotografía. La fotografía estereoscópica o en 3D, siglos xix y xx*, (pp. 209-219), Zaragoza, Institución «Fernando el Católico».

Lázaro Sebastián, Francisco Javier (2010): «El Salón Internacional de Fotografía "Amigos de Serrablo" de Sabiñánigo», *Argensola. Revista de Ciencias Sociales del Instituto de Estudios Altoaragoneses*, 120, pp. 385-409.

— (2017): «Arquitectura y fotografía en la revista del Colegio de Arquitectos de Madrid antes de la Guerra Civil», en José Antonio Hernández

Latas (ed.), *I Jornadas sobre Investigación en Historia de la Fotografía. 1839-1939: un siglo de fotografía*, (pp. 422-443), Zaragoza, Institución «Fernando el Católico».

LÁZARO SEBASTIÁN, Francisco Javier y SANZ FERRERUELA, Fernando (2017): *Goya en el audiovisual. Aproximación a sus constantes narrativas y estéticas en el ámbito cinematográfico y televisivo*. Zaragoza, Prensas de la Universidad de Zaragoza.

LOMBA SERRANO, Concepción (1998): «La revista *Aragón* y la plástica aragonesa contemporánea en Aragón entre 1925 y 1936», *Artigrama*, 13, pp. 315-329.

LORENTE LORENTE, Jesús Pedro y AZPEITIA BURGOS, Ángel (1992): *Aragón en la Pintura de Historia*. Zaragoza, Diputación Provincial de Zaragoza.

LORENTE LORENTE, Jesús Pedro (2010): «La pasión por Goya en Zuloaga y su círculo», *Artigrama*, 25, pp. 165-183.

LUQUE ARANDA, Marta (2015): *El desarrollo turístico durante la Segunda República y el Primer Franquismo: la Federación Española de Sindicatos de Iniciativa y Turismo*, Tesis Doctoral inédita dirigida por el Dr. Carmelo Pellejero Martínez. Departamento de Teoría e Historia Económica, Universidad de Málaga.

MAINER BAQUÉ, José-Carlos (1974): «1925-1936. Doce años de *Aragón*», *Andalán. Periódico quincenal aragonés*, 50-51, Zaragoza, p. 14.

— (1982): *Regionalismo, burguesía y cultura. Revista de Aragón (1900-1905) y Hermes (1917-1922)*. Zaragoza, Guara Editorial.

— (1990): «El semanario gráfico *Fotos* (1937-1939: imágenes para una retaguardia», en Carmelo Garitaonandía, José Luis de la Granja y Santiago de Pablo (coords.), *Comunicación, cultura y política durante la II República y la Guerra Civil*, (pp. 288-298), Bilbao, Universidad del País Vasco.

— (1993): «Sobre la *Revista de Aragón* (1878-1880)», en María Ángeles Naval (coord.), *Cultura burguesa y letras provincianas. Periodismo en Aragón (1834-1936)*, (pp. 131-176), Zaragoza, Mira Editores.

MARCUELLO, José Ramón (1990): *Manuel Lorenzo Pardo*. Zaragoza, Colegio de Ingenieros de Caminos, Canales y Puertos.

MARQUESÁN MODREGO, Ana (2000): «Híjar, Alcañiz y Zaragoza», en VV.AA., *Semana Santa en Aragón (Híjar, Alcañiz, Zaragoza. Años 1920-1930)*, (pp. 20-21), Zaragoza, Ayuntamiento de Zaragoza, Ayuntamiento de Alcañiz, Ayuntamiento de Híjar, Instituto de Estudios Turolenses.

Marquesán Modrego, Ana (2005): «Patrimonio cinematográfico aragonés destruido y disperso», *Artigrama*, 20, pp. 175-193.

Martínez Martínez, Covadonga (2004): «Ricardo Compairé Escartín (1883-1965), fotógrafo de lo cotidiano», *Argensola. Revista de Ciencias Sociales del Instituto de Estudios Altoaragoneses*, 114, pp. 277-290.

— (2011): «Biografía. Lorenzo Almarza Mallaína», en José Miguel Pesqué (coord.), *Lorenzo Almarza. La mirada moderna*, (pp. 219-230), Huesca, Diputación Provincial de Huesca.

Martínez de Baños Carrillo, Fernando (1999): *Montañeros de Aragón. 1929-1999 y siempre…*, Zaragoza, Montañeros de Aragón.

Martínez de Vega, Cristina y Lahuerta, Víctor (2018): *Kautela. Un fotógrafo en la España franquista (1928-1944)*. Zaragoza, Institución «Fernando el Católico».

Martínez Embid, Alberto (2015): «Un Aneto de cine, documental de 1930 de la sección montañera del SIPA», *Aragón turístico y monumental*, 379, Zaragoza, pp. 51-56.

Martínez Herranz, Amparo (1997): *Los cines en Zaragoza, 1896-1936*, Zaragoza, Ayuntamiento de Zaragoza.

Martínez Verón, Jesús y Rivas Gimeno, José Luis (1985): *El Centro Mercantil, Industrial y Agrícola de Zaragoza (1909-1935)*. Zaragoza, Institución «Fernando el Católico».

Menjón Ruiz, Marisancho (2017): *Salvamento y expolio. Las pinturas murales del Monasterio de Sijena en el siglo xx*. Zaragoza, Prensas de la Universidad de Zaragoza.

Muñoz Benavente, Teresa (1996): «El archivo fotográfico del Patronato Nacional de Turismo (1928-1939)», en VV.AA., *La imatge i la Recerca Històrica. IV Jornades Antoni Varés. Ponències i Comunicacions*, (pp. 168-173), Girona, Ajuntament de Girona.

Naval, María Ángeles (2002): «Progreso regional y nuevas fórmulas periodísticas en *Aragón Ilustrado* (1899)», en José-Carlos Mainer y José María Enguita (eds.), *Entre dos siglos. Literatura y aragonesismo*, (pp. 91-123), Zaragoza, Institución «Fernando el Católico».

Ortega Cantero, Nicolás (2014): «Montañismo y valoración del paisaje: la Real Sociedad Española de Alpinismo Peñalara (1913-1936)», *Ería. Revista cuatrimestral de geografía*, 95, pp. 253-279.

Palou Rubio, Saida (2021): «Gobernar el turismo: estructura político-administrativa en Barcelona antes y después de la Guerra Civil», en Carlos Larrinaga (ed.), *Luis Bolín y el turismo en España entre 1928 y 1952*, (pp. 157-194), Madrid, Marcial Pons.

Parra de Mas, Santiago (2004): *SIPA. Sindicato de Iniciativa y Propaganda de Aragón*. Zaragoza, Ibercaja.

Paz, María Antonia (2006): «La propaganda turística gubernamental en España. Inicios y primera utilización del cine (1928-1931)», *Spagna Contemporanea*, 30, pp. 71-93.

Peláez Villar, Félix y Perla Mateo, Francisco (2023): «Alejandro Otegui Vicandi, primer fotógrafo profesional de la Confederación Hidrográfica del Ebro», en José Antonio Hernández Latas (coord.), *IV Jornadas sobre Investigación en Historia de la Fotografía. 1839-1939: un siglo de fotografía*, (pp. 259-271). Zaragoza, Institución «Fernando el Católico».

Pellejero Martínez, Carmelo y Luque Aranda, Marta (2018): «La promoción turística privada: las organizaciones y sus congresos», en Rafael Vallejo y Carlos Larrinaga (dirs.), *Los orígenes del turismo moderno en España. El nacimiento de un país turístico 1900-1939*, (pp. 509-545). Madrid, Sílex ediciones.

Pena López, María del Carmen (1983): *Pintura de paisaje e ideología. La generación del 98*. Madrid, Taurus.

Pérez Gallardo, Helena (2019): «El museo imaginario de J. Laurent y Cía. y la construcción de la historia del arte español», en Pablo Jiménez Díaz, Óscar Muñoz Sánchez y Carlos Teixidor Cadenas (dirs.), *La España de Laurent (1856-1886): un paseo fotográfico por la historia*, (pp. 158-175), Madrid, Ministerio de Cultura y Deporte.

Pérez-Lizano Forns, Manuel (2012): *Tiempo del escritor Marín Sancho, 1899-1936*. Zaragoza, Aladrada.

Perrotta, Carmen (2017): «El patrimonio artístico aragonés en el fondo fotográfico del Arxiu Mas de Barcelona (1917-1933)», en José Antonio Hernández Latas (ed.), *I Jornadas sobre Investigación en Historia de la Fotografía*, (pp. 453-466), Zaragoza, Institución «Fernando el Católico».

Pujol Bertran, Anton (2023): *El bombardeo del templo del Pilar (Zaragoza, 3 de agosto de 1936. El mito al descubierto.* Zaragoza, Editorial Comuniter.

Ramón Solans, Francisco Javier (2014): La Virgen del Pilar dice… *Usos políticos y nacionales de un culto mariano en la España contemporánea.* Zaragoza, Prensas de la Universidad de Zaragoza.

Ricci, Évelyne (2005): «La "ola verde" en la prensa y los espectáculos en la II República», en Jean-Michel Desvois (coord.), *Prensa, impresos, lectura en el mundo hispánico contemporáneo: homenaje a Jean-François Botrel,* (pp. 297-314), Burdeos, Université Michel de Montaigne.

Rincón García, Wifredo (2007): «El templo de Nuestra Señora del Pilar: Historia, Arte y Devoción. Una aproximación (1883-2007)», en Andrés Álvarez Gracia, José Enrique Pasamar Lázaro y Wifredo Rincón García (coords.), *Monumentum Laudis. CXXV Aniversario de la revista* El Pilar, (pp. 33-166), Zaragoza, Cabildo Metropolitano de Zaragoza.

Rodríguez Castro, Marta Luisa (2007): «Ilustración fotográfica y turismo en una revista canaria: *Hespérides,* 1926-1929», *Latente. Revista de Historia y Estética del Audiovisual,* 5, 2007, pp. 99-116.

Roma Riu, Josefina (1998): «Aragón en el objetivo. Los fotógrafos del Centro Excursionista de Cataluña. 1890-1939», *Temas de Antropología Aragonesa,* 8, Instituto Aragonés de Antropología, pp. 85-111.

Romero Santamaría, Alfredo (1983): «Aragón en imágenes», en VV.AA., *Arte aragonés en Nueva York,* (pp. 55-67), Nueva York, Casa de España.

— (1989): «Las primeras asociaciones fotográficas en Aragón», *Boletín de la Sociedad Fotográfica de Zaragoza,* 52, Sociedad Fotográfica de Zaragoza, pp. 49-51.

— (1990): «Fotografía de prensa», en Juan Antonio Dueñas Labarias y Alberto Serrano Dolader (coords.), *Historia del periodismo en Aragón,* (pp. 159-166), Zaragoza, Diputaciones de Zaragoza, Huesca y Teruel y Asociación de la Prensa de Zaragoza.

— (1991): *Historia de la fotografía aragonesa.* Tesis Doctoral inédita dirigida por el Dr. José Luis Morales Marín. Departamento de Historia del Arte. Universidad de Zaragoza.

— (1995): «La fotografía: necesidad y afición burguesas», en VV.AA., *Luces de la ciudad. Arte y cultura en Zaragoza 1914-1936,* (pp. 151-160), Zaragoza, Ayuntamiento de Zaragoza y Gobierno de Aragón.

Romero Santamaría, Alfredo (1997): «La fotografía en Aragón en la época de J. Laurent», en Alfredo Romero Santamaría (coord.), *J. Laurent y Cía. en Aragón. Fotografías 1861-1877*, (pp. 9-46), Zaragoza, Diputación Provincial de Zaragoza.

— (2002): «Cajal como fotógrafo», en Ismael Grasa Adé y Alfredo Romero Santamaría (dirs.), *Santiago Ramón y Cajal 1852-1934. 150 aniversario*, (pp. 115-131), Zaragoza, Diputación Provincial de Zaragoza.

— (2010): «Fotografía industrial, artística y de guerra en Zaragoza (1923-1943)», en Ricardo Centellas (coord.), *Fotografía de la Guerra Civil en Zaragoza. Los talleres Mercier, fábrica de municiones (1936-1939)*, (pp. 53-93), Zaragoza, Diputación Provincial de Zaragoza.

Rubio Vergara, Mariano (1995): *Semana Santa bilbilitana. Pasión, Ramos, Procesión del Santo Entierro*. Zaragoza, Institución «Fernando el Católico». Edición facsímil de 1953.

Rueda Muñoz de San Pedro, García (1997): «La Sociedad Española de Excursiones. Sus primeros pasos para divulgar la arqueología (1893-1936)», en Gloria Mora Rodríguez y Margarita Díaz-Andreu García (coords.), *La cristalización del pasado: génesis y desarrollo del marco institucional de la arqueología en España*, (pp. 287-294), Málaga, CSIC y Universidad de Málaga.

Sáenz Guallar, Francisco Javier (2000): «La imagen filmada de la Semana Santa de Alcañiz», en VV.AA., *Semana Santa en Aragón (Híjar, Alcañiz, Zaragoza. Años 1920-1930)*, (pp. 59-71), Zaragoza, Ayuntamiento de Zaragoza, Ayuntamiento de Alcañiz, Ayuntamiento de Híjar, Instituto de Estudios Turolenses.

Sánchez Millán, Alberto (2009): «100 años de fotografía en Zaragoza», en Manuel Santiago García Guatas, Jesús Pedro Lorente Lorente e Isabel A. Yeste Navarro (coords.), *La ciudad de Zaragoza de 1908 a 2008*, (pp. 211-238), Zaragoza, Institución «Fernando el Católico».

Sánchez Sanz, María Elisa (1993): «Viajeros por Teruel. Una introducción a su estudio», *Temas de Antropología Aragonesa*, 4, pp. 137-163.

— (2006): *De viajes y viajeros. El Alto Aragón como camino*. Huesca, Publicaciones y Ediciones del Alto Aragón.

Sánchez Vidal, Agustín (1994): *Los Jimeno y los orígenes del cine en Zaragoza*. Zaragoza, Patronato Municipal de las Artes Escénicas y de la Imagen

(Área de Cultura del Ayuntamiento de Zaragoza) y Gobierno de Aragón.

SÁNCHEZ VIGIL, Juan Miguel (2007): *Del daguerrotipo a la Instamatic. Autores, tendencias, instituciones*. Gijón, Trea.

— (2008): *Revistas ilustradas en España: del Romanticismo a la Guerra Civil*. Gijón, Trea.

— (2013): *La fotografía en España. Otra vuelta de tuerca*. Gijón, Trea.

SEGOVIA, Eduardo y ZARAGOZA, Teresa (2002): «Mariano Moreno, fotógrafo de arte», en VV.AA., *Goya 1900. Catálogo ilustrado y estudio de la exposición en el Ministerio de Instrucción Pública y Bellas Artes*, (pp. 39-53), Madrid, Ministerio de Educación, Cultura y Deporte.

SERRANO LACARRA, Carlos (1997): «Dicen que hay tierras al Este: aragoneses en Barcelona (1909-1939)», *Rolde. Revista de Cultura Aragonesa*, 81, pp. 4-16.

— (1999): «El nacionalismo aragonés en Cataluña», en Antonio Peiró Arroyo (coord.), *Historia del aragonesismo*, (pp. 77-93), Zaragoza, Rolde de Estudios Aragoneses.

— (2021): *Ríos de tinta por Aragón, discursos por un país. La revista* El Ebro *(1917-1936)*. Zaragoza, Fundación Gaspar Torrente y Rolde de Estudios Aragoneses.

SERRANO PARDO, Luis (2000): «Francisco de Las Heras y las tarjetas postales», en VV.AA., *Francisco de Las Heras. Una mirada al Pirineo, 1910-1945*, (pp. 9-11), Huesca, Pirineum Editorial.

— (2004): *Calatayud y la tarjeta postal. Una mirada al pasado*. Zaragoza, Cajalón.

— y TORRENTE GARI, Luis (2016): «E. Paul Champseix. Un artista francés autor de dos carteles de Zaragoza», *Aragón Turístico y Monumental*, 380, pp. 75-77.

SORIA ANDREU, Francisca (1993): *El Ateneo de Zaragoza (1864-1908)*. Zaragoza, Institución «Fernando el Católico».

SOUGEZ, Marie-Loup (2009): «La fotografía en el medio impreso», en Marie-Loup Sougez (dir.), *Historia general de la fotografía*, (pp. 183-213), Madrid, Ediciones Cátedra.

Suárez-Zuloaga, María Rosa (comis.) (1996): *Zuloaga en Fuendetodos*. Zaragoza, Diputación Provincial de Zaragoza.

Tartón Vinuesa, Carmelo (1997): «Datos para la historia de la Real Sociedad Fotográfica de Zaragoza (1922-1997)», en VV.AA., *Historia de la Real Sociedad Fotográfica de Zaragoza*, (pp. 46-168), Zaragoza, Diputación Provincial de Zaragoza y Real Sociedad Fotográfica de Zaragoza.

Tranche, Rafael R. y De las Heras, Beatriz (2016): «Fotografía y Guerra Civil española: del instante a la historia», *Fotocinema. Revista Científica de Cine y Fotografía*, 13, pp. 3-14.

Ubieto Arteta, Agustín (2000): «El significado de San Juan de la Peña», en VV.AA., *Aragón Reino y Corona*, (pp. 49-61). Zaragoza, Gobierno de Aragón.

Val Lisa, José Antonio (2020): «Juan José Gárate, ilustrador gráfico de la prensa española (1899-1935)», *AACA Digital*, 52. https://www.aacadigital.com/contenido.php?idarticulo=1719.

Vázquez Astorga, Mónica (2006): «El edificio de la antigua Feria de Muestras de Zaragoza: ¿El Ave Fénix resurgiendo de las cenizas?», *Artigrama*, 21, pp. 597-631.

— (2008): «Tenemos que hacer escuelas. Arquitectura escolar pública en Aragón (1923-1936)», *Artigrama*, 23, pp. 609-638.

Vega de la Rosa, Carmelo (2017): *Fotografía en España (1839-2015). Historia, tendencias, estéticas*. Madrid, Cátedra.

Velázquez López, Javier (2015-2016): «La Semana Santa de Zaragoza en las revistas ilustradas y gráficas de Aragón», *Tercerol. Cuadernos de Investigación*, 18, pp. 87-110.

Vived Mairal, Jesús (edición, introducción y notas) (1993): *Ramón J. Sender. Primeros escritos (1916-1924)*. Huesca, Instituto de Estudios Altoaragoneses.

VV.AA. (2003): *Aurelio Grasa. Reportero gráfico, 1910-1917*. Zaragoza, Real Sociedad Fotográfica de Zaragoza y Archivo Fotográfico Barboza-Grasa.

Agradecimientos

En primer lugar, quiero dar las gracias más sinceras a Rolde de Estudios Aragoneses por haberme dado la oportunidad de publicar este libro. Por supuesto, agradezco también al Grupo Observatorio Aragonés de Arte en la Esfera Pública (OAAEP), por su apoyo moral y económico a la hora de afrontar este proyecto.

Y, por último, pero no menos importante, quiero referirme al Sindicato de Iniciativa y Propaganda de Aragón (SIPA), la entidad que durante un siglo viene editando la revista objeto de nuestro estudio, que a lo largo de estas décadas se ha convertido en una fuente de información absolutamente imprescindible para comprender la evolución de nuestra región y de sus habitantes en las más diversas facetas, desde la cultura en sus múltiples expresiones, pasando por la economía, la sociedad y la política. Gracias a su Presidente de Honor, Miguel Caballú Albiac, y a su actual presidente, Javier Ibargüen Soler, por permitirme publicar las imágenes de la revista que componen este trabajo y por todas las facilidades otorgadas desde el primer momento.

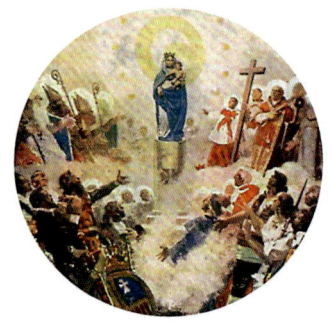

Este libro se dejó listo para imprenta
en noviembre de 2024,
a las puertas del año
que marca el centenario
del Sindicato de Iniciativa
y Propaganda de Aragón
y su revista *Aragón*.

PUBLICACIONES
DE ROLDE DE ESTUDIOS ARAGONESES
TÍTULOS EDITADOS 2018-2024

Cuadernos de Cultura Aragonesa

Petarruego

7. *Diccionario de voces aragonesas de María Josefa Massanés Dalmau.*
   Una curiosidad lexicográfica del siglo XIX.
   Edición y estudio de María Pilar Benítez y Óscar Latas.

CEDDAR

19. *Las Escuelas Familiares Agrarias: pedagogía del desarrollo rural.*
    50 años en Aragón.
    Rafael Sánchez Sánchez.

Los sueños

8. *Mujeres soñadas.*
   Rafael Navarro, Antón Castro.

9. *Tú eres antes que todo. Correspondencia de Ramón Acín y Conchita Monrás.*
   Víctor Juan.

10. *Las palabras olvidadas. Antología incompleta de literatura escrita por mujeres*
    (hasta el siglo XV).
    Mariano Lasheras.

11. *Mujeres Vaca.*
    Susana Vacas.

Aragòn Contemporáneo

6. *Las vidas de un republicano. Sebastián Banzo y su entorno (1883-1956).*
   Héctor Vicente.

7. *Hierro candente. Estudio crítico de la autobiografía de Eleuterio Blasco Ferrer*
   Rubén Pérez Moreno.

Aragòn recursos educativos

1-2. *Historia y Cultura de Aragón.*
     Varios autores.

3. *Ejercicios de iniciación a la lengua aragonesa.*
   Alberto Gracia.

Documentos de trabajo

7. *Impresos y formularios en aragonés ta particulars, interpresas y conzellos.*
   Varios autores.

Guías de lectura

Publicaciones periódicas

Rolde. Revista de Cultura Aragonesa.
Ager, Revista de Estudios sobre Despoblación y Desarrollo Rural.
http://ruralager.org
Catálogo completo en: http://www.roldedeestudiosaragoneses.org